国家自然科学基金项目（71363015、71503101）资助成果
国家民委民族研究项目（2018-GMF-023）资助成果
湖南省民族宗教研究重点项目（2018HNMZY02）资助成果
湖南省应用经济学重点学科资助成果
湖南省智库"民族地区扶贫与发展研究中心"资助成果
湖南省民宗委"民族地区特色农业发展研究基地"资助成果
吉首大学武陵山区发展研究院、湖南乡村振兴战略研究中心资助成果

U0517508

农｜业｜经｜济｜发｜展｜与｜减｜贫｜系｜列｜丛｜书

公共政策、农业发展与减贫

Public Policy, Agricultural Development and Poverty Reduction

蒋　辉　刘兆阳◎著

中国财经出版传媒集团

经济科学出版社

Economic Science Press

图书在版编目（CIP）数据

公共政策、农业发展与减贫/蒋辉，刘兆阳著.—北京：
经济科学出版社，2019.4

（农业经济发展与减贫系列丛书）

ISBN 978 - 7 - 5218 - 0515 - 4

Ⅰ.①公… Ⅱ.①蒋…②刘… Ⅲ.①农业发展 - 政策
体系 - 研究 - 中国 Ⅳ.①F323

中国版本图书馆 CIP 数据核字（2019）第 087370 号

责任编辑：于海汛 李 林
责任校对：隗立娜
责任印制：李 鹏

公共政策、农业发展与减贫

蒋 辉 刘兆阳 著

经济科学出版社出版、发行 新华书店经销

社址：北京市海淀区阜成路甲 28 号 邮编：100142

总编部电话：010 - 88191217 发行部电话：010 - 88191522

网址：www. esp. com. cn

电子邮件：esp@ esp. com. cn

天猫网店：经济科学出版社旗舰店

网址：http: //jjkxcbs. tmall. com

北京季蜂印刷有限公司印装

710×1000 16 开 17.75 印张 250000 字

2019 年 4 月第 1 版 2019 年 4 月第 1 次印刷

ISBN 978 - 7 - 5218 - 0515 - 4 定价：62.00 元

总 序 / Foreword

    十八大以来，我国农业农村优先发展的战略格局基本形成，精准扶贫、精准脱贫取得举世瞩目的成就，农业、农村面貌焕然一新，人民群众的生活水平普遍得到改善，幸福感、获得感不断提升。解决三农问题的过程就是在农业、农村发展中不断发现矛盾，又不断解决矛盾的过程。发展的问题需要在发展中通过深化改革来解决，四十多年改革开放的辉煌历程就是农业、农村砥砺前行的过程，更是锐意改革、持续创新的过程。其中，有伟大实践中形成的丰富经验的积淀，有十八大以来搭建的农业农村发展四梁八柱的支撑，有习近平新时代中国特色社会主义思想的正确指引，才让我们取得了一个又一个卓越辉煌的成就。

    改革开放以后，各个时期的扶贫攻坚都离不开政府的大力支持，公共政策的巨大张力为贫困地区脱贫发展提供了强劲动力，也为培育扶贫产业乃至自我发展能力奠定了坚实基础。十八大以来，我国更加强调通过培育贫困地区特色产业尤其是特色农业来形成内生发展动力，以实现稳定、持久的脱贫，实践中也涌现出了诸多熠熠生辉的产业扶贫典型和值得借鉴的成功经验。人们的目光更多聚焦于公共政策和产业发展对于扶贫的作用效果方面，而相对忽视了公共政策、农业发展与减贫之间深层次的内在逻辑联系。对于农业发展是通过哪些渠道、什么主体，以及如何作用于减贫的相关环节等问题，还缺乏足够的实证检验和充分的案例支撑。

　　吉首大学作为一所位于湖南西部地区的综合性大学，始终秉持"立足大湘西，服务大武陵，做出大贡献"的办学理念。办学六十年来，为民族地区经济社会发展和人才培养做出了重要贡献。历代吉大人以服务社会为己任，勤勤恳恳、脚踏实地，坚持用"脚"来做研究，取得了一系列有影响的研究成果。作为年轻的吉大人，蒋辉博士带领的科研团队近年来围绕农业发展与减贫等相关领域开展了一系列系统、深入的调查研究工作，出色完成了农业农村部农业标准化项目、武陵山区特色村寨百村调研、湖南省乡村振兴"千村调研"行动、湖南省"十三五"特色村寨调研等有影响的调查活动，调研足迹遍及湘、鄂、渝、黔、桂等地，取得了显著成效。在此基础上，该团队试图为厘清政府治理、公共政策、农业发展与减贫之间的关系提供坚实的理论和实证依据，并尝试将农业发展引入分析框架中，构建了一个由公共政策、农业发展、减贫效应构成的内生式减贫理论体系。团队先后主持了多项国家自然科学基金和其他省部级重大项目，获得了国家民委社科成果（调研报告类）二等奖、三等奖多项。此次由蒋辉博士主编的《农业经济发展与减贫系列丛书》是该团队近几年来实地调查和理论研究的部分成果。这套丛书是蒋辉博士等人将研究视角拓展至武陵山区之外的一次尝试，亦是几位年轻的西部学者期望借此与外进行学术交流碰撞的一次探索，研究成果或许比较稚嫩，视角、观点也可能不够全面，还请各位专家、学者给予更多的批评、指导和包容。

吉首大学党委书记、校长

教授、博士生导师

白晋湘

内 容 摘 要 / Abstract

　　中国 30 多年来卓有成效的扶贫攻坚工作取得的显著成绩已经为世界公认，并为世界反贫困实践提供了有益样本。不可否认的是，在改革开放以后，各个阶段的减贫都离不开政府的扶持，公共政策在外延式减贫和内涵式减贫过程中均发挥了显著的作用。党的十八大以来，我国更加注重通过培育贫困地区内生发展能力，来实现持续的减贫效应，产业扶贫在诸多减贫方式中覆盖面更广、带动力更强、持续性更显著，其中农业产业在产业减贫中所起到的作用更为各界认可。实践中，人们往往比较关注政策减贫的作用及其机制，但却很少注意到，在诸多贫困地区，农业的发展在政策减贫过程中发挥重要作用。长期以来，理论界往往比较关注单一维度的公共政策与减贫之间的关系，却忽视了产业在两者关联中的中介作用，这就如同一个"黑盒子"，只知道一端输入公共政策后，另一端出来的就是一定的减贫成效，但这个"黑盒子"是如何运行的，内部机制有什么规律性，产业在其中是如何起作用的，对于这些重大问题，似乎缺少应有的回应。这实际上也受到了扶贫实践中"外延式"扶贫的潜在影响，如果据此来指导理论研究和开展实际工作，则可能导致下一阶段的扶贫政策推进和新时代扶贫指向无法有效适应形势发展。

　　本书试图超越"政策扶持—减贫"的传统分析视角，尝试将农业发展引入到分析框架中，将其作为中介因素，进而构建一个基于"公共政策—

农业发展—减贫"的三维减贫分析框架,按照公共政策实施推动农业发展,农业发展进而推动区域增收致富,最终实现脱贫这一逻辑,提出了一个由公共政策、农业发展、减贫效应构成的内生式减贫理论体系。本书还构建了减贫系统协调发展评价指标体系,选取云南、贵州和四川三省 2005～2016 年的相关数据,通过引入耦合分析方法、计算耦合度和耦合发展水平,测度出公共政策、农业发展与减贫效应之间的内在关系,并对上述关系进行科学规范的时空演化趋势分析,多维度地验证上述逻辑关系是否存在。同时,选择状态空间模型,构建了支农政策在公共政策减贫过程中的中介效应,并对该效应的发展变化进行动态分析。

此外,本书通过案例研究的方式,研究贫困地区农业产业扶贫的模式与机制,从现实中找到农业发展带动地区减贫的现实案例,并通过对案例的分析,总结农业产业减贫的六种实现模式和运行机制。最后对本书进行总结提炼,从中得出有建设性的结论,并提出有助于构建农业发展与政策减贫良好互动机制的相关建议。

本书的主要结论是:

(1)通过云南、贵州、四川三省的实证分析发现,"公共政策、农业发展与减贫"的三维复合减贫系统在一定程度上是存在的,在实践中,上述系统中各要素、子系统之间呈现出较显著的协调发展趋势。

(2)复合减贫系统协调发展呈现出显著的时空差异特征。从 2014 年开始,所研究的云贵川三省的复合减贫系统协调度达到了 0.8 以上。但在不同地区、不同阶段,复合减贫系统协调发展和动态演变的表现形式各有迥异。

(3)公共政策在减贫过程中切实发挥了显著的作用,且政府扶持水平与减贫系统中各要素、各子系统之间的耦合协调程度呈正向变动关系,即政府扶持水平越高,则耦合协调程度越高,经济、社会等综合效益就越明显。

(4)农业在政策减贫过程中起到了明显的作用,但这种作用在不同时期各不相同,不过可以肯定的是,农业发展推动政策减贫的方式、路径、机制已经走向成熟,无论是定量分析还是案例剖析,都表明现阶段农业产业扶贫已经迈入良性发展轨道。

（5）公共政策直接减贫的效应逐渐减退，而通过农业发展这一中介来带动持续减贫的效果逐渐增强。这也在一定程度上印证了十八大以来我国提出的通过培育特色产业形成内生发展能力的战略导向是十分正确的。研究也发现，政策扶持对农业发展和减贫的促进作用呈现了边际递减的趋势，农业减贫的中介效应呈倒"U"型发展特征。具体表现为 2005～2010 年，农业发展的中介效益占比逐年递增，而到了扶贫攻坚决战阶段（2011～2015 年）则开始呈下降趋势。这从侧面说明了我国扶贫攻坚工作已经进入了真正的"攻城拔寨"和"啃硬骨头"的时期，尤其对于一些深度贫困地区的脱贫，需要各方主体整合资源、注重农业产业的扶持引导、创新产业扶贫工作机制。

（6）不同的自然资源禀赋和经济基础决定了各地农业发展和产业扶贫的道路各有迥异。发展的具体形式虽然不同，但其背后隐含的内涵、特征和规律却是可以总结且能够为同类地区所借鉴。贫困地区不同的农业产业发展模式的动力来源、功能导向都存在一定的差异，发展的道路没有一成不变、放之四海而皆准的模式，在选择具体的发展模式时，应结合当地实际情况和产业性质来决定采用其中某一种或某几种。

目 录 / Contents

第1章 导　　论

1.1　问题的提出

对于贫困问题的理论关注，发轫于有关正义、公平等社会发展价值标尺的审视。西方众多经典的贫困理论解读隐约投射出的思想光辉为人类反贫困实践指出了各种可行的路径，对于贫困和反贫困的关注视角也从最初的强调改善收入贫困慢慢过渡到注重缓解能力贫困和改进权利贫困上来，这些扶贫理论构想和举措已经在部分国家反贫困实践中实施并取得了显著成效。但我们也应该清醒地认识到发达国家或地区的反贫困已经步入较高阶段，开始追求改善贫困地区和人群的全面发展和幸福生活的能力及权利的同时，另一些落后地区，尤其是我国部分民族地区的发展焦点却还停留在如何满足群众吃饱穿暖的基本需求阶段。当我国改革发展和扶贫开发解决了大部分贫困地区温饱问题的同时，还存在一些极度贫困的地区和群体依然在为如何提升收入水平和改善物质条件而持续努力。现实中，此类地区为走出收入贫困的窘境，政府、家庭和个人均做出了各种努力，从政府最初的"输血式"政策补贴和"造血式"开发扶贫，到家庭和个人尝试的外出务工、土地租赁、征地拆迁、兼业经商、移民搬迁等等途径，种种成功和失败的案例告诉我们，农户拥有的最有价值、最可靠、最持久的减贫资源就是人和地，只有找到一条与农户家庭所持有的这两种减贫资源相匹配的反贫困路径才是最切实际的。诚然，大力推进工业和第三产业的发展可以有效地将人、地这两种稀缺生产要素的价值发挥到最佳，但遗憾的是，西方工业国家和我国发达地区的发展实践已经清晰表明，在贫困地区发展工业和第三产业虽然能有效推动当地经济社会发展，但发展成果却少有惠及贫困个体的，即其"益区域性"要远远大于"益个体性"。而既有研究和大量实践表明，农业自身属性决定了它更有可能将农户纳入产业链条，更易于让贫困群体有效参与到发展成果的分配中来，其在扶贫的深度、广度以及持续程度方面是其他产业无法企及的。因此，通过农业以及基于农业的其他融合性产业的发展，可以有效地带动农户脱贫。党的十九大以后，我国进一步强调"发展产业是实现脱贫的根本之策。要因地制宜，把培育产业作为推动脱贫攻坚的根本出路"，进而作出了全面实施乡村振兴战略的重大决策部署，"坚持精准扶贫与转变贫困地区产业发展方式深度融合"，加快制定贫困村、贫困户发展致富产业的多元支持政策体系。我国自改革开放以来，始终将脱贫致富作为检验执政水平的重要标准，对于减贫工作给予了高度重视，探索出了种种行之有效的减贫路径，所取得的减贫成效为世人关注，中国减贫探索在世界减贫史上留下了可圈可点的诸多光辉。党的十八大以来，党中央、国务院更是将精准扶贫工作作为中心工作，并给予了前所未有的重视和支持。当前我国扶贫攻坚已经进入攻城拔寨和最后冲刺的关键时期，尤其是深度贫困地区和一些特殊群体的脱贫形势依然严峻，单靠"输血"式外力扶贫，断然无法形成有效的内生发展动力，因此急需从理论层面进一步理清公共政策是如何通过支持特色产业，尤其是农业产业发展，进而推动减贫目标的顺利实现，制定的相关政策是否因地制宜、切实可行，才真正有益于贫困地区内生发展能力的形成并逐步壮大。

1.2　研究意义

改革开放以来中国全力推进的减贫伟大事业取得了举世瞩目的成绩，

其中一条重要的启示便是集中力量办大事的"举国体制"，通过资源集中聚合和政策扶持引导使得减贫事业稳步取得成效。总结四十年来的减贫历程可以发现，无论是在最初的"输血式"扶贫还是后期的"造血式"扶贫，公共政策在减贫中所起的重要作用是不可忽视的。众多成功的案例表明，政府主导与贫困户主体作用结合、普惠性政策和特惠性政策并举、内生发展与外在保障配套的中国特色扶贫开发道路上，公共政策不仅是输送减贫外在动力的"发动机"，也是保障内在减贫机制正常运行的"润滑油"，但必须认识到，公共政策减贫的途径、机制、效果在不同阶段和不同地区呈现出不同表现形式。党的十八大以来，党和政府高度重视培育贫困地区的内生能力，通过政策扶持、资金引导、宏观调控、金融信贷等多种方式极力培育和扶持地方特色产业，公共政策作为外力直接驱动减贫的方式逐渐为产业扶贫方式所取代，通过政策扶持形成地方特色产业，进而通过产业发展带动贫困地区和贫困人口增收致富的间接减贫路径则逐渐得到各方公认，且行之有效的减贫途径，在诸多减贫产业中，农业对于减贫的效应是十分显著的，2000 年世界银行的一项权威研究发现，农业减贫效应要远高于第二、第三产业，在所有公共支出中，农业支出所带来的减贫效果也要显著高于救济、基建等支出。根据国务院扶贫办的数据显示，我国大部分贫困人口还是集中在农村，截至 2017 年初，我国农村贫困人口 4335 万，近 3 万个村贫困发生率超过 20%，农业作为贫困农村当地的支柱产业，其发展的规模和水平在一定程度上影响着我国 2020 年全面脱贫目标的实现进程，因此通过政策扶持大力发展农业，进而带动贫困地区脱贫致富具有重要现实意义。由此可见，进入扶贫攻坚新时代，面对新形势新问题，在公共政策、农业发展和减贫三者之间存在内在联系比以往任何时期都要紧密，一方面，公共政策对农业发展和减贫发挥着显而易见的直接作用；另一方面，公共政策又通过农业发展这一中介因素间接推动着减贫进程，农业发展在此阶段如同是架设在公共政策和减贫之间的桥梁，存在着一定的中介效应。现有的研究更多关注公共政策的直接减贫效应，而对于产业在公共政策减贫过程中所起的作用研究并不深入，这种建立在"外延式"扶贫思想基础上的研究范式无法有效适应新阶段的扶贫实践，基于此创设的扶贫政策体系和工作指向必定不能很好地适应新的扶贫形势。

本书围绕公共政策推动农业发展，农业发展带动减贫目标实现这一逻辑，试图构建一个涵盖了"公共政策—农业发展—减贫"的三维减贫理论框架，将农业发展作为中介变量，探讨其在公共政策减贫过程中的中介效应、作用机制和运行模式，设计了"公共政策—农业发展—减贫"耦合发展评价指标体系，通过引入耦合分析方法、建立状态空间模型，全面探讨公共政策对农业发展和减贫的影响机制，同时对农业发展在政策减贫过程中的中介作用进行定量测度，并对上述影响作用进行时空演进分析，从而对"公共政策—农业发展—减贫"三者之间的关系有更全面、客观的把握。相关研究有利于进一步丰富和充实新时代中国特色扶贫理论体系，尤其是有助于拓展产业扶贫的相关领域，分析研究的结论对于客观掌握我国政策扶贫和农业减贫的现状、特征及规律具有重要价值。同时对于进一步优化和完善当前扶贫及农业发展政策体系，有效转变产业扶贫的着力点，探索深度贫困地区脱贫道路具有一定借鉴意义。

1.3 研究方法、思路与主要框架

1.3.1 研究方法

本书注重定性和定量方法的综合运用，通过定量方法使得研究更加客观、科学；通过定性分析对相关典型案例进行剖析，总结经验和启示，使得研究更具可操作性和借鉴性。主要采取了文献分析、实证分析和案例分析的方法。

文献分析法是指通过翻阅和梳理大量国内外相关文献，搜集有用信息，形成对问题的一个初步的认识，进而结合自身研究主题，对文献进行整理和分析，提取相关理论，为之后的研究提供理论支撑。

实证分析法是指在理论的基础上，借助数学模型对数据进行统计分析，从而得到有规律的、可验证的客观事实。本书所采用的实证方法主要包括耦合协调分析、状态空间模型以及中介效应检验。耦合协调分析将在本文的第 4 章体现，旨在通过对公共政策、农业发展与减贫效应三者间耦合度测算，证明三者间确实存在彼此相互作用的关系并得出该作用的强度，再根据协调度的测算，分析不同地区公共政策、农业发展与减贫效应协调发展的演化过程；状态空间模型和中介效应检验方法则主要运用在本书的第 5 章，建立状态空间模型是为了分析公共政策的减贫效应以及农业发展的减贫效应在时间上的变化规律，中介效应检验则是为了证明农业发展在公共政策与减贫之间所起到的是一个中介的作用。

案例研究法是通过选取一个或几个对象，系统地收集数据与资料，进行深入研究和探讨某一现象在现实中的体现。本书以贫困地区农业产业减贫为对象，选取了多个案例进行了系统的研究，通过对这些案例的分析，总结出多个产业减贫的实现模式及其运行机制。

1.3.2　研究思路

本书针对新时代扶贫攻坚的形势变化和精准扶贫、精准脱贫战略实施的现实，构建了一个由"公共政策、农业发展、减贫效应"三个子系统构成的复合减贫系统。研究设计了一套"公共政策、农业发展、减贫"耦合评价指标体系，选择云南、贵州和四川三省作为实证分析对象，运用三省相关数据，通过引入耦合分析方法，对耦合度和耦合协调水平进行客观测算，进而验证上述所构建的减贫系统是否存在，以及各子系统之间的内在联系及其运行机制。同时借鉴空间状态模型，运用中介效应检验方法，对农业发展在政策减贫中的中介效应进行实证检验，并对其变化趋势进行全面分析。

其次通过案例研究的方式，先后选取了湖南湘西土家族苗族自治州（以下简称"湘西州"）、湖南常德市、广西田东县、贵州六盘水市、重庆秀山土家族苗族自治县（以下简称秀山县）五个地区，总结出特色农业助推精准脱贫、标准农业助推精准脱贫、"金融＋农业园区"助推精准脱贫、"三变模式"助推精准脱贫、农村电商助推精准脱贫等五种典型的公共政策支持下农业产业扶贫的模式，深入分析政策减贫过程中农业产业的中介作用及其运行机制，从现实中找到农业发展带动地区减贫的现实案例，并通过对案例的分析，总结农业产业减贫的实现模式和成功经验。

最后对本书进行总结提炼，从中得出有建设性的结论，并提出有助于构建农业发展与政策减贫良好互动机制的相关建议。

1. 3. 3　主要框架

本书从逻辑层面上可将整体结构共 10 章：

第 1 章为导论。主要对本书的背景、理论和现实意义、研究方法和基本思路、基本框架等问题进行介绍。

第 2 章为研究综述与理论框架。首先是通过对国内外相关研究进行系统梳理，然后在已有研究的基础上深化总结，提出本书的理论框架。

第 3 章为贫困地区农业发展与贫困现状。通过选择四川、云南、贵州三省作为实证分析对象，通过详尽的数据资料对其农业发展和贫困现状进行客观地呈现，从而对我国贫困地区经济社会发展现状及减贫的进展成效有大致认识，为下一阶段的分析奠定基础。

第 4 章为公共政策、农业发展与减贫的耦合协调分析。以云南、贵州和四川三个省为例，在公共政策、农业发展与减贫效应之间构建了一个贫困地区复合减贫系统，并设计了一套"公共政策—农业发展—减贫效应"复合减贫系统协调发展指标体系，引入耦合协调度模型来客观反映上我国现行的公共政策、农业发展与减贫之间的整体协调水平。

第5章为农业发展在政策减贫过程中的中介效应研究。从理论层面阐明了公共政策、农业发展与减贫效应三者间的内在作用机理，构建了减贫系统协调发展评价指标体系，据此测算了贵州、云南和四川三省减贫系统的耦合度、耦合协调和综合发展值。通过建立状态空间模型，分阶段探究了公共政策减贫过程中农业发展在各时期的减贫作用强度及其动态演变趋势，并对农业发展在政策扶贫过程中的中介效应进行了验证。

第6章为农业减贫的农户生计响应与产业困局破解。着重选择了罗霄山区的桂东县和武陵山区的湘西州作为实证分析对象，重点分析了减贫情境下的农户生计行为策略和产业发展困境这两个制约减贫实效的因素，旨在为相关政策优化提供参考。

第7章为贫困地区农业减贫的实践与探索。主要对不同地区实施农业减贫的主要做法进行总结性描述，选取湖南、贵州、广西、重庆等地共五个案例，对其农业减贫基本情况、主要做法、现实成效进行分析，进而总结出有益启示。

第8章为贫困地区农业产业化扶贫的模式与机制。主要对不同地区、不同类型的农业产业扶贫模式进行总结，就各种模式的内涵、特征、运行机制进行全面阐释，概括出了合作社领办型、创业平台助推型、美丽乡村引领型、龙头企业带动型、乡贤返乡兴业型、多产融合发展型等六种典型农业产业扶贫模式，并从政策要素、资金要素、人才要素、环境要素四个维度探讨了贫困地区农业产业扶贫的运行机制。

第9章为农业发展与减贫政策评价与优化。该部分着重对农业发展政策和当前的扶贫政策进行科学、客观地分析评价，进而提出政策优化改进的相关建议。一方面运用政策工具思想和文本分析方法，以《中华人民共和国农业法》为样本，深入分析了农业政策工具与我国农业发展现实的匹配性，进而指出了我国农业政策工具优化的路径。另一方面研究以湖北省来凤县后坝村为个案，通过农户视角对扶贫政策成效进行了感知性评价，随后根据发现的问题提出了扶贫政策优化的建议。

第 10 章为研究结论与政策建议部分。主要是针对本书做出总结性结论，以及根据所得到的结论对我国今后减贫政策和农业发展提出相应的建议。

第2章　研究综述与理论框架

农业发展与减贫一直是发展经济学关注的重点，也是发展实践中始终面临的难点。众多发展中国家的实践表明，政策引导和支持在这些国家扶贫历程中所起的作用是至关重要的，而农业发展在政策减贫中确实也发挥了显著的中介作用。国内外相关研究对于政策减贫、农业发展与减贫效果之间的内在关系进行过系统、全面的探讨。

2.1　相关研究综述

2.1.1　精准扶贫的相关研究

作为贫困人口众多的发展中国家，我国历来重视扶贫相关工作，从20世纪80年代开始，党和政府先后推出和实施了一系列扶贫政策，取得了令世人瞩目的骄人成绩。但不可否认的是，之前的扶贫战略存在两个普遍的问题，一是以"输血式"扶贫为主，通过给钱给物、救济帮困等方式解决一些应急之困，因而实践中往往出现一些"运动式"扶贫的极端个案，缺乏对贫困地区和贫困群体内生发展能力和地方特色优势扶贫产业的培育（蒋和平，2015）；二是"大水漫灌"的粗放式扶贫，扶贫工作没有从贫困的诱因、内外在环境、个体诉求和可持续角度对扶贫对象和扶贫区域进行精细化瞄准和个性化服务（李小云，2014）。如何精准、高效地做好扶贫工作，有效破解上述困局便成为迫在眉睫之举。2013 年 11 月，习近平总书记视察湖南湘西时首次提出了"精准扶贫"的概念，随后国务院颁布的《关于创新机制扎实推进农村扶贫开发工作的意见》明确提出了精准扶贫的工作机制、工作重点，从而开启了新时代我国精准扶贫的崭新之路。实践中有关精准扶贫的相关探索已经取得了诸多成效，形成了一些诸如"四个切实、五个一批、六个精准"的新机制，涌现出了湖南"四跟四走"产业扶贫模式（杜家毫，2016）、贵州省"资源变资产、资金变股金、农民变股东"的"三变"改革新模式等一批有影响、可借鉴的典型模式。实践倒逼理论的发展，有关精准扶贫的相关研究已经成为当前经济管理研究的热点。相关研究主要集中在精准扶贫的内涵、扶贫绩效的评价、精准扶贫模式与实现机制、精准扶贫的配套体系和政策、扶贫过程中的异化、后脱贫时代政策调整、精准扶贫与乡村振兴的关系等方面。李小云等（2018）认为，精准扶贫战略具有丰富的理论内涵和坚实的理论基础，它不仅是一项重要的国策，也是一套系统、完善的中国特色扶贫理论总结，它本身内含了社会精细化管理、参与式发展、社会互构论等诸多理论。杨宜勇（2018）认为，精准扶贫思想是习近平新时代中国特色社会主义思想的重要构成部分，是马克思主义中国化的新贡献和新阐释，这一理论具有完整的理论脉络和思想承袭。王朝明（2018）对精准扶贫瞄准机制运行和演进过程进行了科学阐述，并从操作层面提出了精准识别、精准帮扶和精准退出的相关建议。汪三贵研究团队（2015）比较系统地对精准扶贫和新时期我国扶贫战略进行了相关研究，在贫困农户的多维贫困测量方法、贫困指数设计、贫困异化、扶贫机制等方面做出了重要研究。较多研究从案例角度对于在扶贫过程中出现的新做法、好经验进行了总结概括，针对产业扶贫、金融扶贫、社会参与扶贫、大数据扶贫等扶贫方式进行了系统研究（宫留记，2016；许汉泽，2018；赵晓峰，2016；

左停，2016）。另一些研究则从方法、技术、指标、模型、工具等方面对于评估识别、扶贫绩效评价、第三方评估、精准退出进行了系统的定量研究，如杨照、张正尧（2018）构建了产业精准扶贫评价指标体系并进行了实证检验，徐龙顺（2016）运用博弈分析的方法对精准扶贫过程中的利益相关者行为进行了模拟分析，王小林在其出版的专著《贫困测量：理论与方法》对于贫困测量的方法、理论体系和逻辑进行了比较科学、全面的阐述。郭君平等人（2017）利用 Heckman 两阶段法、双重差分模型，利用对贵州省两个贫困村的农户调查数据进行了实证研究，运用农户恩格尔系数分析了参与式扶贫对于农户减贫的作用机制及其发展规律。

2.1.2　政府扶持对于农业发展的促进作用研究

对于政府扶持与农业发展之间关系的研究，学界基本持统一的意见，即农业是一个政策依赖性很强的产业，需要受到政府的保护，同时也指出政策的扶持对于农业的发展有着显著的促进作用。自 1933 年美国颁布《农业调整法》，对农业进行补贴正式成为了一项政策法案，为农业理应得到政府保护提供了现实依据，而凯恩斯、萨缪尔森等人的研究理论则为政策推动农业发展提供了理论依据，从此开启了关于政府扶持与农业发展关系的研究热潮。萨缪尔森认为农产品所具有的公共产品特性，使其在市场上表现出非排他性和非竞争性，因此为维护市场的稳定性，保证农产品的有效供给，政府就有必要制定相关政策对农业加以支持，斯蒂格利茨（Stiglitz，1981）也从农业的弱质性出发为政府支持农业提供了理由。此后相关的研究不断深入，学者们开始利用计量模型对政策支持农业的效用进行了模拟分析，通过实证的方法验证了政府扶持对农业发展的推动作用。如迪米特里斯（Dimitris）利用 OECD 的生产者支持等值指标和乌拉圭农业协议的综合支持 T 指标进行比较来反映政策支持农业所取得的进展；国内学者蔡银寅、杜凯（2009）则是通过建立二元经济增长模型，解释了农业经济增长的历史过程并对其中政府扶持所起到的作用进行了评价；随着经济的发展与社会的不断进步，中国农业也开始由过去传统的分散式经营向规模化的现代化经营转向，而政府扶持在这样一个关键的过渡时期，为农业顺利地实现现代化转型升级发挥着至关重要的作用。赵文先（2008）从研究政策如何使用公共财政和关于金融性的农业政策以实现粮食安全和粮农增收为目标，并促进两者的协调发展。其中对政策的选择在促进粮食安全以及农业增收起了很明显的作用。夏兰（2012）从产业经济学的角度研究农村的土地政策对经济发展的影响，通过土地政策的调整促进农业的发展，不断完善农村经济的发展，其中包括促进农业产业安全、粮食安全发挥着重要的作用。苏静（2015）从农村金融政策的角度研究农村金融对农村的减贫作用，通过实证研究表明农村金融政策的实施对农村贫困广度、贫困深度、贫困强度都会比较明显的影响。农村的正规和非正规金融都会促进农村贫困减缓，其中非正规金融对促进农村收入的增长、农村教育文化水平的提高、产业结构提升，通过增强农村自身的发展水平减贫。农村的非正规金融政策在自身发展较高的地区能更好地促进农村内部收入的分配和农村医疗条件的改善，综合而言农村的金融政策包括正规金融政策和非正规金融政策都会对农村多维贫困有比较显著的正向影响。张士云等（2014）在比较分析了美国和日本实现农业规模化经营的进程后，提出中国农业实现规模化经营进程可能要比美国和日本短至少15年的时间，并从两个方面解释了原因，土地流转以及规模经营助推政策便是其中之一；董江爱、张嘉凌（2016）则从科技驱动农业现代化出发，间接指出了政府扶持对农业现代化的推动作用，认为科技的进步能够直接地推动农业现代化进程，而农业政策则是影响科技进步的关键因素；王英强（2016）也通过对美国农业政策对农业现代化影响的分析，提出中国农村经济的发展需要政府扶持的支持，具体表现在农业相关法案的制定、农业补贴水平、推动科技发展等方面。涂琼理（2013）从以农业合作社为研究对象，我国农业合作社数量少，在农业生产或者农村经济发展中所起到的作用还可以不断加强，在建设农业合作社的过程中需要政策有政策进行支持，当前我国农民专业合作社发展对政策的需求远远少于政策供给，政府对农民合作社政策需求还要进行针对性的了解力度，并且通过对农民专业合作社的实证研究，政府同过减少税收、提供资金扶持以及提供教育培训对参与农民专业合作社的农民收入增加有很显著的影响。余涤非（2012）从我国农业产业化发展的角度说明了政策对农业发展的作用，农业产业化龙头企业生产经营对我国农村经济的发展起到了很大的辐射作用，对我国农村的发展具有深远的影响。我国在东、中、西部龙头企业发展的不平衡，大部分龙头企业科研经费少、科研能力比较差限制了龙头企业自身的发展，龙头企业的市场性目的和公益性目的都需要得到政策的扶持，国家在政策税收优惠、金融政策、财政补贴政策、财政专项扶贫资金政策进行扶持，通过政策的全方位扶持，农业产业化龙头企业能不断地发展壮大，社会责任感也不断增强。赵海（2012）以农业产业化国家重点龙头企业为研究对象，选择 894 家企业为样本对生产经营状况进行描述性分析，研究表明财政税收支持政策在很大程度上促进了农业产业化龙头企业的发展，对企业的盈利能力有一定的促进作用，政府在政策方向应该加大和优化财政和税收政策的扶持建议。汤新华（2003）通过政策扶持对农业上市企业业绩影响研究，政策扶持直接提升了农业上市公司的业绩，农业上市公司的业绩提升有 1/4 来自于各种优惠政策，政策的支持给上市农业企业的经营业绩占其经营业绩的比重在不断在增加，政策的扶持已经成为上市的农业企业一个必不可少的重要因素。刘慧勇（2017）从需求的角度，探讨了农业现代化需要一系列的土地改革政策支持，并且还需要加大土地改革的力度，发放购地长期低息抵押贷款，大型农机贴息补贴贷款，对出售土地者进行政策扶持能加快我国农业现代化的发展，缩小与发达农业国家农业现代化水平的差距。蔡双忠（2017）以农民工返乡创业需要政策支持的视角进行了研究，对农业中不同的细分行业，对政策支持的诉求不一样，但主要体现在要第创业风险的意识防范上。由于农民工受教育的程度较低，政府在政策导向上应该加大农业政策教育培训，另外对农业创业手续简化审批，提高金融政策的执行力度等都能促进农业创业的发展。曹福生、李星星（2016）以政策扶持对家庭农场的经营绩效为研究对象，土地流转、农业社会化服务、家庭农场管理培训的政策支持使得家庭农场中土地流转、资金获取、产品销售变得更为流畅，提高了家庭农场经营能力，通过对家庭农场中的培训能提升农业生产技术、家庭农场管理和农产品的市场销售，另外政策扶持的不断优化也吸引了农民工，大学生返乡创办家庭农场，将推动家庭农场的经营水平。丁忠民、雷俐等（2016）以发达国家农业发展为背景，研究家庭农场的经济发展，丹麦、以色列在家庭农场发展的过程中很大程度上依靠政府的政策支持，在政策支持促进的背景下进一步的推进农业科技创新的发展，对发达国家家庭农场的发展经验表明，发展家庭农场经济应该加大政策扶持力度，深化农村土地制度改革，扩大适度规模经营的力度，能促进我国家庭农场的持续发展。彭青秀（2015）从现代发展低碳农业的角度，低碳农业的发展离不开政策的支持，低碳农业已经成为了将来农业发展的趋势所在，在我国低碳农业的发展中，财政政策的农业补贴投入，农业科技创新的投入明显不足，在低碳农业发展过程中要不断完善财政补贴，加大农村环保投资力度才能从本质上促进低碳农业的发展。

2.1.3　农业发展与减贫的关系

贫困问题一直以来是我国政府持续关注的问题，也是学界普遍讨论的话题，尤其是进入 21 世纪初期，有学者发现过去单靠财政支出来减缓贫困的方式，其作用已然呈现边际递减趋势（郭宏宝、仇伟杰，2005；秦建军、武拉平，2011），迫切需要新的手段为减贫注入新的活力。于是，农业产业化作为一种新的减贫手段逐渐兴起，并被认为是减贫极具效率且持续的手段之一。世界银行在 2008 年发布的《世界发展报告》中就指出，农业发展所带来的减贫效应至少 4 倍于其他产业所产生的减贫效益。早在 2001 年，梅勒（Mellor）就从购买力的角度分析了农业减贫的原因，认为农业生产率的提高，使得长期占据贫困家庭较大支出比重的食物变得更容易获得，间接提高了其购买力，从而能够获得更多的产品和服务，有效减缓了贫困；李普顿（Lipton，2005）则是从就业的角度解释了原因，认为农业作为劳动密集型产业，其发展能够创造大量进入门槛较低的就业机会，从而缓解贫困。国内学者也从各个方面论证了农业减贫产生的原因及效率，如王娟、张克中（2012）从公共支出结构强调了农业减贫的比较优势，认为在所有公共支出中，促进农业发展的支出所带来的减贫效应最大，要高于社会救济支出和基本建设支出；沈能、赵增耀（2012）从农业科研投入对减贫的影响的视角，从省级面板数据出发，不同的地域农业科研的投入对减贫的影响效果有差异，但农业科研的投入对整体的减贫效果比较显著。李冠杰（2015）则从贫困户收入来源分析了农业减贫的合理性和可行性，指出贫困的家庭收入的主要来源为农业活动，而其他注入从事第二、第三产业的收入、工资性收入以及转移支付等加起来仅占到家庭收入的 30%，所以要有效提高贫困户收入水平，发展农业是最根本也是最有效的方式；张卫国、田逸飘等（2017）认为对于贫困地区特色农业的发展有利于减少贫困。其文章应用实证的方法选取 17 个烤烟区的数据为基础。地区发展特色农业促进农民收入的增长，达到减少贫困的效果。虽然特色农业发展和经济增长都会对减贫产生比较明显的作用，对比经济的增长与特色农业发展对农民收入的增长发现，特色农业发展的收入增长的效应大于经济增长效应。陈光燕、庄天慧等（2015）探讨了"贫困中的贫困地区"：我国的连片特困地区的农业科技服务对减贫的影响。从农民自身的文化素质、农民对农业科技服务的态度、农业科技服务的方式角度对减贫的作用进行了分析。研究发现农民自身素质的提升、农业科技服务方式的对口、农民对农业科技服务意识、态度的提高这些因素对减贫有比价明显的效果。李秀芬、张平（2013）认为贫困地区随着劳动力转向第二、第三产业使很多地方脱离的贫困，但留下来没有足够能力转移到第二、第三产业当中去的人口会难以脱贫，显然这种模式会影响我国2020全国实现全面脱贫的目标。对于农村要增强自身的脱贫能力需要集合农村的综合优势，调整农业产业结构、加强农村基础设施的建设等方面实现减贫。韩明霞（2016）从农业补贴政策的视角分析减贫的效果，把农业补贴分为综合性的收入补贴和生产性专项补贴，综合性的收入补贴对于中、低收入的农户的减贫效果比较好，而对于收入较高的农户减贫反而起到了一定的抑制作用。而专项性的农业补贴对于低收入和高收入减贫效果比较好，对中等收入的农户的减贫效果不明显。但两个减贫路径都能有效地促进贫困的减少，其中生产性专项补贴比综合性收入补贴有更好的减贫效果。郭雅（2013）研究了在财政支持的大背景下农业产业化经营所产生的减贫效应。农业产业化经营通过优化农业产业结构、加速农业资本的积累、提高农民的生产技能、健全农业产业化经营组织等方面共同促进贫困的减少。财政资金支持比较小的时候减贫的效果不明显，加大财政支持农业资金的投入有助于减少贫困。杨文营、谢萍等（2016）从当前的"互联网＋"的时代背景出发，从社区农业APP模式的应用对减贫进行研究，通过对社区农业App的推广和应用，提高了人们对农业讯息的了解，从而扩大了农产品的销路，增加农民收入、对减贫起到了一定的促进作用。陈鸣、周发明（2015）从农业科技投入对减缓农村地区贫困的视角进行了实证研究发现，农业科技投入是样本中各县减贫的关键所在，各地区应该以当地的实际情况为导向制定相应的公共政策，从通用性的角度政府对教育、医疗和信息化等公共政策的服务的投入是可以有效地改善农村的贫困。杨晶（2015）运用实证的方法从我国农业收入的不断增长对贫困的减缓角度进行了研究，研究结果表明在20世纪末非农性工资收入对贫困的减缓起作用也更加有效率，到21世纪农业收入上升起到的减贫效果更加的显著，尤其是我国惠农政策的不断完善，农民收入的增加，对贫困的减缓效果更加明显。金艳鸣、雷明（2006）从部门产出对减贫的影响出发，做实证研究，相较于城市地区，农村地区人口数量更大，农业部门产出的增加加大了农村地区人口的收入，对减贫效应起到了很好的效果，且要大于第二产业部门产出增加的效应。陈全功（2013）探讨了以家庭经营性收入为表现形式的农业生产和以工资性表现形式的外出务工两种方式进行探讨研究，结果表明在贫困地区以农业生产为主导的减贫效应更加具有稳定性、深度性，而外出务工带来的减贫效果更加快速化、短期化，由此贫困地区更加应该注重对贫困地区农业的发展，维持减贫的稳定性和持久性。李小云、于乐荣等（2010）从实证的角度利用 2000 ~ 2008 年分省的经济增长和贫困数据对中国 21 世纪以来经济增长与贫困减少额关系进行研究，从全国的视角出发以不同区域的经济增长和贫困人口的变化趋势，以及不同产业增长对不同区域贫困率发生的影响。结果表明，进入 21 世纪以来，我国经济增长对贫困发生率有非常明显的影响，随着经济的不断增长，贫困率也在显著的下降，但贫困减少的速度要小于经济增长的速度，各个区域与各个产业对贫困的减缓程度也不一样，与第二、第三产业相比，农业部门产出的增长具有较高的减贫效果。李明贤、罗荷花等（2010）从农户融资方面与农业增长关系进行研究，通过研究结果我们发展，我国金融机构的农业贷款为农户进行农业生产提供了资金保障，为农业生产的发展提供了后续保障，推进了我国农业的增长，而农业经济增长产生了利润又进一步促进了金融机构对农户发放的生产性贷款，从回归模型分析的结果进一步得出，农户融资对我国农业发展和农村居民人均纯收入有直接的影响。对我国农业的长期增长起到了很大的促进作用，并且有效地减缓了农村的贫困。

2.1.4　公共政策与减贫的关系

樊盛根等（2002）对我国 28 个省行政单位的面板数据进行分析，利用联立方程模型的研究方法进行实证分析，得出了不同类型的政府支出对贫困的减少有不同的效果，其中农业研发、灌溉、教育和基础设施建设的领域政府支出增加，就能够促进农业产出的增加，进而有助于减少农村贫困的状况，但财政支出的在不同地区对不同投入类型的支出的减贫效果具有比较显著的差异。张凤华（2011）认为：随着我国经济的不断发展，我国的贫困率在显著的降低。一方面是经济发展的红利，在很大程度上让很多人脱离贫困。但经济收入的增长与收入分配情况不平等。从书中我们可以得到经济增长是农村减贫的重要基础，随着经济的不断发展，产业结构不断发生变化，从第一产业转移到第二、第三产业的人口越来越多，就业结构的改变带来的减贫将会越来越显著。在政府的减贫政策中，开发式扶贫政策对农村贫困减缓的效果要好于普惠式减贫政策的影响。在政府制定的扶贫政策中，很多政策的瞄准度还不够，并没有抓到农户的实际需求，导致减贫效果不明显。蒋志永、何晓琦（2006）认为偏向于微观政策对减少贫困的效果更好，包括确立扶贫目标精准度，并针对农村地区的卫生条件、基础设施、教育投入、放宽农户的小额贷款各个微观政策面提供全方位的政策支持。在联合国社会发展研究院发布的《反对贫困与不平等——结构变迁、社会政策与政治研究报告》中指出，不能将贫困人口单纯的看作是需要采取区别政策的"剩余"群体，应该从人的能力成长性考虑，想要消除贫困的根源就要挖掘出人的各个方面的潜能，用自身的能力使之脱离贫困，以这种方式消除贫困会使得社会在宏观层面上更加和谐、健康的发展。林伯强（2005）从减贫动力源的角度出发，提出各类公共投资对农村经济增长、减贫具有不均等的边际效应。通过实证研究得出在对农村教育、农业研发和水利、公路、电力、通信方面的基础建设投资促进了农村生产力的增长，带来了比较好的减贫效果。尤其在我国欠发达的中西部地区，这些基础建设的投资往往能带来比较明显的效果。李永友、沈坤荣（2007）通过财政支出和相对贫困进行研究，从研究中发现加大对低收入人群的支出能够有效地消除整个社会的相对贫困状况。吕炜、刘畅（2011）着重对教育、医疗、卫生和社会保障等方面的支出进行分析，发现虽然这些政策都对贫困起到了一定的减缓作用，但各种政策的减贫效果是有所差异的。陶爱萍、班涛、张淑安（2015）以我国 5 个省份为研究对象，应用相关的数据对地方财政支出在不同地区之间所发挥的减贫效果进行研究，研究结果表明医疗支出在 5 个省份中能够有效地缓解贫困的状况，但农业支出和社会保障就业支出在部分省份并没有发挥相应的减贫效果，教育支出则无法从模型中计算出来。高远东、温涛等（2013）从财政金融支农投入对农村减贫的角度做出空间计量模型，应用省份的面板数据，得出财政支农政策对本省份农村减贫的效果非常显著，金融支农政策对农村贫困人口的减少具有很大的直接作用。加大金融力度的投入可以促进本省脱贫。并且农村贫困往往出现集中连片存在，农村劳动力很大程度上促进了农村经济的发展，间接促进了减贫效应。卢现祥（2009）从政府转移支付的视角，探寻不平等与贫困率之间的关系。在不平等的条件下转移支付政策会效果较差，贫困率也会有略微的上升。在这个政策当中，富人在政策中受到的好处要大于穷人。转移支付反而不利于减贫。张琦、冯丹萌（2016）以贫困线标准为视角，认为我国已经在减贫方面做出了很大的贡献，对贫困标准的适时提升和多维贫困的实践运用，政策通过实际情况而不断调整，包括社会保障、专项扶贫、产业扶贫、精准扶贫等从内因到外因的全面帮助脱贫。戴翔（2017）研究了财政支出的减贫效应，运用实证的研究方法得出财政支出的规模的增加能够促进经济的增长，间接减少贫困的发生率。而农业支出、医疗卫生支出、社会保障支出能够直接减少贫困，教育支出对贫困的减少并没有显著的作用。程蕾（2016）以安徽省为研究对象采用理论与实证相结合的方法研究公共政策的减贫效应，理论上认为公共支出一方面可以直接增加贫困人口的收入或提高其获得收入的可行能力，具有直接减贫效应，另一方面可以通过促进贫困地区经济增长，打破贫困恶性循环，具有间接减贫效应。通过实证分析得出：第一，医疗卫生支出、社会保障支出、农业性支出能够提高贫困县农村居民收入，具有很好的直接减贫效应，而教育支出的直接减贫效应不显著。第二，贫困县经济增长仍然具有明显的减贫效应。教育支出、医疗卫生支出、农业支出能够显著地促进贫困地区经济增长，通过经济增长促进减贫，具有间接减贫效应。而社会保障支出的间接减贫效应不显著。第三，贫困县的农业增长的减贫效应不显著，而教育支出、农业支出也没能发挥促进农业增长的作用。郭雅（2013）利用安徽省为研究样本，构建实证模型，研究结果表明财政支持农业产业化经营有助于优化农业结构、加速资本积累、健全农业产业化经营组织和提高农民生产技能，这四个方面共同影响共同促进贫困的减少。刘金海、李海金（2013）以惠农政策对减贫进行研究，在 21 世纪以来把惠农政策分为四类，第一类为保障性惠农政策，第二类为生产性惠农政策，第三类为发展性惠农政策，第四类为外部性惠农政策。研究结果表明，中国惠农政策对于改善人口状况总体上产生了积极的推动作用，但各项政策的减贫效果有很大的差异，第一类政策具有较强的直接减贫效应，第二类政策具有促进农村经济社会综合发展从而间接促进减贫的效应。秦建军（2012）以农业贸易自由化和财政支出对减贫的影响的研究发现，农业贸易促进了农业生产率的提高，财政支农投入促进了农村经济的增长，减少了贫困的发生，在区域对比研究中，加大对西部地区教育和水利设施的财政支持，将具有很大的减贫效果。

2.1.5 文献述评

现有研究从学科视角、理论基础和分析方法等方面为本书提供了非常有益的参考，对于构建和完善本书的理论分析框架和方法体系具有重要借鉴意义。但仍然存在一些不足之处：一是有关政策减贫的研究中并未有效考虑诸如农业发展、产业积淀等外部因素，而对于部分贫困地区而言，上述因素在减贫过程中起到了非常重要的影响作用；二是研究没有结合贫困地区发展的现实情境，理论框架构建时更多的是借鉴国外一些思路，对于贫困地区一些内在性特征和发展实际考虑的广度和深度还需进一步提升；三是研究方法和视角比较单一，更多是从二维视角去考虑政策与减贫的关系，而没有从三维或更广阔的视角去分析探讨，在技术方法方面也多采用经济学传统的方法。所以本书突破公共政策与农业发展，公共政策与减贫的二维方向制约，转而从公共政策、农业发展和减贫三者之间进行多方面研究。从这个角度出发，使得研究在视野上更加宽广，对理清公共政策、农业发展和减贫之间的关系，对促进贫困地区经济的发展能起到更加精确的指导作用。本书将以公共政策推进农业发展，农业发展带动区域的减贫效用为基本逻辑线索，构建一个包含公共政策、农业发展与减贫效应的复合减贫体系。运用四川、云南、贵州三省的数据，通过实证研究方法得出系统间的各个因素之间的关联、协调度发展，最后对农业发展在公共政策与减贫之间的中介效应进行检验，并从时序上呈现出农业减贫效应的变化趋势，从而更好地对农业减贫进行动态了解，进而提出有针对性的政策建议。

2.2　本书理论框架

发展经济学对于农业和政府扶持关系的关注奠定了众多经典农业经济理论的实践基础。若隐若现中，似乎都能感知政府扶持—农业发展—贫困减缓这一逻辑的合理性，但若把政府扶持与农业发展置于减贫的框架下，将研究的视阈拓展到政策支持、农业发展与减贫的三维结构中去分析贫困地区的发展问题，以及对于其中起作用的中间变量和具体影响的机制探讨却不多。现有研究往往将上述三角关系割裂成了两对相互独立的关系认识，从而导致一些成果的研究主要涉及前半部分，即"政府扶持—农业发展"的关系，另一些成果的研究则主要涉及后半部分，即"农业发展—贫困减缓"的关系，而从三维视角完整探讨政府扶持扶持—农业发展—贫困减缓这一关系的研究则十分少见。关于政府扶持与农业发展这对传统的二维关系，学界已经形成了共识：农业的发展离不开政府扶持的大力支持，舒尔特（Schults，1960）、速水佑次郎（Yujiro Hayami，1985）、拉坦（Ruttan，1971）、黄宗智（2000）、许庆（2011）、张红宇（2013）、李文明（2015）等学者分别从不同角度就政府扶持对农业发展的支持做过经典论述。而对于农业发展与减贫的关系，人们越来越注意到农业对于贫困地区减贫的正效应，学者们一方面从产业结构和收入分配角度测度农业发展对于减贫的作用，他们得出了第一产业的减贫作用和贡献远大于第二、第三产业，如世界银行（2000）、蒙特福和拉瓦雷（Montalvo and Raval-lion，2010）、李小云等（2010）；另一方面就农业减贫的途径、机制、模式提出具体建议，如王建（2010），朱小莹（2014），井元晖、吴石磊（2012）对农业发展产生的减贫效应从直接贡献和间接贡献进行了理论探讨，重点分析了农业直接减贫效应中的食物价格效应、雇佣创造效应和比较优势效应等。按照森（Sen，1999）等学者的观点，贫困主要是指个人和家庭缺乏足够收入以获得必需物品和服务的生活状态，其真正含义是贫困人口在能力、机会和权利方面的贫困。这些经典的贫困定义往往是从微观个体和家庭层面做出的，现实中，贫困也多以个体形象呈现，一些人便据此认为减贫只要瞄准个人或家庭即可。但若从区域经济角度看，贫困则表现为一种区域性的经济不发达状况，此时摆脱贫困的根本出路，就是建立起能够推动经济实现持续增长的长效机制。对于一些群体性和区域性贫困，个人或家庭的脱贫致富并不足以减缓当地的贫困现状。只有当个人获得收入增长的机会和区域获得内生发展的能力同时实现时，减贫目标才能真正实现，已有研究表明，农业发展正是有助于形成这种能力的重要途径（蒋辉、蒋和平，2013），而权威的观点也指出（世界银行，2008），因为农业的发展导致 GDP 的增长所带来的减贫效益至少是其他部门导致 GDP 的增长所带来减贫效益的 4 倍，虽然单靠农业不能大规模脱贫，但是对于大多数极度贫困地区而言，农业是有效发展战略中必不可少的组成部分。

政府扶持主要通过对农业的影响、对非农就业的影响、对农村工资的影响和对劳动转移的影响等四个途径来减缓贫困，但这些途径中减贫效果最明显，最能让经济增长的涓滴效应惠及贫困地区并使贫困群体的福利状况得到显著改善的还是通过农业增长的影响来实现，政府扶持为农业发展提供了良好的发展机遇和环境，进而向贫困群体敞开了诸多脱贫的农业道路，包括特色种植和养殖、高附加值的"新型农业"、新兴的农业创业和就业机会等。

国内外已经有大量的关于农业发展、公共政策、贫困以及如何减少贫困方面的各种研究。农业的发展是人类生存之本，原始社会人们从狩猎到驯服猎物变成家禽，通过筛选谷物种植庄稼，这些都促进了人类文明大幅向前发展。随着社会经济的不断发展、科技的不断进步，第二、第三产业在国民生产总值中所占的比例越来越大，农业所贡献的产值越来越低。在我国仍然有很大部分的人还在从事农业生产活动，特别是在边远地区从事小农经济生产活动人数众多，从事小农经济生产活动是这些人赖以生存的主要手段。当代高度发达的文明社会，农业发展依然体现着非常重要的作用。贫困一直是全世界与其抗争的一个问题，政府对减贫的影响扮演着一个很重要的角色。政府会通过各种政策举措促进经济的发展以减少贫困，一般政府的政策会偏向于经济最大化的增长，经济增长最大化有利于社会整体福利的增长，每个时代发展的重点和方向会有所差别，改革开放之前我国主要以农业生产为主，政策制定会偏向于农业发展，当时甚至会对农业发展增收一定的税额。随着第二、第三产业创造的价值越来越高，政策逐渐会以技术进步为主要导向，以促进经济高速增长为需求，在政策总量一定的情况下，农业相关的政策就会减少。而农业的发展又比较依赖于政策的制定。相对于第二、第三产业，农业更加需要政府的扶持，由于农业产业经营利润比较薄弱，而金融资本总是会流向利润最高的行业，因此农业的这种低利润的状态往往限制了农业产业的扩大发展，另外由于我国地理上的劣势，中西部地区很难实现农业产业现代化发展，长期以来越是贫困地区农业产业化水平越低，农业生产效率越低，政府在其中所起到的作用就会越重要。另一方面由于农业的益贫性，有很多的研究已经证明农业的发展能够有效地促进贫困地区的减贫，贫困地区发展第二产业并不具备比较优势，先天性资源的缺乏、技术支持的劣势、交通的不便利性都会阻碍第二产业的发展，贫困地区一般也是知识比较匮乏的地区，培养技术熟练工人的成本更高，在激烈的市场竞争环境中很难取得优势。而通过结合地区的特色发展农业产业往往能取得比较好的效果，因为农业进入门槛比较低，投入的成本较低，技术要求没有那么苛刻。本书将农业视为连接政府扶持与减贫之间的中介变量，是根据农业的两个特性，一是农业的政策依赖性，相对于其他第二、第三产业更需要得到政府的扶持，二是农业的益贫性，即农业的发展能够有效地促进贫困地区减贫。因此本书对于国内外相关文献的梳理也是从农业的这两个特性出发，一部分主要研究的是政府扶持与农业发展的关系，另一部分则是讨论农业发展与减贫的关系。这两类研究基本都达成了统一观点，即政府扶持能够有效地促进农业的发展，农业发展也具有显著的减贫效应。关于政府扶持促进农业发展的研究主要经历三个阶段，首先是从理论层面分析政策支持对于农业发展的必要性，其次学者们开始逐渐使用计量模型，通过实证的方法研究政府扶持中哪些因素是影响农业发展的主要因素，最后当农业逐渐规模化、现代化发展时，开始综合运用理论与实证相结合的研究方法讨论政府扶持与农业发展的关系；关于农业发展减贫效应的讨论则是集中在两个方面：一方面是产业间减贫效应的比较，论证农业产业相较于第二、第三产业对于减贫的优势；另一方面是关于农业减贫实现路径的研究，主要讨论农业的发展是通过哪些途径促进贫困减缓的，以及如何实现的问题。

通过对国内外相关研究的梳理，可以发现政府扶持、农业发展、减贫三者之间存在紧密的联系。大量研究表明政府扶持与公共服务的改进，有助于促进农业发展和农民增收，而农业的发展也能显著地促进贫困地区减贫，但现有的理论大多只是研究政府扶持、农业发展、减贫这两两间关系，并未将三者置于同一框架内，整体研究三者的相互作用和联系。所以，要构建一个西南贫困地区农业发展与减贫政府扶持体系，为西南贫困地区制定相关农业扶持政策和实施精准扶贫战略提供技术支撑，还需梳理出政府扶持、特色农业发展和减贫这三者间的逻辑联系和理论脉络，找出出蕴含在政府扶持和特色农业发展背后的减贫基因和影响机理。

在政府扶持、农业发展、贫困减缓三者之间存在着紧密的逻辑关系，互相作用、互相影响，已经形成了较为紧密的内在影响机制。政府扶持主要通过农业发展的政策作用系统产生强农效应进而推动农业发展，农业发展又通过农业减贫系统产生益贫效应来实现减贫目标，这是一个有机的运行过程，最终的结果是三者逐步走向协调发展，且内生成一个复合减贫系统，这一运行规律和发展趋势类似于物理学中的耦合。其中，三者间相互影响作用的强弱则可以用复合系统的耦合度大小表示，系统的协调发展程度则通过耦合协调度表现。具体而言，由于近年来实施的农业生产扶持政策、公益性农技推广、农村医疗卫生、农村基础教育、农业金融信贷、农村道路交通、农村通信信息、基本农田水利设施、农村电力等一系列政府扶持和引导，将对农业发展产生三个方面的直接影响：一是通过政府扶持可以改善贫困地区农业生产经营的基础设施条件、优化制度环境、改变农业生产要素投入质量，从而提高农业综合生产能力和生产要素的产出效率，为农业的资源优势转化为经济优势提供一个良好的外部条件；二是通过加大农业科研投入、农业科技推广等政策诱发更多面向农户需求的新思想、新技术、新品种、新设备，而农村基础教育、农技推广专项补贴等政策的实施又使得农户更易于采纳农业生产经营新技术和新理念，两者结合起来，让贫困地区农业技术进步得以实现；三是在政策的导向下，贫困地区农业或通过合理布局、科学规划切实转变农业发展方式，积极调整农业产业结构，生产经营市场需求大、产品附加值高、产出效益好的产品，或通过创新农业生产经营体制机制，大力发展规模化、产业化，积极延伸农业产业链，形成农业产业集群，扶持产业化龙头企业等途径提升农业生产的经济效益和社会效益。如果只是农业发展，而收入较低群体无法有效分享农业发展成果，那么这一特殊群体在收入分配格局中的劣势地位依然无法改变，贫困的恶性循环将不可避免。贫困地区农业发展不但可以有效改变当地区域经济落后的状况，也能有效提升贫困群体农业收入水平。如前所述，贫困具有微观的个体和宏观的区域两个层面表现形态，因此减贫也就相应的呈现为这两个层次。宏观层面的减贫，即贫困区域要改变落后的经济状况，必须充分依靠地方资源，形成自身"造血"机制，培育稳定的内生发展能力。而作为最适宜将地方资源优势转化为经济优势的产业，农业的发展使得农业在贫困地区国民经济中的支柱地位进一步凸显，成为促进当地第一、第二、第三产业融合和经济社会发展的主要动力；从中观层面促使产业集群效应的产生，从微观层面促使个人或家庭获得持续增收的机会。农业发展分别在这三个层面彰显出的效果叠加起来形成一个有机的农业减贫系统，共同推动贫困地区的减贫顺利实现。中观层面，农业尤其是现代农业发展，可以在地域和空间上形成高度集聚的利益共同体，使贫困地区农业产业内部专业分工精细化、专业化，外部则形成链条式发展形态，将农户、基地、农业企业、农业社会化服务机构、政府和市场紧密联结起来，并通过利益共享机制实现上述利益相关者的综合效益最大化，最终产生强大的资源要素倍增效应，市场竞争优势效应、规模经济效应、协作共生效应和品牌效应，进而为区域内生能力的形成奠定良好的产业基础；微观层面，在政府的大力支持下发展特色农业一方面可以有效转变农户观念意识、生产经营技能、综合素质等，从而显著提升其生计能力，另一方面能让其顺利地参与到农业产业链利益分配中去，可以让农户个人和家庭形成持续稳定的收入来源，为贫困群体有效走出当前贫困现状和最大限度阻断贫困的代际传递奠定坚实基础。因此，从理论层面分析，政府扶持、农业发展与减贫效应三者之间应该是一种高度协调、内在关联十分明显的逻辑关系（如图 2－1 所示）。

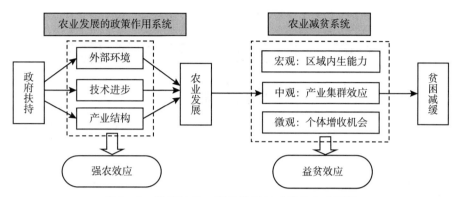

图 2－1　政府扶持、农业发展与减贫的内在逻辑

第 3 章　贫困地区农业发展与贫困现状

　　缓解和消除农村贫困是改革开放以来最伟大的战略之一，中国进行了两个方面的体制改革：一方面是经济体制改革，另一方面是政治体制改革，这两种经济体制的改革有效促进了中国社会经济的发展。中国在世界上由最开始的发展指数排名世界倒数到慢慢挤进世界第 81 位的中等收入国家。虽然说中国经济改革开放 40 年以来发展的速度相对来说非常迅速，但是中国社会经济发展也出现了发展中常见的发展不均衡问题。同时中国在过去 30 年里在减贫方面取得了举世瞩目的成就，但贫困问题在新世纪表现出许多新的特点同样值得关注。

　　自 2011 年以来，中国政府把扶贫开发工作作为一项战略来实施，围绕诸多方面进行了重大的改革。把中国扶贫区域划分成 14 个集中连片特困区：滇桂黔石漠化区、乌蒙山片区、吕梁山区、六盘山区、大别山区、秦巴山区、武陵山区、滇西边境山区、大兴安岭南麓山区、燕山—太行山区、罗霄山区。14 个集中连片特困区作为新一轮扶贫工作的重点对象。本书选取贵州、云南、四川三省进行了具体研究分析。根据国家统计局公布的 2012～2015 年贫困人口和贫困发生率的数据来分析，2012 年云南、贵州、四川的贫困发生率分别为：19.81%、26.80%、11.5%，2015 年云南、贵州、四川的贫困发生率分别为：9.9%、13.96%、6.2%。2012 年与 2015 年三省的贫困发生率比全国的平均水

平高出 3% 左右。而从云南、贵州、四川三省农业发展情况分析，2015
年云南、贵州、四川三省第一产业产值所占地区总产值比重分别为
15.6%、15.0 和 12%，要高于全国的 9.0%。从全国的数据对比分析，
和全国其他地区进行数据比较，云南、贵州、四川三个省份均属于产业
贫困地区，产业方面也相对更依赖农业产业，发展农业具有相应的地理
优势，以此，根据云南、贵州、四川三省的政府政策、农业发展情况、
减贫的逻辑关系进行系统化的研究就显得非常有必要和具有代表性。根
据 2012~2015 年的发展情况对三个省份的农业发展情况与贫困现状进
行分析，对于农业产业减贫有一个宏观的了解，有助于进一步研究分析
农业发展在政策减贫中的作用研究。

3.1　贵州省农业发展与贫困现状

地处中国西南腹地的贵州省，左上边与四川接壤、左下边与广西壮族
自治区、云南交界，右边与湖南交界。全省总面积 17.61 万平方千米，共
设有 9 个地级市和 88 个县级单位，88 个县级单位中有 66 个县级单位为国
家认定的贫困县，其中贫困发生率占比达 10% 以上的有 61 个县级单位，
贫困状况覆盖面积广而深。近几年国家通过实施一系列相关的农业产业发
展政策，根据每个地区的自然条件和自然资源，因地制宜、发展地区特色
产业，大力实施脱贫攻坚，经济发展取得一定的成果。贵州省农业产业扶
贫政策的实施助力脱贫减贫取得了一定的效果。

贵州省是一个以山地丘陵地貌为主农业省份，历史因素决定了农业的
基础条件相对较差，耕地零零散散，无法形成规模农业。总结起来有 "5
多" 与 "5 少"，分别是：山多、土多、人多、坡耕地多、中低产田土多；
田土少、水田少、耕地少、平地少、稳产高产基本农田少。

全省耕地面积达到了 2760 万亩，其中旱地占 50% 以上；人均耕地

0.83 亩。从地理环境层面来说，贵州省立体气候明显，气候温，光照适宜，降雨量充沛，属于资源丰富、发展潜力巨大的农业大省。贵州省先天的自然资源优势和当地丰富多样的生物资源相结合，让立体农业和绿色农业的实施和发展具有巨大的优势。根据 2015 年的统计数据发现，农作物品种已经接近 6000 个左右。贵州省目前主要以小麦、水稻、玉米、薯类作为主要粮食作物，黑糯米、芸豆、香米等作为省名特优品，形成了以烤烟、棉花、油料、花生、油菜籽为重要支柱的经济作物，目前品种 700 余个。

全省林地面积达 260.27 万公顷，大面积的林地资源中有 3800 多种野生植物，3700 多种药用植物，有国家级珍稀植物 70 种左右，国家级一级保护植物有银杉、珙桐、秃杉、桫椤等。依据地理优势区位，贵州省成为了中国四大中药材产区之一。多元化的自然资源造就多元化生物体系，贵州省除了是中国四大中草药原产地之一之外，也是我国国家、部省级名优茶的产区，目前贵州省茶叶品牌已达 40 余个。生物资源种类繁多，地方畜禽良种有名闻天下的思南黄牛和柯乐猪。近几年贵州省农业发展呈现出多元态势，现代立体农业和绿色农业发展迅速，在国民经济体系中的作用不断增强。

3.1.1　农业发展情况

1. 第一产业各项指标缓慢上升，发展空间巨大

2015 年，贵州省地区生产总值中，第一产业增加值 1640.62 亿元，比 2014 年增长 6.5%；占地区总产值的 15.6%，和 2014 年进行对比分析发现，占比上升了 1.8%。2015 年农业总产值 1772.59 亿元，相比较于 2014 年的 1321.86 亿元增加了 450.73 亿元，2015 年林业总产值 137.7 亿元，相比较于 2014 年以前一直没有破百亿元的记录增加了 38.08 亿元，牧业总产值相比于 2014 年增加了 95.88 亿元，增长 16.8%；渔业相比于

2014 年的增加值 8.89 亿元，增长 18.9%，"十二五"期间贵州省农业总产值、林业总产值、牧业总产值、渔业总产值等各项指标都呈现出缓慢上升的一个趋势，其中年均增长率最高的是林业总产值，"十二五"期间年均增长率 31.07%，年均增长率最低的是牧业总产值，"十二五"期间年均增长率 14.88%（见表 3 - 1）。

表 3 - 1　　　　　　　"十二五"期间贵州省农业主要指标增长情况

指标	2011 年	2012 年	2013 年	2014 年	2015 年	年均增长率（%）
农林牧渔业总产值（亿元）	1165.46	1436.61	1663.02	2118.48	2738.67	23.81
农业总产值（亿元）	655.3	864.86	997.12	1321.86	1772.59	28.25
林业总产值（亿元）	46.66	54.19	69.87	99.62	137.7	31.07
牧业总产值（亿元）	381.95	421.55	482.68	569.29	665.17	14.88
渔业总产值（亿元）	19.9	28.21	38.3	47.01	55.9	29.46

资料来源：贵州省历年统计年鉴。

2. 农业内部结构逐步优化，产业融合发展趋势明显

2012 年以后，贵州省粮食总产量超过 1000 万吨，根据贵州省人口水平进行测算，基本实现了农村人口粮食自给，人们生活水平得到提升，立体化、多元化的农业经济模式逐步开始成型，由传统种植业为主到农业、林业、牧业、渔业的多元化发展的转变。农业发展形成了多元化的基础体系，开始形成了一大批自主农业品牌，农业优惠政策和农业技术以及农业工具科技化的广泛使用，使农产品的产量和质量上升一个台阶，初步实现农产品由供不应求到供求平衡的重大变化。

2015 年以后，贵州省农业现代化步伐稳步加快，农业产业化水平提升明显。全省第一产业增速加快，贵州省充分利用现有的山地经济规律，建立现代高效农业体系，已经初步探索出了一条成熟的农业发展体系，建立了优质品牌，推动了第一、第二、第三产业融合，2015 年贵州省现代高效农业示范园区已经建设达到了 380 余个，其中 326 个省级农业园区完成招商引资签约项目 1002 个，到位资金 450 余亿元，入驻园区企业 3500 余家，培育农业合作社 3600 余家，园区从业农民达 430 余万人。现代山地特色高效农业被列入"五大新兴产业"，农业内部结构逐步优化，有效促进农业转型升级，为农民提供了大量就业岗位的同时，还给农民增加了收入。贵州省走出了现代化的山地特色高效农业发展新模式。

3. 农产品产量大幅度增加，畜牧产业发展迅猛

粮食产量由 2011 年不足 1000 万吨到 2015 年增加到 1180 万吨，年平均增长率 7.70%，其中夏收粮食产量 2015 年达到了 269.5 万吨，秋收粮食产量 2015 年达到了 910.6 万吨，夏秋的年均增长率分别为：6.38%、8.11%；谷物产量在"十二五"期间呈现一个震荡的趋势，总体来看是向上的一个趋势，2011 年到 2015 年，年平均增长率 8.14%。小麦产量 2015 年达到了 61.67 万吨，比 2014 年增加了 0.17 万吨，比 2014 年增长 17%，玉米产量、豆类产量、薯类产量、棉花产量在"十二五"期间均呈现一个上升趋势，各种产品的产量都在增加，2015 年的产量分别为：324.08 万吨、34.39 万吨、303.84 万吨、0.1173 万吨，年均增长率分别为：7.39%、11.83%、6.15%、3.33%（见表 3 - 2）。而茶叶、蔬菜、水果、中药材的产量，分别比上年增长 35.6%、11.1%、15.7%、10.7%。2015 年，面对经济新常态的压力，贵州省粮食总量持续保持快速增长，全年粮食总产量 1180 万吨，创历史新高，比 2009 年的最高粮食总产量 1168.27 万吨增加了 11.73 万吨，增长了 1%。比 2014 年粮食总产量增长 3.65%。其中夏粮产量达到 269.5 万吨，比 2014 年增加了 1.8%，连续三年破贵州夏粮产量历史记录；秋粮 910.6 万吨，比上年增长 4.2%。

表 3-2   "十二五"期间贵州省农业农产品主要指标增长情况

指标	2011 年	2012 年	2013 年	2014 年	2015 年	年均增长率（%）
粮食产量（万吨）	876.90	1079.50	1029.99	1138.5	1180.00	7.70
夏收粮食产量（万吨）	210.42	221.96	240.70	264.70	269.50	6.38
秋粮产量（万吨）	666.48	857.54	789.30	873.80	910.60	8.11
谷物产量（万吨）	615.60	820.07	740.69	816.00	841.77	8.14
稻谷产量（万吨）	303.93	402.43	361.30	403.24	417.54	8.26
小麦产量（万吨）	50.38	52.39	51.51	61.50	61.67	5.19
玉米产量（万吨）	243.71	342.25	298.03	313.81	324.08	7.39
豆类产量（万吨）	21.99	23.60	25.94	32.59	34.39	11.83
薯类产量（万吨）	239.31	235.83	263.36	289.91	303.84	6.15
棉花产量（万吨）	0.10	0.12	0.0959	0.11	0.1173	3.33
油料产量（万吨）	78.85	87.38	91.53	98.05	101.34	6.47
花生产量（万吨）	6.07	7.86	8.25	9.71	10.50	14.68
油菜籽产量（万吨）	71.81	78.18	81.78	86.69	89.03	5.52
芝麻产量（万吨）	0.03	0.04	0.04	0.05	0.05	13.62
烟叶产量（万吨）	34.32	39.28	43.56	37.39	35.00	0.49
烤烟产量（万吨）	32.50	37.31	41.79	35.34	32.93	0.33
蔬菜产量（万吨）	1250.05	1375.60	1500.45	1625.62	1731.90	8.49

资料来源：贵州省历年统计年鉴。

全省大力发展现代山地高效种植业的同时也大力发展高效生态畜牧业，坚持"稳猪、保禽、促牛羊"发展思路，畜禽生产稳步向好。2015年，猪牛羊禽肉总产量198.02万吨，加上其他肉类，总产量继2014年实现201.8万吨之后，将再次突破200万吨。2015年，全省生猪出栏1795.26万头，比上年减少了50.01万头，出栏数牛133.26万头，比上年增加了15.91万头，当年出栏数羊246.14万头，比上年增加了22.76万头，当年出栏数禽9618.19万羽，比上年增加了456.05万羽。2015年猪肉产量 160.75 万吨，比上年下降 2.9%；牛肉产量 16.76 万吨，比上年增长 14.2%；羊肉产量 4.20 万吨，比上年增长 12.0%；禽肉产量 16.31 万吨，比上年增长 9.9%（见表 3-3）。2011 年到 2015 年，猪存栏数、牛存栏数、羊存栏数、禽存栏数年均增长率分别为：0.61%、3.50%、8.44%、2.21%。综合数据进行分析，"十二五"期间，贵州省农产品产量大幅度增加，畜牧产业发展迅猛，不管是年出栏数量还是农产品的产量都有大幅度的增加，各项指标全部实现年均正增长，尤其是数禽方面，为后续进一步的发展打下坚实的基础。

表 3-3　　"十二五"期间贵州省农业农产品主要指标增长情况

指标名称	2011 年	2012 年	2013 年	2014 年	2015 年	年均增长率（%）
当年出栏数猪（万头）	1689.66	1734.76	1832.28	1845.27	1795.26	1.53
当年出栏数牛（万头）	97.21	105.99	115.22	117.35	133.26	8.20
当年出栏数羊（万头）	197.31	206.78	205.39	220.38	246.14	5.68
当年出栏数禽（万羽）	8878.57	9632.03	9681.62	9162.14	9618.19	2.02
当年存栏猪（万头）	1521.60	1604.09	1604.10	1600.57	1558.96	0.61
当年存栏牛（万头）	467.11	461.04	460.62	495.86	535.95	3.50
当年存栏羊（万头）	256.49	290.09	299.59	337.40	354.67	8.44
当年存栏禽（万羽）	7698.14	8355.25	8154.72	7932.05	8402.78	2.21
猪肉（万吨）	148.29	156.13	163.73	165.55	160.75	2.04
牛肉（万吨）	12	13.04	14.13	14.68	16.76	8.71
羊肉（万吨）	3.37	3.53	3.51	3.75	4.2	5.66
禽肉（万吨）	14.35	15.41	15.48	14.84	16.31	3.25
牛奶（万吨）	4.85	5.10	5.45	5.71	6.20	6.33
禽蛋（万吨）	13.65	14.65	15.44	16.2	17.33	6.15
蜂蜜（吨）	2029	2052	2468	2733	3017	10.43

资料来源：贵州省历年统计年鉴。

4. 农村面貌改观，农民收入增加明显，教育水平显著提高

"十二五"期间，贵州省农村发展势头喜人，2012 年以来，全省粮食产量基本自给自足，实际上是解决了温饱问题。"十二五"期间，国家各级政府都加大了对农村工作的开展，并且着重加大了对农村基础教育、农民就业、农村产业发展方面的投入，实施城乡融合发展和乡村振兴战略，使农村的面貌发生了翻天覆地的变化。贵州省发展农旅一体化，使农村很多资源很好地结合了第三产业，一大批特色小镇崛起，农村住房开始进行危房改造、破房搬迁。大力引进乡村教师，截至 2015 年，据统计贵州省拥有 8520 所普通小学，其中专任教师有 193511 人，镇区教师有 68316人，占比 35.3%，乡村教师有 95905 人，占比 49%；普通小学在校学生人数为 3463095 人，其中，城区学生有 606971 人，占比 17.5%，镇区小学生有 1343485 人，占比 38.7%，乡村学生有 1512639 人，占比 43.6%。居民人均可支配收入由 2013 年的 11083.06 元到 2014 年的 12371.06 元，上了一个台阶，同比增长 11.6%，其中城镇居民人均可支配收入 2014 年 22548.21 元，同比增长 9.6%，农村居民人均可支配收入 2014 年 6671.22 元，同比增长 13.1%，农民收入水平不断提高的同时，也促进了消费水平的提高，城镇居民人均消费支出 2015 年 16914.20 元，比 2014年增加了 1659.6 元，农村居民人均消费支出 2015 年 6644.93 元，比 2014年 5970.25 元增加了 674.68 元，农村人均可支配收入和消费水平大大提升。农村教育水平不断提高，人民思想观念的不断改变，更多的农民越来越感受到教育给他们生活与发展带来的好处，进而对教育的重视程度越来越高，形成长远的教育目光。

3.1.2 贫困现状

2015 年贵州省常住人口 3529.5 万人，其中城镇人口 1482.74 万人，农村人口 2046.76 万人，贫困人口 493 万人，贫困人口数量在全国排名第一，占全国 8.77%，居全国第一，贫困发生率接近 14%，相比 2014 年下降 4 个百分点，降幅位居全国第二，仅次于甘肃省（降幅 5.3 个百分点）。农村居民收支方面，2015 年贵州省农村居民人均可支配收入为 7387 元，比上一年上涨 10.7%；人均消费支出 6645 元，相比 2014 年上涨 11.3%（见表 3 - 4）。

表 3 - 4　　　　"十二五"期间贵州省农村居民生活与贫困情况

指标名称	2011 年	2012 年	2013 年	2014 年	2015 年	年均增长率（%）
贫困人口（万人）	1149	923	745	623	493	- 19.07
贫困发生率（%）	33.40	26.80	21.30	18.00	13.96	- 19.59
农村居民人均可支配收入（元）	4145	4753	5434	6671	7387	15.54
农村居民人均消费支出（元）	3455.76	3901.71	4740.18	5970.25	6645.00	17.76
恩格尔系数	47.70%	44.60%	43.00%	41.70%	39.80%	- 4.43

资料来源：贵州省历年统计年鉴。

1. 贫困覆盖面大，贫困人口多、贫困程度深

2011 年贵州省共有 66 个贫困县、868 个贫困乡、13973 个贫困村，1149 万贫困人口，贫困发生率 33.4%，自然资源的禀赋和历史因素的积淀导致贵州省的贫困问题出现了三个特征：贫困覆盖面大、贫困人口多、贫困程度深。随着国家"大扶贫"战略深入推进和精准脱贫配套实施，截至 2015 年，贵州省贫困乡已经减少到 190 个，贫困村由 2011 年 13973 个减少到了 9000 个（见表 3 - 5）。2015 年，全国贫困人口超过 200 万的省（区、市）有 13 个（见表 3 - 6），低于 200 万的省（区、市）有 13 个。从贫困人口数量来看，贵州省排名全国第一，可见贫困情况之复杂。已宣布无现行贫困线标准（2300 元）贫困人口的，有北京、天津、上海、江苏、浙江等5个省（市）。

表 3 – 5 2011～2015 年贵州省贫困面基本情况

年份	贫困县（个）	贫困乡（个）	贫困村（个）	贫困人口（万人）	脱贫人口（万人）	"减贫摘帽"乡镇（个）	贫困发生率（%）
2011	66	868	13973	1149	60	66	33.4
2012	66	740	13973	923	226	128	26.8
2013	66	568	13973	745	178	172	21.3
2014	66	409	9000	623	122	159	18.0
2015	66	190	9000	493	130	219	14.0

说明：（1）2011 年中央扶贫开发工作会议后，贵州省 16 个县划入国家集中连片特困地区，贫困县增加到 66 个。（2）2010～2013 年，贫困村按老行政区划统计；2014 年，按省民政厅提供的 2013 年行政区划，重新识别。（3）2010 年，贫困人口标准为人均纯收入 1274 元（2010 年不变价）及以下；2011 年起，贫困人口标准为人均纯收入 2300 元（2010 年不变价）及以下。

资料来源：贵州省统计局网站。

表 3 – 6 2015 年贫困人口超过 200 万的省（区、市）

地区	贫困人口（万人）			贫困发生率		
	2014 年	2015 年	2015 年比 2014 年减少	2014 年（%）	2015 年（%）	2015 年比 2014 年降低（百分点）
全国	7017	5623	1394	7.2	5.8	1.4
贵州	623	493	130	18.0	14	4.0
云南	574	471	103	15.5	12.7	2.8
河南	565	430	135	7.0	5.3	1.7
广西	540	452	88	12.6	10.5	2.1
湖南	532	464	68	9.3	8.1	1.2
四川	509	381	128	7.3	5.5	1.8
甘肃	417	307	110	20.1	14.8	5.3
安徽	371	309	62	6.9	5.7	1.2
陕西	350	264	86	13.0	9.8	3.2
河北	320	299	21	5.6	5.2	0.4

续表

地区	贫困人口（万人）			贫困发生率		
	2014 年	2015 年	2015 年比 2014 年减少	2014 年（%）	2015 年（%）	2015 年比 2014 年降低（百分点）
江西	276	200	76	7.7	5.6	2.1
湖北	271	384	−113	6.6	9.4	−2.8
山西	269	231	38	11.1	9.5	1.6
贵州排位	1	1	2	4	4	2

资料来源：贵州省统计局。

2. 致贫返贫成因复杂，扶贫难度大

2015 年，全省农村贫困人口的市州分布如下：贫困发生率最低的是贵阳市，有 67 个贫困村，1.52 万农村贫困人口，占全省的 0.3%；遵义市有 871 个贫困村，55.83 万农村贫困人口，占全省的 11.3%；安顺市，有 583 个贫困村，34.39 万农村贫困人口，占全省的 6.9%；黔南州 58.29 万人，占 11.8%；毕节市 115.45 万人，占全省的 23.4%；黔东南州 84.32 万人，占 17.1%；铜仁市 58.32 万人，占 11.8%；黔南州 58.29 万人，占 11.8%；遵义市 55.83 万人，占 11.3%；黔西南州 43.23 万人，占 8.8%；六盘水市 41.65 万人，占 8.5%；安顺市 34.39 万人，占 6.9%；贵阳市 1.52 万人，占 0.3%（见表 3 − 7）。

表 3 − 7　　　　　2015 年贵州省贫困人口超过 200 万的市、自治州

市（州）	贫困村（个）	农村贫困人口总量（万人）	占全省比重（%）	贫困发生率（%）	贫困发生率比上年下降（百分点）
贵阳市	67	1.52	0.3	0.8	1.0
遵义市	871	55.83	11.3	8.4	2.4
安顺市	583	34.39	6.9	13.7	4.0
黔西南州	629	43.23	8.8	13.8	4.7

市（州）	贫困村（个）	农村贫困人口总量（万人）	占全省比重（%）	贫困发生率（%）	贫困发生率比上年下降（百分点）
铜仁市	1565	58.32	11.8	15.5	5.1
六盘水市	615	41.65	8.5	15.7	3.9
毕节市	1981	115.45	23.4	16.5	3.3
黔南州	836	58.29	11.8	16.5	4.2
黔东南州	1853	84.32	17.1	21.7	4.9
全省合计	**9000**	**493**	—	**14**	**4**

资料来源：贵州省统计局网站。

　　贵州省 95% 左右的贫困人口集中分布在地处武陵山区、乌蒙山区、滇桂黔石漠化区三大集中连片特殊困难地区的 66 个县（区、市）。这些地区的贫困问题成因复杂，扶贫难度大，同时这些问题与民族地区发展的问题相互交织在一起，进一步导致贫困问题更加突出。贵州省的三个片区：武陵山区、乌蒙山区、滇桂黔石漠化区的区域自然条件和地理条件相对恶劣，农业基础条件薄弱，农村贫困人口自身素质较差，自我发展能力较弱、扶贫投入水平低且与需求矛盾大等。这些因素相互交织，形成了制约贵州省扶贫开发的主要障碍，扶贫工作难度增大。2015 年，贫困发生率 22% 以上的县有 13 个，其中黔东南州 9 个，黔南州 2 个，毕节市、黔西南州各 1 个。

　　截至 2015 年，贵州省还有 50 个县城是重点扶贫帮扶县，88 个县（市、区、特区）中，贫困发生率在 22% 以上的有 13 个，20%～22% 的 10 个，15%～20% 的 16 个，10%～15% 的 22 个，5%～10% 的 15 个，5% 以下的 12 个（见表 3－8）。黔东南州 16 个县（市），有 13 个贫困发生率集中在 20% 以上；遵义市 14 个县（市、区），有 9 个贫困发生率集中在 5%～10%；贵阳市 10 个县（市、区），贫困发生率均集中在 5% 以下等等。

表 3 - 8 　　　　　　　　2015 年贫困发生率统计表县（市、区、特区）

序号	贫困发生率	县（市、区、特区）	个数（个）
1	5% 以下	息烽县、南明区、云岩区、钟山区、乌当区、白云区、修文县、清镇市、红花岗区、观山湖区、花溪区、开阳县	12
2	5% ~ 10%	安龙县、瓮安县、平坝区、碧江区、赤水市、兴义市、凤冈县、仁怀市、播州区、湄潭县、西秀区、汇川区、桐梓县、绥阳县、余庆县	15

3.2　云南省农业发展与贫困现状

云南省位于中国西南的边陲，东面是广西和贵州省，西北面是西藏自治区，北面是四川省。属于典型的山地高原地形，山地、高原、盆地面积分别为 33.11 万平方千米、3.9 万平方千米、2.4 万平方千米，分别占全省总面积的 84%、10%、6%。云南省还分别与缅甸、老挝和越南接壤。北回归线从本省南部横穿而过，以元江谷地和云岭山脉南段宽谷为分界线，分为东西两大地形区，云南省地形具有明显的山区特色。云贵高原就在云南省的东部区域，海拔在 2000 米左右。西部地区相对来说是高山和峡谷相互交错，地势险峻，山岭和峡谷相对高差超过 1000 米，北部地区海拔在 3000 ~ 4000 米左右，是青藏高原南延部分。截至 2015 年，云南省少数民族人口数达 1583.3 万人，占全省人口总数的 33.4%，是全国少数民族人口超过千万的 3 个省区之一。云南省截至 2018 年有 16 个州、市级行政单位，129 个县级行政单位。

3.2.1　农业发展情况

1. 五大特色高原农业产业发展势头良好

改革开放以来，云南省一直走产出高效、资源节约、产品安全、环境友好的现代农业发展道路。云南省重点打造的高原特色农业，正是这种理念的体现，依托云南丰富多彩的自然资源和生态环境优势，为发展高原特色农业提供良好基础。目前，云南的高原农业产业发展势头良好，脱贫效果显著，已经被列入我国现代农业发展的典型模式。云南省有几大特色产业：一是烟草产业，也是云南省农业支柱产业。2011～2015 年数据分析表示，烤烟种植面积和产量居全国第一。二是糖产业，地貌立体，山地、丘陵、盆地、河谷皆有，光热充足、雨热同季、春早冬晚，赋予了云南甘蔗不光品质好，而且糖分含量极高，甘蔗种植面积、产量均居全国前列。三是茶产业，因为云南茶叶显毫、味浓、回甘等特点让很多消费者喜欢，云南农业发展过程中除了普洱茶之外的其他茶的种植和产量在全国都是排名前列。四是橡胶产业，截至 2015 年，橡胶产量达 439290 吨，产业已有相当规模。五是花卉产业，云南省运用现代科学技术以及现代生产经营组织方式，把云南花卉打造成了当地的特色产业，形成了一整条完整的产业链条，首先是以温带鲜切花为主体，其次是球根类花卉、热带花卉、盘花、观赏园艺植物共同发展的产业格局。

2. 农业产业稳步增长

2015 年云南省第一产业增加值 2055.71 亿元，比 2014 年上涨了 5.9个百分点，占地区总产值的 15.0%，相比 2014 年 15.5% 的占比下降了0.5%。农林牧渔业增加值 3383.09 亿元，相比 2014 年上涨 6.4%，其中种植业产值最高（1840.61 亿元），渔业最低（81.67 亿元），而涨幅最高的则是农林牧渔服务业，同比增长了 10.1 个百分点，涨幅最低的为畜牧业，同比增长 4.0 个百分点（见表 3 - 9）。

表 3 - 9   "十二五"期间云南省农业主要指标增长情况

指标名称	2011 年	2012 年	2013 年	2014 年	2015 年	年均增长率（%）
农林牧渔业增加值（亿元）	2306.55	2680.10	3056.04	3261	3383.09	10.05
种植业（亿元）	1124.70	1381.80	1639.40	1805	1840.61	13.10
林 业（亿元）	246	223	293.25	303	317.52	6.59
畜牧业（亿元）	808	929.70	962.55	975	1031.48	6.29
渔 业（亿元）	56	65.35	70.41	78	81.67	9.89
农林牧渔服务业（亿元）	72	80.27	90.43	100	111.80	11.63

资料来源：云南省农业委员会网站。

截至 2015 年末，猪出栏数量 3451 万头，牛出栏数量 292.8 万头，羊出栏数量 854.7 万只，家禽出栏量 21080.9 万只。"十二五"期间云南省农业畜牧业主要指标增长情况来看，年均增长率都为正。猪出栏数量、牛出栏数量、羊出栏数量、家禽出栏量的年均增长率分别为：3.87%、1.74%、3.83%、1.93%（见表 3 - 10）。

表 3 - 10   "十二五"期间云南省农业主要指标增长情况

指标	2015 年	2014 年	2013 年	2012 年	2011 年	年均增长率（%）
猪出栏数量（万头）	3451	3496.50	3323.70	3180.13	2964.72	3.87
牛出栏数量（万头）	292.80	287.30	275.70	279.07	273.33	1.74
羊出栏数量（万只）	854.70	807.10	792.40	767.08	735.46	3.83
家禽出栏量（万只）	21080.90	19701.80	19981.60	20410.55	19526.25	1.93

资料来源：云南省统计局网站。

云南农业散、小、弱、差，农业基础设施薄弱，产业化水平低，农业人口科技文化素质偏低,导致了高原特色农业在发展中面临精深加工产品少、经营规模小、产品竞争力不强、产业链不完整等问题。2015 年粮食产量为 1876.4 万吨,比 2014 年高出 0.8 个百分点,甘蔗 1930.05 万吨,同比下降了 8.5 个百分点。棉花产量、麻类产量在 2011 年到 2015 年期间的年均增长率分别为 - 24.19% 和 - 53.29%。"十二五"期间,云南省相关部门对云南发展高原特色农业制定了清晰的"作战图"。精准确立了"丰富多样、生态环保、安全优质、四季飘香"的"4 张名片"以及要集中打造的"高原粮仓、特色经作、山地牧业、淡水渔业、高效林业、开放农业"的"六大现代化农业体系",着力发挥"地理、气候、物种、生态、开放"五大独特优势,农产品各种产量在发展过程中都有增量,为现代化农业发展起到了很好的带动作用。"十二五"期间云南省农业主要指标具体增长情况见表 3 - 11。

表 3 - 11   "十二五"期间云南省农业主要指标增长情况

指标	2011 年	2012 年	2013 年	2014 年	2015 年	年均增长率（%）
粮食产量（万吨）	1673.6	1749.1	1824	1860.7	1876.4	2.90
谷物产量（万吨）	1368.94	1436.45	1485.04	1534.90	1545.80	3.08
稻谷产量（万吨）	668.7	644.6	667.9	666.1	659.7	- 0.34
小麦产量（万吨）	98.87	88.3	80.5	83.6	90.6	- 2.16
玉米产量（万吨）	598.2	700	734.2	743.3	747.3	5.72
豆类产量（万吨）	125.74	129.65	131.35	133.10	136.40	2.06
薯类产量（万吨）	178.92	183	207.61	192.70	194.16	2.06
棉花产量（万吨）	0.0445	0.0481	0.0377	0.03	0.0147	- 24.19
油料产量（万吨）	60.75	62.84	60.68	64.68	65.92	2.06
花生产量（万吨）	7.04	7.49	7.99	8.15	8.20	3.89
油菜籽产量（万吨）	51.84	53.50	50.69	54.93	56.07	1.98
芝麻产量（万吨）	0.02	0.01	0.01	0.01	0.01	- 15.91

指标	2011 年	2012 年	2013 年	2014 年	2015 年	年均增长率（%）
糖料产量（万吨）	1898.78	2043.80	2146.25	2110.40	1930.10	0.41
麻类产量（万吨）	1.05	1.02	0.79	0.36	0.05	-53.29
甘蔗产量（万吨）	1898.78	2043.78	2146.25	2110.40	1930.05	0.41
烟叶产量（万吨）	105.57	115	107.55	98.35	92.76	-3.18
烤烟产量（万吨）	101.82	111.05	103.85	94.50	90.34	-2.95
蔬菜产量（万吨）	1340	1472.70	1625.45	1735.54	1873.90	8.75

资料来源：云南省历年统计年鉴。

3. 农业产业化程度有待提升

云南省主导产业初显成效，产业基地进一步扩大，但是农业产业发展的规模化、专业化、标准化和多样化程度不高，频繁的自然灾害也给云南农业产业的生产带来了不利的影响。支柱型产业烟草、茶叶产业结构单一，承受风险的能力较差，截至 2015 年，有关部门研究发现，云南省农业产业链发展尚不完善，农业产业发展以传统的种养模式为主，规模化成效缓慢，一方面的原因是缺乏动力机械，配套作业机具较少，同时加上地理环境的因素，没有形成规模化农业的比较优势；另一方面，农业产业的下游产业链体系不完善，深浅加工、销售物流等发展落后，甚至有些地方生产出了产品卖不掉，无法产生效益，进一步导致农业产业链条助推脱贫效益不明显。与现代农业发展要求不匹配，农业产业链亟须延伸、提升和整合等优化发展，才能使产业整体素质和效益得到提升。

3.2.2 贫困现状

云南全省总面积 39 万平方千米，下辖 16 个地级行政单位，其中 8 个地级市，8 个自治州；共有 129 个县级行政单位，其中有 73 个为贫困县（2015 年），贫困县数量居全国第一。2015 年贫困人口 471 万人，贫困发生率为 9.9%，相比 2014 年下降 2.28 个百分点。农村居民收支方面，2015 年云南省农村居民人均可支配收入为 8242 元，比上一年上涨 10.5%；人均消费支出 6830 元，相比 2014 年上涨 13.3%（见表 3-12）。

表 3-12   "十二五"期间云南省农村居民生活与贫困情况

指标名称	2011 年	2012 年	2013 年	2014 年	2015 年	年均增长率（%）
贫困人口（万人）	1014	837	661	574	471	-17.44
贫困发生率（%）	21.89	19.81	14.10	12.18	9.90	-20.52
农村居民人均可支配收入（元）	4722	5417	6141	7456	8242	14.94
农村居民人均消费支出（元）	4000	4561	5213	6030	6830	14.31
恩格尔系数（%）	47.10	45.60	44.18	42.83	41.50	-3.11

资料来源：云南省统计局网站。

云南省地处我国西南边陲，是集边疆地区、少数民族地区、山区地区、贫困地区为一体的省份。全省包括 16 个州市行政单位，129 个县级行政单位，截至 2015 年末，常住人口约 4742 万，其中城镇人口约 2055 万人，占比 43.4%，而农村人口 2687 万人，占比 56.6%，农村人口占比达到 50% 以上（见表 3-13）；云南省面积 39.4 万平方公里，其中山区面积占 94%。越南、缅甸、老挝三个国家与云南省接壤，边境线长达 4060 公里。云南省有 8 个民族自治州、29 个民族自治县、197 个民族乡，少数民族聚居地有 25 个左右，聚居地人口都有 5000 人以上。少数民族人口总数有 1415.3 万，占全省总人口的 31.6%。

表 3-13　　　　　云南省 2011～2015 年末常住人口情况　　　　单位：万人

指标	2015 年	2014 年	2013 年	2012 年	2011 年
年末常住人口	4742	4714	4687	4659	4631
城镇人口	2055	1967	1897	1831	1704
乡村人口	2687	2747	2789	2828	2927

资料来源：云南省统计局网站。

3.3　四川省农业发展与贫困现状

四川省地域辽阔，物产丰富，人口众多，是一个多民族聚居的人口大省、农业大省。下辖 1 个副省级市、17 个地级市、3 个民族自治州，183 个县（市、区），2182 个乡，2105 个镇，47285 个村。全省常住人口8262.0 万人，农村人口数和城镇人口数略有差距，分别为 4196.3 万和4065.7 万，农村人口占比 50.29%，省人口城镇化率为 49.21%。据四川省公安厅 2016 年统计，全省少数民族数量众多，聚集了 56 个民族，是全国唯一的羌族聚居区，同时藏族人口数也仅次于西藏地区，彝族人口数量甚至达到全国之最。全省辖区总面积 72900 万亩（48.41 万平方公里），占全国面积的 5.05%，位居全国第五。全省有耕地面积 5984.9 万亩，占辖区总面积的 8.2%。2016 年贫困县 35 个，占全省的 1/3。民族自治地区面积达 30.4 万平方公里，占全省总面积的 62.5%。四川省东邻重庆，南接云南、贵州，西衔西藏，北连青海、甘肃、陕西。东西长 1075 公里，南北宽 921 公里，面积 48.61 万平方公里。按地貌类型划分，平原占7.7%，成都平原为面积最大的平原；丘陵占 9.1%，多集中在中东部地区；低山占 17.7%，山间盆地与宽谷占 1.3%，中山占 12.7%，高平原占 6.3%，高山占 44.8%，极高山占 0.4%。四川盆地属亚热带湿润气候，气温较高，无霜期长，雨量多，日照少，年均气温 17.6℃，无霜期

300 天以上；年降水量 1048.9 毫米，年日照时数 1215.9 小时，为全国低值区之一。川西南山地冬暖夏凉，四季不分明，但干湿季明显，垂直变化大，年均气温 15.9℃，无霜期 250 天以上；年降水量 1129.3 毫米；年日照时数 2012.4 小时。其中攀枝花一带被称为长江上游的"金三角""聚宝盆"，年平均气温 20.5℃，可满足一年三熟，与南亚热带水平接近；粮食、甘蔗和亚热带水果产量丰富，地理区位、气候光照等条件尤其适合芒果、石榴、葡萄的生长。西部高山峡谷高原冬寒夏凉，水热不足，但日照充足，气候垂直变化显著，年均气温 9.2℃，无霜期不足 100 天；年平均降水量 1590 多亿立方米，年降水量 670.5 毫米；年日照时数 2019.0 小时，超出盆地约 803.1 小时。

3.3.1　农业发展情况

1. 产业发展基础较差，生产要素支撑薄弱

四川省由于地处西南偏远地区，农业生产技术和条件基础设施相对滞后。尽管十八大以来基础设施有很大改观，但是产业发展依然薄弱，产业增长动力不足，仅仅依靠土地资源、农资消耗、自然生产和劳动投入的产业基础其发展水平亟须提高。现有产业的劣势主要表现在以下几个方面：（1）产业基地规模小，集聚程度低，现有科技体系不足以支撑产业实现专业化，缺少跨区域大规模产业基地。（2）生产营销体系不健全，没有成熟的生产经营模式。现有生产、加工、运输、销售、售后等环节的不连贯导致商品转化率较低，没有达到理想的附加值。（3）缺乏产业核心品牌，没有品牌意识。现有产业品牌数量繁多，种类混杂且缺乏知名度，区域自主品牌所占市场份额很小，缺乏品牌市场意识。（4）新型农业经济体系还停留在初级发展阶段，没有有效利用天然的生态资源、人文资源以及乡村旅游资源发展休闲农业以促进原始农业生产经营方式转型。（5）生产要素支撑薄弱，地质地形条件导致资源承载力差，由于土地产出率和农业灌溉条件不理想导致农业综合生产能力处于劣势状态,"靠天吃饭"的局面没有得到改观。(6)政府对扶贫产业发展支持力度不够。扶贫产业自身主体收益较低,缺乏资金融入,政府也没有给予产业大量的资金支持,资本的缺少严重阻碍了产业快速健康发展。

2. 农牧产品数量大幅度增加,农产品产量增长明显

随着农业科技进步尤其是现代化农业设施的发展以及管理模式的逐渐完善,使得四川省全省农产品产出数量增长明显,"十二五"期间四川省农业主要指标情况表显示粮食产量从最初的 3291.6 万吨、逐步增长到 3315 万吨、3387.1 万吨、3374.9 万吨到 2015 年的 3442.8 万吨,年均增长率 1.13%。谷物产量从 2011 年的 2753.7 万吨增加到 2015 年的 2826.6 万吨,年增长率为 0.66%;玉米产量从 2011 年到 2015 年依次为 701.6 万吨、701.3 万吨、762.4 万吨、751.9 万吨、765.7 万吨,年均增幅 2.21%;薯类从 2011 年的 441.7 万吨增加到 2015 年的 516.3 万吨,增幅 3.98%。并不是所有的农产品产量都呈现增长趋势,如小麦产量有所下降,从 2011 年的 436 万吨减少到 2015 年的 426.3 万吨,年均下降为 0.56%;棉花产量呈逐年递减状态,从 1.46 万吨、1.3314 万吨、1.305 万吨、1.2422 万吨到 0.9818 万吨,年均变化率为 9.44%;甘蔗产量减少幅度较大,2011 年为 87.69 万吨,2015 年为 54.02 万吨,年均减少 11.41%(见表 3-14)。

表 3-14　　　　　"十二五"期间四川省农业主要指标

指标	2015 年	2014 年	2013 年	2012 年	2011 年	年均增长率（%）
粮食产量（万吨）	3442.8	3374.9	3387.1	3315	3291.6	1.13
谷物产量（万吨）	2826.6	2784.2	2815.3	2741	2753.7	0.66
小麦产量（万吨）	426.3	423.2	421.3	437	436	-0.56
玉米产量（万吨）	765.7	751.9	762.4	701.3	701.6	2.21
豆类产量（万吨）	99.9	96.2	92.1	93.6	96.2	0.95

指标	2015 年	2014 年	2013 年	2012 年	2011 年	年均增长率（%）
薯类产量（万吨）	516.3	494.5	479.7	480.4	441.7	3.98
棉花产量（万吨）	0.9818	1.2422	1.305	1.3314	1.46	−9.44
油料产量（万吨）	307.55	300.79	290.44	287.76	278.45	2.52
花生产量（万吨）	67.84	66.65	65.39	64.82	62.75	1.97
油菜籽产量（万吨）	238.53	233.12	224.04	222.09	214.37	2.71
芝麻产量（万吨）	0.45	0.47	0.45	0.45	0.46	−0.55
甘蔗产量（万吨）	54.02	55.66	56.94	61.34	87.69	−11.41
甜菜产量（万吨）	0.14	0.18	0.19	0.19	0.27	−15.14
烟叶产量（万吨）	22.22	22.45	25.07	27.45	24.93	−2.84
烤烟产量（万吨）	18.07	18.19	20.56	22.71	20.04	−2.55
蔬菜产量（万吨）	4240.80	4069.31	3910.68	3764.70	3573.65	4.37

资料来源：四川省历年统计年鉴。

3. 农业产业化发展进展顺利，增收脱贫成效突出

四川省产业在"十二五"期间积极发展组织化水平，培育了一批重点扶贫龙头企业，在种植、饲养、加工、销售等各个环节加强建设，创建新型农业经营主体，极大地提高了当地产业的市场竞争力，同时多种经营方式的拓展拉动了扶贫产业稳步前进。四川龙头企业把建基地作为带动产业脱贫的基础，利用自身资金、技术、市场、信息等资源优势，深入贫困地区，大力建设原料基地。一批特色产业基地建设成片成带，一批优势农产品加工园区建成投产，不仅扩大了基地规模效益，而且增强了贫困群众持续增收能力。目前，四川农业产业化龙头企业有8873家，其中，县级以上6510家、省级714家、国家级60家。带动产业基地1138万亩、订单基地3960万亩。有4800余家龙头企业深入"四大片区"88个贫困县，新建和巩固提升种养业生产基地约240万亩。其中，巴中市经过一番努

力，结合地区资源条件已建成茶叶基地、中药材基地各 60 万亩，另有核桃基地 95 万亩。宜宾市茶叶鲜叶年产值达 25 亿元以上。龙头企业始终坚守社会责任，紧盯农民增收致富、脱贫奔康这个核心，主动对接贫困村贫困户，不断创新"企业 + 合作社 + 基地 + 贫困户""合作社 + 贫困户""家庭农场 + 贫困户"等机制模式，通过土地入股、订单收购、返租经营、务工就业等多途径、多形式，带领贫困群众发展产业增收脱贫。四川省龙头企业吸纳 130 万农民就业、户均增收 7935 元。有 5835 家龙头企业深入贫困地区，带动 156.7 万贫困户发展产业，吸纳 65.6 万贫困人口就业，带动近 40 万贫困户人均年收入达 1.53 万元以上。其中，有 283 家省级以上龙头企业深入凉山州深度贫困地区，带动 10429 户贫困户户均增收 7000 元以上。

3.3.2　贫困现状

1. 贫困程度深，减贫压力大

截至 2014 年底，四川省贫困村 11501 个，占全省行政村 24.1%，贫困户 168.48 万户，占全省乡村户的 8.09%，贫困人口 497.65 万人，贫困发生率 7.7%。截至 2015 年，全省因病致贫是主要因素，同时因资金、技术缺乏导致的贫困相对突出，因病致贫占比 53.9%，缺资金占比 46.6%，缺技术占比 31.8%，缺劳动力占比 23.2%，其他的致贫因素还有交通落后、自身发展力不足、因学、因残、因灾、缺土地、缺水等。

2. 区域性整体贫困现象依然突出

截至 2014 年底，四川省农村贫困人口为 497.65 万人，贫困发生率为 7.7%。结合贫困人口分布情况划分为"四大片区"，分别是秦巴山区、乌蒙山区、大小凉山彝区和高原藏区连片特困区。四个大区包括 88 个贫困县，是四川省扶贫攻坚的主战场。其中，民族地区 54 个，占 61.4%；国家扶贫开发工作重点县 36 个，占全国的 6.1%；集中连片特殊困难地区60个,占全国的8.2%。"四大片区"辖区面积合计为36.7万平方公里,占四川省的75.6%;年末常住人口2882.9万人,占四川省的35.4%;人口密度为79人/平方公里,相当于四川省的46.9%。其中,民族地区辖区面积为30.4万平方公里,占四川省的62.6%;年末常住人口877.6万人,占四川省的10.8%;人口密度为29人/平方公里,相当于四川省的17.2%。分片区看,高原藏区辖区面积最广,秦巴山区人口总量和人口密度最大。秦巴山区人口密度居首位,约为280人/平方公里,是四川省人口平均密度的1.7倍;大小凉山彝区、高原藏区的人员分布松散,其人口密度均低于四川省平均水平。乌蒙山区人口密度水平居中。

3. 农业产业扶贫体系逐渐形成,但方式有待进一步完善

四川省通过农业技术创新和推广,先后在凉山州喜德县、阿坝州茂县等地对从事农业产业的人员进行集中培训。通过新型技能如电商知识、农业经营理念等专业培训,初步形成"五个一"成效:建设了一批基地、培育了一支专家队伍、完善了一批园区,打造了一批品牌。但不可否认的是,产业扶贫方式有待优化,内生性减贫动力有待增强。产业发展以行政区划为单位,产业布局和基地建设各自为政,形成产业点状分布。这些点主要分布在城市周边、公路沿线以及旅游景点周围。区域发展的不平衡性导致脱贫的程度良莠不齐,特别是偏远山区的产业项目极度稀缺,还伴随着产业发展模式单一等问题,扶贫的带动力和辐射力还有待提升。

第 4 章　公共政策、农业发展与减贫的耦合协调分析

　　诸多实践和理论研究都表明，农业能够为区域发展提供坚实的基础且有助于帮助低收入家庭摆脱贫困，农业特别是规模化的特色农业比其他任何产业所带来的减贫效应都要显著和持久。因此对于贫困地区而言，在公共政策推动减贫目标逐渐实现的过程中，农业似乎扮演着某种中介的角色。农业一直处于贫困地区国民经济的主导地位，尤其是具有一定规模的特色农业更是在产业带动和农民增收方面取得了显著成效。2011 年一项针对武陵山贫困地区减贫的基线调查发现，分布于湘鄂渝黔四省市的 689 个样本农户家庭，其中仍从事传统农业生产经营的比例为 93.6%，而当年国务院扶贫办公布的数据也显示，全国 592 个扶贫重点县，农民人均纯收入中农林牧渔业收入占比高达 47.6%。农业无疑已经成为当地重要的扶贫产业和区域发展的坚实基础。作为一个政策依赖性极强的产业，农业规模化发展需要政府的大力扶持，因此，公共政策与农业发展在减贫系统中虽然各自发挥着不同的作用，但却是同等重要、不可割裂的。在现有的贫困地区减贫研究中，大多将公共政策与农业发展割裂开来，单独地从公共政策或者农业发展层面来研究其与区域减贫的关系，鲜有研究将公共政策、农业发展与减贫看成是一个有机的减贫系统。本书在理论阐析和定量研究的基础上，力图按照前述提出的"公共政策、农业发展与减贫效应"复合减贫系统来构建分析框架，并对该系统的运行趋势和作用机制进行初

步研究。首先从理论层面梳理出三者间的逻辑联系和理论脉络，呈现出蕴含在公共政策和特色农业发展背后的减贫基因和影响机理，其次引入物理学中耦合度概念，通过定量研究的方式对这一复合减贫系统的存在性及其内部协调性进行初步检验。

4.1　研究的理论基础

4.1.1　农业多功能性理论

农业的多功能性指的是农业产业除了具备供给粮食、原材料等农产品这一基本职能之外，还具备推动经济增长、改善农村生态环境、维护生态多样性、保护农村文化遗产等经济、文化、环境、社会于一体的多重功能。农业的多功能性研究最早源于 20 世纪 80 年代末日本的"稻米文化"，认为稻米的种植不仅仅是单纯的粮食生产，还承担着保持水土、净化环境、传承文化等责任。而农业的多功能这一概念的提出，则来自于 1992 年联合国 21 世纪议程中的第 14 章《促进可持续的农业和农村发展》。此后，世界各国开始了对于农业多功能性的广泛研究，其理论内涵也不断地得到拓展与深化。欧洲各国对于农业多功能性的理解，更多关注的是农业的非经济功能，如生态环境保护、文化传承与保护、乡村发展等，而美国、澳大利亚等国家则更注重农业经济功能的开发。我国在 2007 年的中央"一号文件"也明确指出：农业不仅有食品保障功能，而且具有原料供给、就业增收、生态保护、观光休闲、文化传承等功能。当前对农业多功能性的讨论主要集中在增加就业、消除贫困、维护生物多样性、保障粮食安全、传承农耕文化等方面。本章所做的研究则主要借鉴了农业的减贫功能理论。

关于农业减贫功能的研究主要集中在三个方面：一是以亚当·斯密、

大卫·李嘉图、达特、拉瓦雷、今井（Imai）等为代表的比较优势理论，认为贫困的减缓是农业内增长的结果，相较于其他产业，农业更具减贫效益；二是以威廉·配第、克拉克、阿德尔曼（Adelman）、李普顿等为代表的农业产业结构理论，认为随着农业产业结构的升级，农村经济发展活力会得到进一步激发，农民能够从事效益更高的农业产业，从而很好的带动贫困地区减贫；三是以舒尔茨、约翰·梅勒为代表的农业发展阶段理论，认为农业发展是发展中国家经济长期稳定增长的基础，而农业发展的阶段性特征，也使得农业减贫的效果呈现阶段性差异。当农业逐渐实现现代化发展时，农村经济便能得到快速稳定增长，贫困人口的收入也将得到显著提升。

4.1.2　协同理论

协同理论是由德国物理学家哈肯于 1976 年创立的，研究不同事物共同特征及其协同机理的学科，着重探讨的是各种系统由于内部子系统的相互作用，内部结构从无序变为有序的一般规律。哈肯认为，一个系统是由大量子系统组成的，在一定条件下，子系统之间会形成相互作用、相互协作的关系，而这种关系的强度受系统相关的序参量的控制，当序参量为零时，系统是完全无序的，子系统间不存在相互关系，随着外部条件的变化，序参量开始增长，系统结构开始从无序走向有序，当序参量大小达到临界点时，就会形成一个协调有序的组织系统。

协同理论的主要内容表现在三个方面：一是协同效应，即一个复合系统中大量子系统的相互作用而产生的整体效应，是系统间协同作用的结果；二是伺服原理，指的是快变量服从慢变量，序参量支配子系统的行为，描述的是系统自组织的过程；三是自组织原理，是相对于他组织而言的，在没有外部指令的条件下，系统内部各子系统间能够自发形成一定的结构或功能。本章接下来的研究便是基于协同理论，将政府—农业—减贫视作由三个子系统构成的复合系统，再借助耦合度的大小来判断三个子系统间相互作用，相互协作的强度，从而研究政府、农业与减贫三者间整体的协同效应。

4.2 各子系统评价指标体系构建

要正确、客观地描述一个系统的发展水平，必须科学合理地选择指标体系。遵循科学性、全面性、主成分性、可获得性和可操作性原则，首先在中文 CNKI 数据库中检索相关指标体系设计及测度的文献，选取其中使用频度较高的指标；然后向学术界及从事农业、扶贫开发等实务工作同志征求意见，进一步对指标体系进行修改和完善。最终本书确定了由 23 个二级指标构建的包含三个层次的"公共政策—农业发展—减贫效应"复合减贫系统协调发展指标体系。

公共政策子系统评价指标的选取，主要从资金支持、基础设施和社会福利三个方面进行，共 11 个指标。其中，资金支持水平指标选取公共财政支出、第一产业固定资产投资、农林牧渔固定资产投资、农林水事务财政支出 4 个二级指标；基础设施水平选取医院、卫生院床位数、通电话村数、村道里程、农村每百户拥有移动电话数 4 个二级指标；社会福利水平选取农村最低生活保障支出、农村养老服务机构收养人数和自然灾害救济费 3 个二级指标。

农业发展子系统评价指标也从三个方面来确定，分别为产出水平（第一产业总产值、粮食产量、农民第一产业收入 3 个二级指标）、投入水平（年末常用耕地面积、农用化肥施用量、农药使用量、第一产业就业人数 4 个二级指标）、现代化水平（机电排灌面积、农用机械总动力 2 个二级指标），共 9 个二级指标。

减贫效应子系统包括收入的增加与生活水平提高，共 3 个二级指标收入的增加主要通过农村居民人均可支配收入来衡量，生活水平的提高，则由乡镇文化站和农村居民恩格尔系数来衡量（见表4-1）。

表4-1　　　　　贫困地区复合减贫系统评价指标体系及权重值

系统名称	一级指标	二级指标	单位	属性	均值	标准差	变异系数	权重
公共政策	资金支持水平	公共财政支出	亿元	正向	4497.74	2451.37	0.55	0.11
		第一产业固定资产投资	亿元	正向	346.20	223.57	0.65	0.13
		农林牧渔固定资产投资	亿元	正向	505.20	335.78	0.66	0.14
		农林水事务财政支出	亿元	正向	566.27	266.18	0.68	0.10
	基础设施水平	医疗机构床位数	万张	正向	33.92	11.92	0.35	0.07
		农村邮政局数量	个	正向	5369.17	591.59	0.11	0.02
		村道里程	万公里	正向	18.65	7.52	0.40	0.09
		农村每百户拥有移动电话数	台	正向	148.81	57.40	0.39	0.08
	社会福利水平	农村最低生活保障支出	亿元	正向	32.63	23.04	0.71	0.15
		农村养老服务机构收养人数	万人	正向	16.80	7.91	0.47	0.10
		农村自然灾害救济费	亿元	正向	3.21	0.13	0.04	0.01
农业发展	产出水平	第一产业总产值	亿元	正向	2721.60	833.15	0.31	0.20
		粮食产量	万吨	正向	2367.22	190.95	0.06	0.04
		农民第一产业收入	元	正向	4957.87	1871.30	0.38	0.24
	投入水平	年末常用耕地面积	万公顷	正向	465.79	125.40	0.27	0.17
		农用化肥施用量	万吨	逆向	244.23	10.14	0.04	0.03
		农药使用量	万吨	逆向	5.43	0.53	0.10	0.06
		第一产业就业人数	万人	正向	2084.11	185.29	0.09	0.06
	现代化水平	机电排灌面积	千公顷	正向	258.72	10.03	0.04	0.03
		农用机械总动力	万千瓦	正向	3362.45	863.22	0.26	0.17
减贫效应	收入增加	农村居民人均可支配收入	元	正向	8780.10	4145.56	0.47	0.72
	生活水平提高程度	乡镇文化站	个	正向	4046.13	329.20	0.08	0.12
		恩格尔系数	%	逆向	46.19	5.57	0.12	0.16

　　注：本表各指标值以四川省为例（2005～2016年数据）。

相关指标的数据则来源于各个年份的《云南省统计年鉴》《贵州省统计年鉴》《四川省统计年鉴》《中国农村统计年鉴》以及上述三个省公布的国民经济与社会发展统计公报。对于少量年份缺失数据，则根据已有数据按年均增长率推算而得。

4.3　耦合度与耦合协调度测算

4.3.1　测算方法

在物理学中，耦合是指两个或两个以上系统或运动形式通过各种相互作用而彼此影响的现象。设定公共政策、农业发展与减贫效应之间存在一定的内在联系，将三者之间的共同作用，构成一个贫困地区的复合减贫系统。为进一步了解该系统中各变量的内在协调性及其发展的主要趋势，可将上述三个变量看作三个各自独立又相互影响的子系统，通过对三者间耦合度的测算即可得到三个子系统间相互作用、相互影响的强度。同时，为了避免三个系统发展水平都较低，耦合度却较高的假象，引入耦合协调度模型来客观反映混合系统整体协调状况的水平。

将公共政策、农业发展与减贫效应看作三个子系统，借用物理学容量耦合系统模型来定量评价三者间的耦合关系，计算公式如下：

$$C = 3 \times \frac{[U_1 \cdot U_2 \cdot U_3]^{1/3}}{U_1 + U_2 + U_3} \qquad (4-1)$$

式中：C 表示三个系统间的耦合度，取值 0 ~ 1 之间，C 值越大，系统间相互影响程度越高。U_1、U_2、U_3 分别表示公共政策子系统、农业发展子系统与减贫效应子系统的综合评价值，其计算公式为：

$$U_{ij} = \sum_{l=1}^{n} y_{lj} \cdot w_{lj}(l = 1, 2, 3, \cdots, n) \qquad (4-2)$$

式中：U_{ij} 为第 i 个系统（公共政策、农业发展、减贫效应）第 j 年的综合评价值；y_{lj} 表示各系统第 l 个指标第 j 年的标准化值；w_{lj} 表示各系统中第 l 项指标第 j 年的权重。在计算各指标权重之前首先要对原始数据进行无量纲化处理，本书无量纲化处理方式采用极值法，公式如下：

$$y_l = \begin{cases} \dfrac{y_l - \min(y_l)}{\max(y_l) - \min(y_l)} & （当指标 y_l 为正向指标时） \\[3mm] \dfrac{\max(y_l) - y_l}{\max(y_l) - \min(y_l)} & （当指标 y_l 为逆向指标时） \end{cases} \qquad (4-3)$$

权重赋值的方法主要包括主观赋值法和客观赋值法，前者主要包括德尔菲法和层次分析法，后者主要有离差最大化法、熵值法、变异系数法等。本书所求权重采取的方法为变异系数法。计算公式如下：

$$w_l = \frac{V_l}{\sum\limits_{l=1}^{n} V_l} \qquad (4-4)$$

式中：w_l 表示各系统第 l 个指标的权重，V_l 为第 l 个指标的变异系数。变异系数的数学公式为：

$$V_l = \frac{\sigma_l}{\bar{x}_l} \qquad (4-5)$$

式中：σ_l 为系统中第 l 个指标的标准差，$\bar{x}_l$ 为第 l 指标的平均数。

由于耦合度只是描述子系统间相互作用程度的强弱，即使各子系统整体发展水平较低，耦合度也不会因此变低。为了客观描述系统间协调发展水平，本书引入耦合协调度概念，以度量系统要素间在发展过程中彼此和谐一致的程度，体现子系统间是否保持着良性互动和健康发展。耦合协调度计算公式如下：

$$D = \{C \times T\}^{1/2} \qquad (4-6)$$

式中：D 为公共政策、农业发展和减贫效应三者间的耦合协调度，C 是耦合度，T 为三个子系统的综合评价指数，计算公式如下：

$$T = aU_1 + bU_2 + cU_3 \qquad\qquad (4 - 7)$$

式中：U_1、U_2、U_3 分别表示公共政策子系统、农业发展子系统与减贫效应子系统的综合评价值，a、b、c 为待定系数，反映的是公共政策—农业发展—减贫效应在整体协调发展过程中，各个子系统的相对重要程度，有 $a + b + c = 1$。本书中 a、b、c 均赋值为 1/3，表示三者具有同等重要性。为更清晰直观地反映耦合度与耦合协调度数值所表示的含义及其阶段性特征，本书参考了杨忍、刘彦随（2015），王琦、汤放华（2015）等人的相关研究，将耦合度与耦合协调度进行了等级划分，分类标准如表 4 - 2、表 4 - 3 所示。

表 4 - 2　　　　　　　　耦合度分类标准及阶段性特征

耦合度取值区间	所属阶段	特征描述
$C = 0$	耦合度为 0	各子系统间无相互作用
$0 < C \leq 0.3$	耦合度极低	各子系统间存在相互作用，但作用强度极低
$0.3 < C \leq 0.5$	拮抗时期	各子系统间存在相互作用，且作用强度较高
$0.5 < C \leq 0.8$	磨合时期	各子系统作用显著，复合系统形成良性耦合
$0.8 < C \leq 1$	成熟时期	各子系统相互促进，最终走向有序发展

表 4 - 3　　　　　　　　耦合协调度等级分类标准

$0 < D \leq 0.2$	$0.2 < D \leq 0.4$	$0.4 < D \leq 0.5$	$0.5 < D \leq 0.8$	$0.8 < D \leq 1$
严重失调	中度失调	基本协调	中度协调	高度协调

4.3.2　测算结果

根据上述计算方法，分别测算了云南、贵州和四川三省 2005～2016 年的耦合度和耦合协调度，测算结果如表 4 - 4 所示。

表 4-4　　　　　2005～2016 年云南、贵州和四川三省"公共政策—

农业发展—减贫效应"复合减贫系统耦合协调度测算

年份	贵州			云南			四川		
	耦合度	耦合协调度	综合发展值	耦合度	耦合协调度	综合发展值	耦合度	耦合协调度	综合发展值
2005	0.9138	0.3780	0.1564	0.9959	0.3365	0.1137	0.9092	0.3417	0.1285
2006	0.9629	0.4053	0.1706	0.9896	0.3783	0.1446	0.9801	0.3864	0.1524
2007	0.9629	0.4440	0.2047	0.9972	0.4460	0.1994	0.9921	0.4512	0.2052
2008	0.9842	0.4981	0.2520	0.9992	0.5150	0.2654	0.9988	0.5196	0.2703
2009	0.9943	0.5585	0.3137	0.9999	0.5571	0.3104	0.9949	0.5960	0.3571
2010	0.9947	0.5937	0.3543	0.9982	0.6023	0.3634	0.9969	0.6261	0.3933
2011	0.9997	0.6448	0.4159	0.9940	0.6620	0.4409	0.9994	0.6903	0.4768
2012	0.9999	0.7190	0.5170	0.9950	0.7272	0.5315	0.9990	0.7386	0.5460
2013	0.9996	0.7656	0.5863	0.9950	0.7829	0.6161	0.9971	0.7906	0.6268
2014	0.9993	0.8521	0.7265	0.9921	0.8395	0.7104	0.9999	0.8772	0.7695
2015	0.9995	0.9119	0.8320	0.9968	0.9088	0.8286	0.9999	0.9250	0.8556
2016	0.9981	0.9744	0.9512	0.9999	0.9970	0.9941	0.9996	0.9817	0.9642

结果显示，2005～2016 年云南、贵州、四川三省，公共政策—农业发展—减贫效应三个子系统之间的耦合度均在 0.9 以上，耦合关系已经到了成熟阶段（耦合度大于 0.8，小于 1），表明公共政策、农业发展与减贫效应三者之间存在显著的相互影响，相互促进的关系；从时间走势上来看，2005～2016 年，三省耦合度虽有轻微的上升，但整体变动不大，始终处于成熟阶段。

从耦合协调度来看，贵州省从 2006 开始，公共政策、农业发展与减贫效应的耦合协调性便达到基本协调（协调度为 0.4053），2009 年达到中度协调（协调度为 0.5585），到 2014 年达到高度协调（协调度为 0.8521）；云南省则是在 2007 年才达到基本协调（协调度为 0.4460），2008 年便达到中度协调（协调度为 0.5150），高度协调则是到 2014 年

（0.8395）；同样的，四川省达到基本协调的时间也是2007年（0.4512），2008年达到中度协调（0.5196），2014年达到高度协调（0.8772）；从时间演化规律来看，三省的公共政策、农业发展与减贫效应的耦合协调发展程度一直随着时间的变化呈现出上升趋势。

4.4 模型结果分析

为更直观展现三省协调度发展的时序变化以及各子系统发展水平与复合减贫系统协调度的关系，将所得的相关结果绘制成折线图。通过对结果的分析可以得出以下结论。

4.4.1 公共政策、农业发展以及减贫效应间存在显著相互促进的关系

从表4-4中可以看出，三省复合减贫系统的耦合度均达到0.9以上，已经达到系统耦合的成熟时期。这表明公共政策、农业发展与减贫效应三者间存在相互作用，且作用强度较大。这一结果也证明了第二章中对公共政策、农业发展与减贫效应三者间逻辑分析框架的合理性。公共政策能够促进农业的发展，农业发展能带来减贫效应，同时公共政策本身亦能促进贫困的减缓，将三者作为一个整体的复合系统来研究时，彼此之间的这种作用依然存在，且作用强度较大。

4.4.2 公共政策、农业发展与减贫效应的协调发展程度逐渐增强

从图4-1可以看出，三省复合减贫系统耦合协调度整体呈上升的趋

势，贵州省从 2005 年的 0. 3780 上升到 2016 年的 0. 9744，云南和四川则分别从 2005 年的 0. 3365 和 0. 3417 上升至 0. 9999 和 0. 9817，均达到高度协调，其中云南省与四川在 2008 年时便达到中度协调，而贵州在 2009 年时才达到中度协调，但三省到 2014 年便同时达到了高度协调。表明至 2014 年，三省公共政策、农业发展与减贫效应已经形成了较强的协调发展态势，区域内生减贫系统基本形成，并开始发挥重要的减贫作用，且这种作用随着时间的推移，逐年增强。

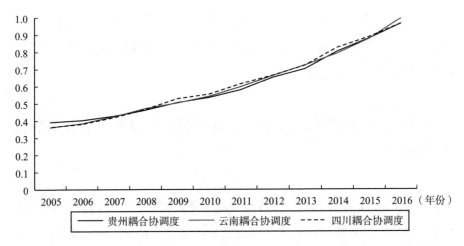

图 4 - 1 "公共政策—农业发展—减贫效应"复合减贫系统耦合协调度趋势

4.4.3 减贫系统耦合协调度的高低由子系统的综合发展水平决定

分析图 4 - 1 可以发现，三省协调度曲线与综合发展水平曲线基本一致（见图 4 - 2）。根据协调度计算公式也可以得出，协调度 D 值大小由耦合度 C 值与综合发展水平 T 值共同决定。由于历年三省耦合度大小基本保持不变（见图 4 - 3、图 4 - 4、图 4 - 5），所以，公共政策、农业发展与减贫效应的综合发展水平成为了复合系统协调度高低的最终决定性因素。而根据众多学者的研究结论（Schults，1960；Yujiro Hayami，1985；黄宗智，2000；许庆，2011；李文明，2015；李小云等，2010），学界在公共政策促进农业发展和贫困减缓、农业发展带来减贫效应这一逻辑关系上已形成共识，公共政策在三者共同发展过程中起主导作用，是决定三者综合发展水平的关键因素。

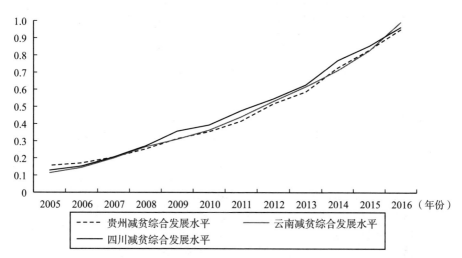

图 4-2　"公共政策—农业发展—减贫效应"复合减贫系统综合发展水平趋势

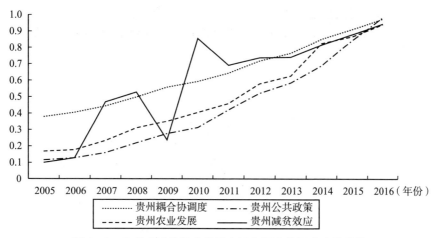

图 4-3　贵州省减贫综合发展水平与耦合协调度变化趋势

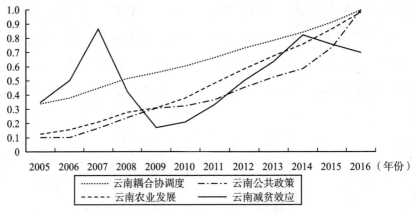

图 4-4　云南省减贫综合发展水平与耦合协调度变化趋势

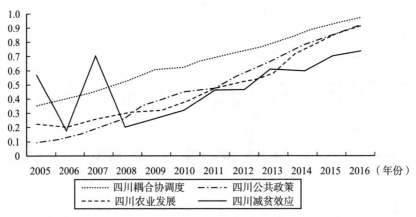

图 4-5　四川省减贫综合发展水平与耦合协调度变化趋势

第5章　农业发展在政策减贫过程中的中介效应研究

根据第 4 章对政府、农业与减贫三者间的耦合协调分析，可以确定，贫困地区政策减贫复合系统通过各个子系统间的相互作用、相互协作，已然形成了一个有序发展的组织结构，整体表现出较强的协同效应，且农业显然在整个系统中起到非常重要的作用。然而即便能够证明政府的扶持、农业的发展与减贫三者间确实存在协同效应，但三者在复合系统中各自具体扮演何种角色，贫困地区政策的减贫效应是否只有通过农业的中介效应，才能得到最大限度的发挥？这些还需要更进一步的证明。因此，本章在前文的基础上，借鉴中介效应理论，将农业作为政策与减贫之间的中介变量，建立回归方程，以验证农业发展在政策与减贫之间是否存在显著的中介效应，并得出不同时期的效应强度和变化趋势，从而更深入地分析贫困地区内在减贫机制的形成诱因和运行机理。

5.1　中介效应的理论内涵及其检验方法

5.1.1　中介效应的理论内涵

中介效应指的是，当一个变量（X）对于另一个变量（Y）的影响不是直接的因果链关系，而是通过一个或多个变量（M）间接影响产生的，那么这种 X 通过 M 对 Y 产生的间接影响便称之为中介效应，而 M 就是这个过程中的中介变量。例如本章所着重探讨的就是政府政策（X）对于贫困地区减贫（Y）的影响，是否是通过农业发展（M）这一中介变量间接产生的。中介效应有两种表现形式：一是部分中介效应，即 X 不仅能够通过 M 对 Y 产生间接影响，还能跳过 M 直接对 Y 造成影响。此时 X 对于 Y 的间接影响表现为部分中介效应（见图 5 - 1）；二是完全中介效应，即 X 不能直接对 Y 产生影响，只有通过中介变量 M 才能对 Y 造成间接影响（见图 5 - 2）。在心理学研究当中，很少存在变量间的直接影响关系，大多心理自变量都是通过中介变量间接影响因变量，因此中介效应最早被应用于心理学方面的研究，但因其相对于回归分析，不仅能得到各变量间的影响关系，还能进一步探索产生这个关系的内部机制，分析变量间影响的具体过程，对于普通的回归分析有着很好的补充与深化。因而逐渐被经济学、管理学、社会学等各个学科广泛使用。

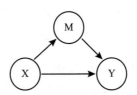

图 5 - 1 部分中介效应

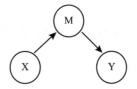

图 5 - 2 完全中介效应

5.1.2 中介效应的检验方法

中介效应的检验是中介效应分析过程中至关重要的环节，是证明中介效应是否存在的依据。总体上，中介效应的检验方法大致有三种。

第一种是依次检验法。首先建立自变量（X）与因变量（Y）的回归方程（$Y = cX + e_1$），并检验影响 c 是否显著，若不显著，则中介效应不存在，停止检验，若显著，则再建立自变量（X）与中介变量（M）的回归方程（$M = aX + e_2$），若影响不显著，则中介效应不存在，停止检验，若显著，则进一步建立第三个回归方程，即自变量（X）与中介变量（M）共同对因变量（Y）的影响方程（$Y = c'X + bM + e_3$），若 b 显著，则存在中介效应，且若 c′ 显著则这种中介效应表现为部分中介效应，若 c′ 不显著，则这种中介效应表现为完全中介效应。

第二种是系数乘积项检验法。这种方法是检验 ab 乘积项的系数是否显著，通常选择 Z 统计量来进行检验（$Z = ab/S_{ab}$），系数乘积项检验法中比较典型的是 sobel 检验，该检验要求中介效应的抽样分布为正态分布。其中分母 S_{ab} 的计算公式为 $S_{ab} = \sqrt{a^2 S_b^2 + b^2 S_a^2}$，其中 S_a^2、S_b^2 分别为 a、b 的标准误。另一种典型的系数乘积项检验法是不对称置信区间法，该方法相对于 sobel 检验的优势在于，对中介效应的抽样分布不局限于正态分布，能够适用于各种样本和中介效应模型。比较常用的不对称置信区间法有偏差校正的百分位 Bootstrap 法。检验步骤为，首先得到一个样本容量为 n，每个观察单位被抽到的概率相等且为 1/n 的 Bootstrap 样本；其次计算出中介效应模型中 ab 的估计值，并重复同样步骤若干次（一般为 1000 次），将估计值按大小排序，得到序列 C；再根据原样本数据求取中介效应估计值 ab^*，并求出 ab^* 在序列 C 中的百分比排位，即得到 $ab < ab^*$ 概率 $\Phi(Z_0)$；最后在标准正态分布累积函数中，根据 $\Phi(Z_0)$ 求 $2Z_0 \pm Z_{\alpha/2}$ 的概率 $\Phi(2Z_0 \pm Z_{\alpha/2})$，并将其在序列 C 中的百分位值作为置信区间的上、下

置信限，构建置信度为 $1 - \alpha$ 的中介效应置信区间，如果置信区间不包括 0，则表示中介效应显著，如果置信区间包括了 0，则中介效应不显著（方杰，2012）。

第三种是差异检验法。差异检验法则是检验 H_0：$c - c' = 0$，而一般情况下 $ab = c - c'$，所以差异系数法与系数乘积项检验法有一定相似性，但这种方法的第一类错误率相对系数乘积检验法较高，且是差异检验法采用 t 统计量来检验差异系数。其中克罗格（Clogg）等人与弗雷德曼等人提出的 t 检验公式最为常用。

本章接下来的中介效应检验环节，使用的是温忠麟提出的结合了依次检验和系数乘积项检验的综合检验法，不仅能够降低第一类错误率和第二类错误率，还能区别中介效应表现的是完全中介还是部分中介。

5.2 变量选择与数据来源

本章在研究农业发展在政策减贫过程中的中介效应时，主要分两个步骤进行。首先，以减贫效应为因变量，公共政策与农业发展为自变量，建立状态空间模型，分析在各时序点上，自变量对于因变量的影响系数。其次，根据模型中各自变量的影响系数，采用温忠麟的综合中介效应检验方法，对于农业发展在公共政策与减贫效应之间的中介效应进行检验，并得到各时序点上的农业中介效应在整个政策减贫过程中所占的比重。其中，上述模型涉及的三个变量——公共政策、农业发展与减贫效应，均采用三者的综合评价值来衡量，该值的计算已经在上一章中完成，计算方法与数据来源，在上一章中有详细介绍，因此本章不再过多阐述。

5.3 状态空间模型的建立

本章将采用状态空间模型来研究三个省公共政策与农业发展在 2005 ～ 2016 年的减贫效用变化趋势。状态空间模型是一种比较常见的用来动态分析变量之间相关关系在时序上的变化过程，从而克服了最小二乘法只能观测状态变量的平均效应，不能观测状态变量的动态效应和变化过程的缺陷，达到分析和观测系统真实状态的目的。状态空间模型主要由两类方程组成：一个是状态方程，另一个是观测方程。状态方程反映的是在输入变量作用下某一时刻动态系统的状态，观测方程描述的是变量与系统状态之间的内在关系。

分别建立三个观测方程来分析农业发展在公共政策与减贫之间中介效应：

（1）因变量减贫效应（y）对自变量公共政策（x）和中介变量农业发展（m）的观测方程；

（2）因变量减贫效应（y）对自变量公共政策（x）的观测方程；

（3）中介变量农业发展（m）对因变量公共政策（x）的观测方程。

分别表示如下：

$$y = c_0 + sv_1 \times x + sv_2 \times m + \varepsilon_t \qquad (5-1)$$

$$sv_1 = sv_1(-1), \quad sv_2 = sv_2(-1) \qquad (5-2)$$

$$y = c_1 + sv_3 \times x + \varepsilon_t \qquad (5-3)$$

$$sv_3 = sv_3(-1) \qquad (5-4)$$

$$m = c_2 + sv_4 \times x + \varepsilon_t \qquad (5-5)$$

$$sv_4 = sv_4(-1) \qquad (5-6)$$

其中，式（5-1）、式（5-3）、式（5-5）为观测方程，式（5-2）、式（5-4）、式（5-6）为对应的状态方程。y，m，x 分别表示因变量减贫效应、中介变量农业发展和自变量公共政策。sv_1、sv_2、sv_3 和 sv_4 为与之对应的状态变量，是因变对自变量的可变系数，其中 sv_1 代表公共政策对减贫的直接效应，sv_2 代表的是公共政策对于减贫的间接作用（通过农业的中介效应体现），sv_3 则代表公共政策对减贫的全部效应（包括直接效应和中介效应），sv_4 体现的则是公共政策对于农业发展的促进作用。c_i（$i=0，1，2$）与 ε_t 分别为常数项与误差项。在进行模型估计之前，为了确定各时序变量的稳定性，需要对变量进行平稳性检验，本书采用 ADF 单位根检验法来检验数据的平稳性（以贵州省为例）。结果如表 5-1 所示，可以看出，各变量属于一阶单整序列，可能存在协整关系，需进一步做协整检验。

表 5-1 贵州省各变量 ADF 单位根检验

变量	水平检验结果			一阶差分检验结果		
	t 统计量	P 值	检验结论	t 统计量	P 值	检验结论
y	0.5213	0.9973	不平稳	-4.7459	0.0124	平稳
m	-2.7972	0.2349	不平稳	-2.8578	0.0795	平稳
x	-2.0521	0.5285	不平稳	-3.8969	0.0452	平稳

同时采用最大特征值检验和协整秩迹检验对各组变量分别进行协整检验，结果如表 5-2 所示，包含时间序列趋势项和常数项的最大特征值和协整秩迹检验的结果均可以在 5% 的显著性水平下不能拒绝"协整秩为 1"的原假设，但能够拒绝"协整秩为 0"的原假设，表明公共政策、农业发展、减贫效应三者间存在一个长期均衡关系。采用同样的方法，分别对云南省、四川省的 3 个变量进行检验，得到结论与贵州省保持一致。

表5-2 贵州省状态空间模型的协整秩检验

假设	特征值	最大特征值检验			协整秩迹检验		
		最大特征值统计量	临界值	P值	迹统计量	临界值	P值
None*	0.812	23.4	21.1316	0.0236	36.5114	29.7971	0.0072
At most 1	0.5902	12.4898	14.2646	0.0936	13.1114	15.4947	0.1108
At most 2	0.0434	0.6216	3.8415	0.4305	0.6216	3.8415	0.4305

5.4 模型估计结果分析

利用 EViews 9.0 软件通过递归迭代对模型进行估计，并对三个模型的残差进行了单位根检验，结果均显示为平稳，说明模型的设定是正确的，三个省各变量估计结果如表5-3、表5-4、表5-5所示。

表5-3 状态空间模型估计结果（贵州省）

模型	状态变量	最终状态值	Z统计量	P值	对数似然函数值	AIC信息准则	SC信息准则	Hanman-Quinn信息准则
(1)	sv_1	0.7995	14.6340	0.0000	11.8499	-1.6417	-1.5608	-1.6716
	sv_2	0.2936	5.4201	0.0000				
(2)	sv_3	1.0189	98.2579	0.0000	19.8005	-2.9668	-2.8859	-2.9967
(3)	sv_4	0.7471	39.1749	0.0000	13.0983	-1.8497	-1.7689	-1.8796

表5-4 状态空间模型估计结果（云南省）

模型	状态变量	最终状态值	Z统计量	P值	对数似然函数值	AIC信息准则	SC信息准则	Hanman-Quinn信息准则
(1)	sv_1	0.0743	6.8315	0.0470	1.7193	-1.4344	-1.3536	-1.4643
	sv_2	0.9613	10.5973	0.0000				

模型	状态变量	最终状态值	Z统计量	P值	对数似然函数值	AIC信息准则	SC信息准则	Hanman - Quinn 信息准则
(2)	sv_3	1.0941	30.2468	0.0000	6.7765	-0.7961	-0.71534	-0.8260
(3)	sv_4	1.0608	29.5768	0.0000	6.8694	-0.8116	-0.7307	-0.8415

表 5 – 5　　　　　　　　状态空间模型估计结果（四川省）

模型	状态变量	最终状态值	Z统计量	P值	对数似然函数值	AIC信息准则	SC信息准则	Hanman - Quinn 信息准则
(1)	sv_1	0.6003	6.8315	0.0000	9.7809	-1.2968	-1.2160	-1.3267
	sv_2	0.4434	4.8461	0.0000				
(2)	sv_3	0.9790	57.5849	0.0000	13.5039	-1.9173	-1.83654	-1.9472
(3)	sv_4	0.8541	27.8687	0.0000	7.0224	-0.8370	-0.7563	-0.8670

从表中可以看出，三个省的四个状态变量 P 值都小于 0.05，表明四个状态变量都是显著。为更直观体现四个状态变量在时间上的动态变化轨迹，根据其历年估计值绘制成曲线图（见图 5 - 3、图 5 - 4、图 5 - 5）。

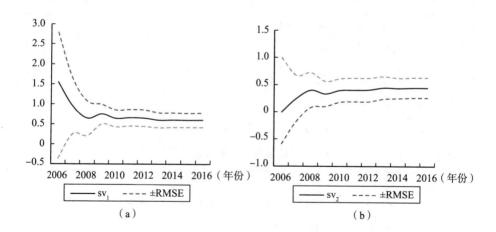

（a）　　　　　　　　　　　　　　　　（b）

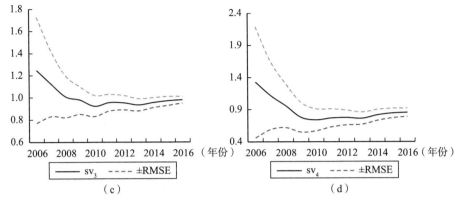

图 5 - 3　四川省四个状态变量的动态变化趋势

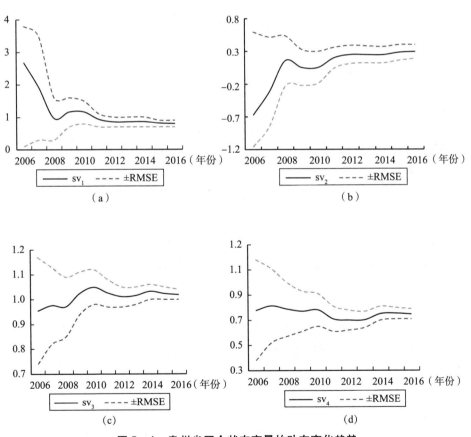

图 5 - 4　贵州省四个状态变量的动态变化趋势

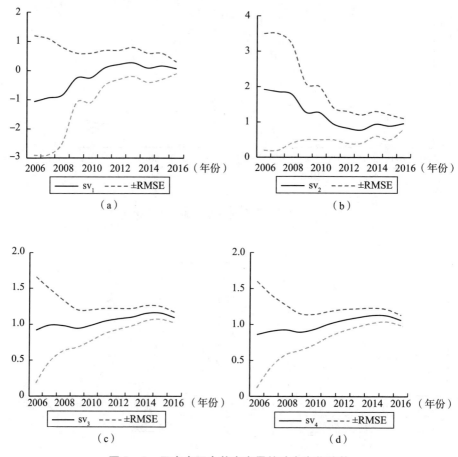

图 5 - 5　云南省四个状态变量的动态变化趋势

5.4.1　公共政策与农业发展对贫困减缓的影响

从图 5 - 3 ~ 图 5 - 5 可以看出，除云南省外，其他两个省的公共政策与农业发展对农村贫困减缓的作用大抵呈此消彼长的趋势。即当公共政策对于贫困减缓的直接作用（sv_1）呈减弱趋势时，农业发展对于农村贫困减缓的作用（sv_2）则是逐年上升，而当公共政策的直接减贫效应开始上升时，农业发展的中介效应又开始呈下降趋势。具体而言，除云南省外，贵州省与云南省在 2007 年之前，公共政策对于减贫的直接效应呈上升趋势，农业发展的减贫效应则呈下降趋势，这是因为这一时期国家扶贫事业面临的是量的问题，扶贫的目标也仅是解决贫困人口的温饱问题，于是更多地采用救济式的扶贫政策，旨在快速降低贫困人口的数量。这时期公共政策减贫的具体方式便是直接向贫困户发放慰问金、救济物，很少有通过培育当地自身发展能力通过产业来带动脱贫的，这一阶段的农业发展很少与减贫结合起来，因此农业几乎没有产生减贫效应。进入 21 世纪之后，国家扶贫重心发生转变，开始注重产业扶贫，减贫目标也由单一的解决温饱问题向注重经济、社会、文化的全面发展转变，农村基础设施、产业生长环境日益改善，经济增长对于农村减贫的涓滴效应开始发挥作用，农民自身发展能力逐步提高，能够通过自己的劳动投身到农业发展中脱贫致富，而不是单纯依赖政府救济金。而到了 2007 ~ 2011 年之间，公共政策与农业发展的减贫效应走势发生了变化，前者开始下降，后者开始上升，这时因为随着减贫事业的发展，扶贫方式发生了转变，直接的"救济式"减贫方式已经不能适应新一轮的减贫要求，贫困地区需要培养自身的发展能力，通过自身的努力主动脱贫，所以，这时期，国家扶贫政策的重点是培养贫困地区的内生减贫机制，主要通过扶持当地特色产业，通过产业的发展来带动减贫。所以公共政策的直接减贫效益会下降，通过发展农业带来的间接减贫效应会增强。而到了 2011 年之后，中国扶贫事业进入扶贫攻坚阶段，国家扶贫方式再次发生改变，公共政策与农业发展的减贫效应也相应地发生转变，从三个省的 sv_1、sv_2 的动态趋势图可以看出，直接减贫效应又开始上升，而通过农业发展的间接减贫效应又开始下降。这是因为进入扶贫攻坚阶段之后，我国的减贫事业已经发展到较为成熟的阶段，专项扶贫、行业扶贫和社会扶贫"三位一体"的国家扶贫战略体系已经形成，各种扶贫模式相互支撑、互相呼应，共同推动我国贫困地区减贫事业的快速发展。相对而言，可供选择的减贫方式和途径更加丰富，农业仅作为其中一种选择，其在减贫方案中的备选权重自然会相应降低。

5.4.2　公共政策对农业发展和减贫的作用趋势

sv_3、sv_4 分别表示公共政策对于贫困减缓和农业发展的影响系数，从三个省的整体走势来看，不管是对农业发展还是贫困减缓，公共政策的促进作用均呈现下降趋势，除云南省在 2007 年之前有短暂的上升。这可以用边际报酬递减规律来解释，将贫困减缓与农业发展视作生产过程中的产出，公共政策视为投入，当发展到一定阶段后，产出增长的空间会越来越小，难度会越来越大，此时投入再增加时，相应的边际报酬将会递减。也即是，当农业发展与减贫发展到一定阶段，将其推向更高发展阶段的难度将越来越大，单纯依靠公共政策的力量来推动农业发展和减贫，其成本越来越高，而效应却并未随之出现质的提升，即出现了公共政策的边际效应递减现象。

5.5　中介效应检验

在实证研究中，常常会用某种方法证明一种因素（X）对另一种因素（Y）的影响，或者几种因素对一种或者多种因素的影响。用这种方法在现实生活中可以解决很多的问题，但两个因素之间有会存在另外一种因素（M）对其关系的产生充当一个中介的作用。中介效应最早主要是用于心理学方面的研究，因为在心理学的研究中，常常会在各种心理现象之间的相关关系中找出因果关系，以达到由某一现象或现象组合预测另一现象或现象组合的目的。顾名思义中介效应是指在因素的相互作用过程中不是某个变量对另一个变量的直接影响，而是通过其他变量（中介变量），可以是一个或者多个的形式间接产生作用的行为，中介效应包含于间接效应中，在某种特殊情况下，例如只存在一个中介因素时，中介效应基本上趋同于间接效应。但如果在一般的变量模型中，存在两个以上的中介因素时，此时间接效应等于部分中介效应或者各个中介效应的总和。因此，当一个研究设计了自变量与因变量后，自变量可能通过第三个变量的传递作用对因变量产生影响，我们把这个充当中介作用的变量称作中介变量。在本书中，由于是政府通过对农业扶持，间接促进了贫困地区减贫（这里政府对于减贫的间接作用只是政府减贫作用的其中一个方面，并不是其全部效用），所以，农业发展便可以看作是三者之间的一个中介变量。

中介效应的概念源于心理学，用于衡量独立变量通过中介变量间接作用于非独立变量的影响程度，随着其检验方法的逐渐成熟，便被广泛运用于其他领域中来。中介效应的检验方法有很多，本书借鉴的是温忠麟在2004年提出的综合性的中介效应检验程序。具体检验程序如图 5 - 6 所示。

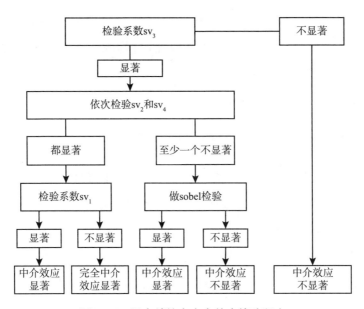

图 5 - 6 温忠麟综合中介效应检验程序

首先是对 sv_3 进行显著性检验，若其对应的 t 统计值都在 5% 的显著性水平下显著，则进入下一步，依次检验 sv_2 和 sv_4 的显著性。此时将可能出现的结果分为两种情况：（1）若 sv_2 和 sv_4 的 t 统计值都在 5% 的显著性水平下显著，则进一步对这两年的 sv_1 进行检验，若检验结果显著，则表明中介效应显著，若检验结果不显著，则表明农业发展在政策扶贫过程中表现为完全中介效应。（2）若 sv_2 和 sv_4 的 t 统计值至少有一个在 5% 的显著性水平下不显著，则要进行 Sobel 检验，公式为 $Z = \dfrac{sv_2 sv_4}{\sqrt{sv_2^2 S_{sv_4}^2 + sv_4^2 S_{sv_2}^2}}$，其中 S_{sv_2}、S_{sv_4} 分别为 sv_2、sv_4 估计值的标准差。若 Z 统计值都低于临界值 1.96，则认为中介效应显著，反之则中介效应不显著。

按照上述检验程序首先对 sv_3 进行显著性检验（以贵州省检验情况为例），发现在各个时间点上，其对应的 t 统计值都在 5% 的显著性水平下显著，于是进入下一步，依次检验 sv_2 和 sv_4 的显著性。通过对其 t 统计值的计算，发现历年 sv_4 的 t 统计值都在 5% 的显著性水平下显著，而 sv_2 则出现两种情况：（1）根据计算，只有 2005 年和 2006 年的 t 统计值通过了显著性检验，于是进一步对这两年的 sv_1 进行检验，其 t 统计值同样通过了检验，说明这两年农业发展在支农政策与减贫之间的中介效应显著；（2）除 2005 年和 2006 年外，其余各时间点 sv_2 的估计值均未能通过显著性检验，于是应该对其进行 Sobel 检验，公式为：$Z = \dfrac{sv_2 sv_4}{\sqrt{sv_2^2 S_{sv_4}^2 + sv_4^2 S_{sv_2}^2}}$，其中 S_{sv_2}、S_{sv_4} 分别为 sv_2、sv_4 估计值的标准差。通过计算，发现各个时间点的 Z 统计值都低于临界值 1.96，因此，认为 2007~2016 年农业发展在支农政策与减贫之间的中介效应也显著。

通过同样的检验方法，云南省以及四川省的农业发展对政策扶贫的中介效应在 2005~2016 年均为显著。进而可以按照麦金农等人在 1995 年提出的公式 $\left(\dfrac{sv_2 sv_4}{(sv_2 sv_4 + sv_1)} \right)$ 来计算其中介效应占比。计算结果如图 5-7、图 5-8、图 5-9 所示。

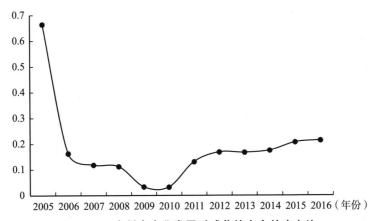

图 5 - 7　贵州省农业发展对减贫的中介效应占比

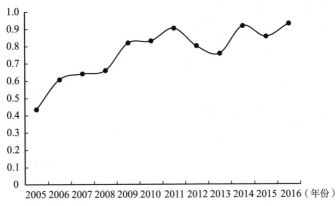

图 5 - 8　云南省农业发展对减贫的中介效应占比

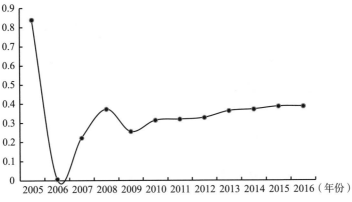

图 5 - 9　四川省农业发展对减贫的中介效应占比

从图 5 - 9 可以看出，各省历年农业减贫中介效应占比走势略有不同，但大致上看都呈现出一种倒 "U" 型的变化趋势，即先上升后下降的趋势。从图 5 - 7 可以看出，在 2009 年以前，贵州省农业减贫的中介效应占比呈现下降趋势，而在 2010 年到 2012 年间开始上升，之后又有一定的下降，最终在 2014 年之后保持稳定。图 5 - 8 中云南省的变化趋势表现为明显的先上升后下降的趋势。首先在 2011 年之前，云南省农业减贫中介效应占比始终保持上升趋势，之后则开始表现出下降状态；四川省农业减贫中介效应占比则是在 2008 年前表现为上升趋势，之后开始下降，最终在 2010 后开始保持稳定状态。之所以农业减贫中介效应占比大体表现出先上升后下降趋势，是因为在早起扶贫阶段，救济式扶贫政策力度下降，开发式扶贫政策逐步加强，导致政府扶持减贫的直接效应下降，农业发展减贫的中介效应增强，而到了扶贫攻坚阶段之后，农村产业发展环境逐渐成熟，以及精准扶贫实施，贫困户脱贫的机会与选择越来越多，依靠农业减贫作为其中一种方式，其减贫效应占比自然会呈下降趋势。

第6章 农业减贫的农户生计响应与产业困局破解

农业减贫直接是通过产业发生作用的，而作用的直接对象则是农户。农户是最睿智的决策者，他们不是简单地被动接受各种政策的作用，还会根据政策的变化做出相对合适的行为调整，并从生计相应角度做出最有利于自身的行为选择，深入研究农户在减贫情境下的生计决策具有重要的现实意义。另外，产业在政策减贫中发挥了比较明显的中介作用，党的十八大以来，虽然扶贫产业发展取得了前所未有的成就，但仍然存在种种制约。本章着重选择了罗霄山区的桂东县和武陵山区的湘西州作为实证分析对象，重点分析了减贫情境下的农户生计行为策略和产业发展困境这两个制约减贫实效的因素，旨在为相关政策优化提供参考。

6.1 产业扶贫视角下农户生计响应与优化

6.1.1 桂东县的扶贫基本情况

桂东县位于湖南省东南部，地处湘赣边界、罗霄山脉腹地，全县总面积 1500 平方公里，耕地面积 19 万亩，林地面积 184 万亩，辖 11 个乡镇、

1 个国家级自然保护区和 1 个国家级森林公园；全县共有 113 个村、社区（其中村 102 个、社区 11 个），总人口 23 万，其中农业户籍人口 186123 人。

桂东属于典型的"老、山、边、穷"地区。1959 年，桂东被国家民政部定为全国第一批革命老区县；1986 年，被国务院定为国家重点扶持贫困县；2002 年，被列为国家扶贫开发工作重点县；2011 年，被纳入国家罗霄山片区区域发展与扶贫攻坚范围；2012 年，又被列入新一轮国家扶贫开发工作重点县。2014 年建档立卡时，全县贫困人口为 14979 户46022 人，有贫困村 74 个（2016 年区划调整后为 61 个）。2014～2017年，全县共计脱贫 14407 户 44620 人，61 个贫困村全部退出贫困序列。其中（包括期间动态管理调整的贫困户）：2014 年脱贫 2214 户 6843 人；2015 年脱贫 2805 户 9171 人；2016 年脱贫 2287 户 7597 人，贫困村退出 9个；2017 年，贫困人口动态调整后，全县建档立卡贫困人口为 15310 户46416 人，当年脱贫 7101 户 21009 人，贫困村退出 52 个。2018 年建档立卡系统中全县未脱贫人口 903 户 1796 人，贫困发生率为 0.96%。

桂东交通、通信、水利、电力等基础设施落后，生产条件恶劣，经济社会发展相对滞后，自身财力有限，制约桂东扶贫开发的主要困难有以下几个方面。一是贫困范围广。2014 年建档立卡时，桂东县有 74 个贫困村（2016年行政村合并之后为 61 个）、14979 户贫困户、46022 名贫困人口。二是贫困程度深。桂东县致贫因素多，贫困人口中患病人数多，2014 年建档立卡时共有 13207 名贫困人口患有不同程度的疾病，患病人数占贫困人口的28.7%；生产条件恶劣，有 1 万多名贫困人口生活在"一方水土养不起一方人"的地区，自我发展能力不足，抵抗市场和自然风险能力脆弱。三是返贫因素多。2014 年之前，造成桂东县脱贫群众返贫的因素众多，既有人力资源开发不足的缘由，也有富民产业培育滞后的因素，特别是因病因灾返贫的问题较为突出。四是基础设施差。2014 年，桂东县当时还有 246 个村民小组的通组公路没有实现通达，519 个村民小组 43089 人没有解决安全饮水问题，114 个村民小组 3291 户农户用电不安全、不稳定、价格高。

6.1.2　桂东县的产业扶贫经验及成效

桂东县深入贯彻习近平总书记精准扶贫战略思想和党中央、国务院关于打赢脱贫攻坚战的决定，按照习近平总书记指出的"发展产业是实现脱贫的根本之策"这一要求，坚持"四跟四走"原则，把产业发展与精准扶贫深度融合，按照"四个摸准、四个结合"方法，通过"三个依托、三种模式"，充分发挥产业扶贫"生肌造血"功能，帮助贫困群众稳定脱贫。截至2018年，桂东县建档立卡贫困人口已累计脱贫14407户44620人，通过产业扶贫成功脱贫人数达到34427人，占总脱贫人数的77.16%，在扶贫攻坚中走出了一条具有桂东特色的发展之路。

1. 产业扶贫经验

（1）强化政策措施，确保扶贫实效。

①领导高度重视，组织保障有力。为切实做好产业扶贫工作，桂东县的领导高度重视，把产业扶贫工作列入了重要议事日程，组织保障坚强有力。一是成立了产业扶贫领导小组。为确保桂东县农业产业扶贫工作正常运转，责任分工明确，经县委、县政府研究决定成立了由县委分管农业的副书记任组长，相关单位主要负责人任成员的桂东县农业产业扶贫工作领导小组，确保桂东县农业产业扶贫工作的扎实开展。二是精准出台了产业扶持政策。县委、县政府先后出台了《关于加快推进原生态有机农产品品牌建设的决定》《关于加快中药材产业发展的实施意见》《关于支持县乡村重点扶贫产业、村级集体经济、贫困户自主发展产业的指导意见（试行）》《桂东县2018年农业产业工作计划》等一系列文件，明确产业扶贫的奖补措施，形成了较为完善的组织领导体系和政策扶持体系。三是精准制定了产业扶贫规划。根据《桂东县精准扶贫五年（2015~2019）行动计划》，结合全县产业发展实际，制定了《桂东县产业精准扶贫规划（2015~2019）》和《桂东县脱贫攻坚产业发展巩固帮扶三年规划（2018~

2020)》，精准规划好特色产业发展扶贫，为实施产业扶贫和实现贫困群众增收脱贫进一步明确了方向。

②深化帮扶模式，促进利益联结。按照"建设一批基地，培植一批企业，打造一批品牌、带富一方群众"的发展思路，通过做优传统产业推动发展、依托龙头企业带动发展、优化合作组织服务发展等"三种模式"，与贫困户逐步建立了完善的利益联结机制。一是建立政府与贫困户的利益联结机制。对贫困户自主发展的产业，当年脱贫人口产业扶持不低于1600元/人，巩固脱贫人口产业扶持不低于800元/人，脱贫及巩固脱贫确有困难的视情况加大扶持力度。安排奖扶资金鼓励贫困户、非贫困户和村集体以资金入股的方式参与到企业、新型农业经营组织中共同发展产业。同时，鼓励新型农业经营组织、经济能人带动贫困人口就业，对首次招用建档立卡贫困户中的劳动力按600元/月·人的标准给予初级工培训补贴到人，补贴期限最长6个月。二是建立企业与贫困户的利益联结机制。大力推行"龙头企业（或县乡村重点企业）+农民专业合作社+基地+贫困户"的产销模式，不断壮大各类规模化发展、企业化运作的富民产业基地，有效延伸致富产业链条。鼓励龙头企业与贫困户建立利益联结机制，采取合作经营、劳务就业、帮扶带动等多种形式帮扶农户增收致富。大力推行龙头企业、合作社、大户带动普通农户发展种植、养殖业，先后引进了湖南盛源药业、太阳园艺、三湘菌业、大唐山臻、汝之辣、湘源牧业等企业和花卉、食用菌、朝天椒、铁皮石斛、禾花鱼、梅花鹿等产业。三是建立政府与企业的利益联结机制。桂东县政府每年筹集资金2000万元用于重点支持基地建设、农产品加工、质量安全、品牌创建和产品营销等，对新型农业经营组织、经济能人参与县、乡（镇）、村重点产业项目建设的机遇扶贫政策奖励。每年预算安排中药材产业发展资金1000万元用于药材基地建设、中药材加工、质量安全、品牌创建和产品营销等，每年整合资金1000万元用于扶持茶叶产业发展。通过政府政策引导，以奖代补，不断帮助企业做大做强。

③建立长效机制，实现长远发展。在产业发展方面，要做到长短结合，既要着力当前脱贫，又要着眼长远可持续。一是科学布局，推动产业融合。按照因地制宜、因村施策原则，对全县农业产业发展进行通盘考虑、统一规划，在农业产品上形成梯次配置、多样化发展，避免同质化竞争，着力发展一村一品、一户一业。按照产业融合化、城乡一体化的开发思路，以自然村镇、道路沿线为布局单元，重点打造茶叶、蔬菜、中药材、小水果、楠竹等特色种植产业基地，以基地为中心科学布局项目，适度布局农旅结合的观光采摘园，培育农业农村发展新动能，推动第一、第二、第三产业深度融合，促进农业增效、农民增收。二是强化培训，提高内生能力。加强贫困户脱贫门路的培训，实施科教扶贫"素质工程"，加快新型职业农民培育、贫困家庭职业技术培训、乡土人才培养、农村实用技术培训，补助贫困家庭学历教育和职业教育，提高贫困户造血功能，阻止贫困代际传递。三是拓宽路子，破解销售难题。把"铺天盖地"的农业小产业小行业整合为"顶天立地"的"桂东山货"，结合供销体制改革，组建桂东氧天下山货（集团）有限公司，在各乡镇成立氧天下山货集团分公司，各村成立专业合作社。在鼓励农户按市场价格进行自主销售的基础上，对农户农产品实行保底收购，形成自愿种植、保底收购、效益保全的新合作模式。桂东氧天下山货（集团）有限公司对全县特优农产品实行保底价格收购、统一贴商标、对接市场销售，并在长沙、郴州等大中城市设立原生态农产品超市，拓宽农副产品销售渠道。

（2）注重产业带动，夯实产业扶贫基础。

①扩大产业基地，加快脱贫步伐。通过强龙头、抓招商、建基地、创品牌、促销售，有效推进全县产业快速健康发展。形成了以茶叶、蔬菜、中药材、楠竹、小水果、花卉苗木为主的精准扶贫主导产业，产业基地面积已达 64.1 万亩。以清泉镇、桥头乡为主产区的茶叶产业，总种植面积达 13.8 万亩；以沤江镇、新坊乡、寨前镇、东洛乡、普乐镇、沙田镇为主产区的中药材产业，种植达 20 万亩；以沤江镇、寨前镇、普乐镇、东

洛乡为主产区的楠竹产业，面积达 20 万亩；以寨前镇、沙田镇、四都镇为主产区的花卉苗木产业面积达 10 万亩；以国道 106 沿线所在乡镇和沤江镇为主产区的无公害蔬菜产业面积 2.5 万亩；以沤江镇、寨前镇、大塘镇、沙田镇、四都镇为核心区域的特色小水果产业基地面积 2 万亩。2017 年全县发展种植茶叶 8000 余亩、朝天椒 5000 余亩、油茶 3450 亩、中药材 3800 余亩，稻田放养禾花鱼 5200 余亩，帮扶 2220 贫困户发展畜禽养殖，实现贫困户增收总量 4350 万元以上，户均年增加收入 2000 元以上。

②狠抓秋冬生产，助推产业扶贫。为促进产业扶贫，加快精准扶贫步伐，充分利用冬闲田和荒山，提高复种指数，增加农户收入，制定了《桂东县 2017 年十企百村百基地秋冬农业生产实施意见》。通过抓规划、抓落地、抓管护、抓销售，2017 年秋冬农业生实际完成种植绿肥 16159 亩、油菜 12130 亩、茶叶 5000 亩、蔬菜 3540.7 亩、小水果 1798.6 亩。秋冬农业生产成效显著，特别是油菜种植取得了丰收，受到了群众好评，有效促进了扶贫产业的发展。

③发展重点产业，带动脱贫致富。通过政府主导，经济能人、新型农业经营组织（企业）带动，引导贫困户与市场主体建立紧密的利益联结机制，带动贫困户广泛参与产业发展、生产经营获取收益，增强贫困人口自我发展能力，确保贫困人口人均纯收入稳定超过脱贫线，实现脱贫摘帽的总体目标，出台了《关于支持县乡村重点扶贫产业、村级集体经济、贫困户自主发展产业的指导意见（试行）》。全县通过审核认定 16 家县乡村重点产业项目，扶持贫困户入股 417.92 万元，安排配比资金 958.92 万元，带动贫困户 2546 户 6671 人发展产业；到 2017 年 12 月贫困户已实现产业分红 207.13 万元，人平增收 384.6 元以上，兑现参与委托帮扶的农业经营主体奖励资金 232.84 万元。

④突出区域优势，优化产业结构。为进一步加快桂东县中药材产业化发展步伐，优化产业结构，扩大产业规模，打造具有区域特色优势的现代中药材产业集群，促进农民增收、财税增长，桂东县把中药材产业作为全

县支柱产业来抓，并出台了《中共桂东县委桂东县人民政府关于加快中药材产业发展的实施意见》。通过向群众进行技术指导，免费提供药苗，组织收购药材等形式扶持中药材生产，在全县迅速掀起了种植中药材的高潮。全县中药材种植大户发展到 42 家，规划种植面积 16500 亩。成功申报中药材产业为桂东县"一县一特"的特色主导产业，为全县争取上级支持资金三年共 3000 万元以上，有力促进了扶贫产业的发展。

⑤推进品牌建设，拓宽销售渠道。为加快桂东县农产品品牌建设，开拓农产品销售新路子，促进农业增效、农民增收和农村发展，县委、县政府出台了《关于加快推进原生态有机农产品品牌建设的决定》。自决定出台以来，受理申报项目 161 个（其中种养基地 89 个，其他 72 个），经领导小组办公室审查审核、全程监管和验收组现场验收，109 个项目验收合格（其中种养基地 53 个，其他 56 个），需兑现奖励资金 901.223 万元。奖补项目的实施，有力推动了全县精准扶贫工作，流转 657 户建档立卡贫困户土地山林 1947.4 亩，项目主体长期雇佣建档立卡贫困人口 164 人、临时雇佣建档立卡贫困人口 412 人，委托帮扶建档立卡贫困户 244 户，直接带动贫困户增收 480.8 万元。同时为加快公共品牌创建，打造桂东知名产品，山货集团已着手建立桂东氧天下品牌，目前已登记注册 26 个类别，几乎覆盖桂东所有农产品及相关产品；着手建立全县统一的产品质量标准、产品检验体系，统一全县产品商标、产品品牌；办理产品 QS 认证，建立产品条码，以利该县农产品进入大型超市和电商销售。

（3）多措并举重统筹，巩固扶贫成果。

为促进农民增收、企业增效、产业可持续发展，围绕贫困群众"稳定脱贫、可持续脱贫"目标，进一步加大产业扶贫力度，以产业帮扶确保贫困群众稳定增收，着重做到五个加强。

一是加强产业规划的实施。大力实施以奖代扶发展特色农业产业，按照宜茶则茶、宜菜则菜、宜果则果、宜牧则牧、宜林则林、宜药则药的原则，着力推动茶叶、粮食、蔬果、中药材、林业、养殖等产业扩规模、提品质、增实效。通过兴产业、强实体，确保每乡（镇）有一个重点产业基地，每村有一项特色产业，每户有一条实用而稳定的脱贫致富路子。

二是加强招商引资的举措。积极开展农业产业招商引资，引进更多有实力的企业到桂东县发展农业产业。引导贫困村顺应农业供给侧结构性改革要求，瞄准市场需求，在做优做精做特上下功夫，积极发展优质、安全、生态、特色的农产品，确保产品适销对路。通过举办农产品展销会、黄桃节等形式，利用电子商务平台，以及加强与大中型超市进行对接，在郴州、长沙、广州等省内外城市扩建桂东农产品超市，帮助贫困户、贫困村销售农副产品。

三是加强产业品牌的打造。按照"建设大基地、培育大龙头、打造大品牌、推进大流通、形成大产业"的工作思路，坚持"原生态、纯天然、全有机"的标准，推行"不打农药、不施化肥、不用工业饲料"的生产模式，积极推进农业标准化工作，加快优质农产品的开发步伐，倡导品牌农业发展，加速打造"优质农副产品供应基地"。

四是加强奖励政策的落实。认真贯彻落实县委、县政府《关于全面推进茶叶产业提质升级的意见》《关于加快推进原生态有机农产品品牌建设的决定》《关于加快中药材产业发展的实施意见》《关于支持县乡村重点扶贫产业、村级集体经济、贫困户自主发展产业的指导意见（试行）》等一系列文件精神，按照奖励办法和奖补标准，按时验收，及时兑现，大力实施以奖代扶发展特色农业产业，扶持农业企业和合作社，助推产业精准扶贫和企业合作社带动脱贫。

2. 产业扶贫成效

光伏扶贫产业：先期安排的 1000 户 3 千瓦的户用光伏电站已全部建成，后期增加的 8824 千瓦光伏电站于 2018 年上半年全部实现并网发电，每个户用电站可为贫困户年增收 3000 元以上，收益期长达 25 年；61 个 60 千瓦村级光伏发电站已于 2017 年 5 月底并网发电，可为村集体经济年增收 6 万元以上。

全域旅游产业：坚持"全景桂东、全域旅游、全民幸福"理念，引导贫困群众从事旅游商品生产、加工和销售、开办乡村休闲避暑点，全县建成农家养生休闲避暑点 306 个。近两年，桂东县旅游产业累计带动贫困人口 3.6 万人次，人均增收 800 元以上。

金融扶贫工作：截至 2017 年底，累计为 9936 户贫困户发放小额扶贫信用贷款 38636.5 万元；采取"金融贷款 + 委托帮扶"方式，引导 3520 户贫困户将金融信贷资金 17579 万元投入到玲珑王茶业、氧天下山货（集团）有限公司等企业，实行资产收益委托帮扶，每年可保底获得投入资金 8% 以上的收益。引导贫困人口入股风电、盛源药业等优质项目，采取入股分红、项目分红的方式增加贫困户收入，确保贫困户持续稳定脱贫。

省级扶贫重点产业项目：2015 年以来，共投入省级扶贫重点产业资金 1872 万元，委托玲珑王公司、青桥茶果公司、山货集团、盛源药业公司共计帮扶 10083 人。其中 2015 年安排财政扶贫资金 433 万元帮扶 2887 人参与玲珑王茶叶公司发展茶叶产业，人均年收益 1200 元，持续收益 10 年；2016 年安排财政扶贫资金 439 万元帮扶 2196 人参与玲珑王茶叶公司发展茶叶产业，人均年收益 1500 元，安排财政扶贫资金 300 万元帮扶 1500 人参与清桥茶果发展茶叶产业，人均年收益 1500 元，持续收益 10 年；2017 年，桂东县氧天下山货有限责任公司的蜜蜂养殖项目安排财政扶贫资金 400 万元，采取股份合作和直接帮扶两种方式帮扶 2000 人养蜂 6000 箱，人均年收益 1012.5 元，持续收益年限 9 年；桂东县盛源药业股份有限公司的药材种植项目安排财政扶贫资金 300 万元，采取股份合作和直接帮扶两种方式，帮扶 1500 人种植药材 1000 亩，人均年收益 1200 元，持续收益年限 5 年。

6.1.3　桂东县产业扶贫中的农户生计响应特征

本次调研数据样本采集在桂东县下辖的 10 个贫困村进行，分别是青竹村、上东村、羊社村、秋里村、马坊村、寨坪村、船塘村、三洞村、秋坪村、大水村，共计采集调研数据样本 480 份，其中 342 份建档立卡户，138 份非建档立卡户。青竹村与寨坪村作为重点调研村进行数据采集，青竹村共计采集调研数据样本 80 份，其中建档立卡户 45 户、非建档立卡户 35 户，寨坪村共计采集调研数据样本 80 份，其中建档立卡户 52 户、非建档立卡户 28 户。其余 8 个村每个村随机采集了 40 份共计 320 份数据样本，其中建档立卡户 245 户、非建档立卡户 75 户。

1. 响应维度与强度的权重确定

权重确定中综合应用主观赋权和客观赋权相结合的方法。其中，主观赋权采用专家打分法，即针对生计响应各维度（生计资本、生计方式、生计产出、生计空间响应以及生计资本响应中的自然、物质、人力、社会和金融资本响应）和响应强度（感知、意愿和行动响应）的相对重要性，结合专家的意见综合确定各自权重。该方法体现了专家对各响应维度相对重要性的专业判断，但具有一定的主观性。客观赋权则采用熵值法，该方法适合多指标权重计算，能有效克服指标间的信息重叠，可信度较高。最后，将主观权重和客观权重各占 50% 合成。综合权重，作为生计响应测度的基准权重，具体权重见表 6-1。

表 6-1　　　　　　　　　　农户生计响应测度要素与权重

响应维度		测度要素	响应强度	主观权重	客观权重	综合权重
生计资本	自然资本	对耕地、林地、菜地、鱼塘等由于产业扶贫而被征收或流转的认知、态度和行为反应	感知	0.10	0.22	0.16
			意愿	0.30	0.12	0.21
			行动	0.60	0.66	0.63
		自然资本响应权重		0.20	0.24	0.22
	物质资本	对购房或住房改建中家居（小车、家具等）受产业扶贫影响的认知、态度及行为反应	感知	0.10	0.32	0.21
			意愿	0.30	0.33	0.32
			行动	0.60	0.35	0.47
		物质资本响应权重		0.20	0.18	0.19

响应维度		测度要素	响应强度	主观权重	客观权重	综合权重
生计资本	人力资本	对家庭成员的见识、技能及对教育的认识等受产业扶贫影响的认知、态度和行为反应	感知	0.10	0.32	0.21
			意愿	0.30	0.32	0.31
			行动	0.60	0.36	0.48
		人力资本响应权重		0.20	0.18	0.19
	社会资本	对邻里、亲戚和朋友关系等社会网络资源受产业扶贫影响的认知、态度和行为反应	感知	0.10	0.34	0.22
			意愿	0.30	0.34	0.32
			行动	0.60	0.33	0.46
		社会资本响应权重		0.20	0.19	0.19
	金融资本	对持有金融产品、发生金融业务及与金融机构互动频率和方式受产业扶贫影响的认知、态度和行为反应	感知	0.10	0.21	0.15
			意愿	0.30	0.34	0.32
			行动	0.60	0.45	0.52
		金融资本响应权重		0.20	0.21	0.21
		生计资本响应权重		0.25	0.16	0.20
生计方式		对非农就业机会（做生意、务工、兼职等）以及乡村生计方式受产业扶贫影响的认知、态度与行为反应	感知	0.10	0.25	0.17
			意愿	0.30	0.19	0.25
			行动	0.60	0.56	0.58
		生计方式响应权重		0.25	0.27	0.26
生计产出		对产业扶贫引起的产出水平、收入渠道以及受自然条件（灾害、恶劣天气等）、市场条件（价格、需求等）影响的认知、态度及行为反应	感知	0.10	0.26	0.18
			意愿	0.30	0.35	0.33
			行动	0.60	0.39	0.49
		生计产出响应权重		0.25	0.37	0.31
生计空间		对生计活动的空间（居住、就业、就学、就医、购物、娱乐空间等）受产业扶贫影响的认知、态度和行为反应	感知	0.10	0.36	0.23
			意愿	0.30	0.42	0.36
			行动	0.60	0.22	0.41
		生计空间响应权重		0.25	0.21	0.23

2. 产业扶贫农户生计响应的"四维度—三强度"

产业扶贫对农户的生计响应调查方面，调查内容涉及"生计资本响应""生计方式响应""生计产出响应""生计空间响应"四个一级指标

（见表 6-2）。其中，生计资本响应又分为自然资本、物质资本、人力资本、社会资本、金融资本五个二级指标。同时在问卷调查中要求调查对象对表 6-2 中四个维度的响应强度和所设定测度要素进行评价打分，对所设定测度要素问题回答"完全同意"计 5 分，"基本同意"计 4 分，"不清楚"计 3 分，"基本不同意"计 2 分，"完全不同意"计 1 分。调查自然资本的测度要素是指农户对耕地、林地、菜地、鱼塘等由于产业扶贫而被征收或流转的认知、态度和行为反应。物质资本的测度要素是指农户对购房或住房改建中家居（小车、家具等）受产业扶贫影响的认知、态度及行为反应。人力资本的测度要素是指农户对家庭成员的见识、技能及对教育的认识等受产业扶贫影响的认知、态度和行为反应。社会资本的测度要素是指农户对邻里、亲戚和朋友关系等社会网络资源受产业扶贫影响的认知、态度和行为反应。金融资本的测度要素是指农户对持有金融产品、发生金融业务及与金融机构互动频率和方式受产业扶贫影响的认知、态度和行为反应。生计方式响应的测度要素是指农户对非农就业机会（做生意、务工、兼职等）以及乡村生计方式受产业扶贫影响的认知、态度与行为反应。生计产出响应的测度要素是指农户对产业扶贫引起的产出水平、收入渠道以及受自然条件（灾害、恶劣天气等）、市场条件（价格、需求等）影响的认知、态度及行为反应。生计空间响应的测度要素是指农户对生计活动的空间（居住、就业、就学、就医、购物、娱乐空间等）受产业扶贫影响的认知、态度和行为反应。

表 6-2　　　　　　　　　农户生计响应测度要素

响应维度		测度要素	响应强度
生计资本响应	自然资本	对耕地、林地、菜地、鱼塘等由于产业扶贫而被征收或流转的认知、态度和行为反应	感知
			意愿
			行动

续表

响应维度		测度要素	响应强度
生计资本响应	物质资本	对购房或住房改建中家居（小车、家具等）受产业扶贫影响的认知、态度及行为反应	感知
			意愿
			行动
	人力资本	对家庭成员的见识、技能及对教育的认识等受产业扶贫影响的认知、态度和行为反应	感知
			意愿
			行动
	社会资本	对邻里、亲戚和朋友关系等社会网络资源受产业扶贫影响的认知、态度和行为反应	感知
			意愿
			行动
	金融资本	对持有金融产品、发生金融业务及与金融机构互动频率和方式受产业扶贫影响的认知、态度和行为反应	感知
			意愿
			行动
生计方式响应		对非农就业机会（做生意、务工、兼职等）以及乡村生计方式受产业扶贫影响的认知、态度与行为反应	感知
			意愿
			行动
生计产出响应		对产业扶贫引起的产出水平、收入渠道以及受自然条件（灾害、恶劣天气等）、市场条件（价格、需求等）影响的认知、态度及行为反应	感知
			意愿
			行动
生计空间响应		对生计活动的空间（居住、就业、就学、就医、购物、娱乐空间等）受产业扶贫影响的认知、态度和行为反应	感知
			意愿
			行动

3. 生计资本响应分析

根据问卷调查的数据结果显示，自然资本的意愿层次得分最高，为4.28 分，说明农户对耕地、林地、菜地、鱼塘等由于产业扶贫而被征收或流转的态度非常积极，桂东县产业扶贫上大力招商引资，引进外地企业在本地建立蔬菜大棚、果园等，需要征收或者租用农户土地。农户在这方面都很乐意以收取土地租金的形式流转出去参与村级的扶贫产业项目。自然行动层次上分数最低为 2.86 分，主要原因是很多农户的土地位置偏僻或者土质不符合要求，从而未能成功流转出去。

物质资本、人力资本、社会资本三项的综合得分相近，分别为 3.82 分、3.77 分、3.77 分，均处于"一般"到"较好"两个等级之间。从感知、意愿、行动三个层次的得分情况看，行动层次得分略高于感知层次，感知层次略高于意愿层次。结合我们实际走访的时候通过与农户对话反映的情况看，有部分农户虽然对于产业扶贫的具体信息不了解，但是看到身边的人都做了相关的产业，自己也会跟着去做，类似"随大流"。虽然有点类似"随大流"，但是做出来的结果还是比较让人满意的。不少农户都表示通过产业扶贫的相关政策措施，自己的的确确从中受益了。同时也进一步表示，自己接下来会更加积极地参与到相关的扶贫产业当中。另一方面来说，物质资本、人力资本、社会资本的得分情况反映出来的现象是产业扶贫对于农户的生计响应成效仍有很大提升空间。今年部分村镇的扶贫产业受雨雪天气影响，几乎是颗粒无收，农户遭受巨大损失。这就需要上级机关与地方政府更加切合实际，及时调整产业扶贫政策。

意愿层次在金融资本中得分最低为 3.35，农户对于通过参与村级扶贫产业后，与银行、他人有更多的存钱、借钱、投资（用钱赚钱）等业务上的预期不是特别明显。感知层次得分略高些为 3.60，走访过程中大部分受访农户对于农村的一些金融政策（例如小额信贷）都有较好的了解。行动层次得分为 3.54 分，受访的农户中大部分都表示自己享受了相应的金融扶贫政策，在与银行、他人的资金往来上确有增加。

4. 农户生计空间响应成效显著，生计产出响应成效尚有不足

从农户生计方式响应、生计产出响应、生计空间响应三个维度的问卷数据反馈来看，生计空间响应成效显著，综合得分最高 4.20 分，生计方式响应得分次之 4.12 分，生计产出得分最低 3.82 分。

生计方式响应中，意愿层次得分最高为 4.30 分，感知层次次之为 4.08 分，行动层次得分最低为 3.97 分。产业扶贫政策在桂东县实施了好几年了，村民们认可这样可以帮助大家增收改善生活的好政策，因此感知、意愿层次上得分都较高。行动层次得分略低的原因主要是部分村镇的产业扶贫政策未做到完全切合当地实际情况。桂东县的 95% 的村镇实施的扶贫产业项目集中在种植业与养殖业，而近些年政府虽然采取了诸多措施鼓励农户参与种植养殖。但是没有考虑好市场因素，导致农产品价格一年比一年低，农户的积极性也因此受到打击。

从生计产出响应层次的得分情况来看，感知、行动层次得分相同，为3.87 分，意愿层次得分偏低为 3.73 分。可以看出，生计产出响应三个响应强度得分均较低。结合我们实际走访过程反映的情况来看，主要原因有以下几点：（1）农户大量种植养殖出来的农产品在市场上反响不好，价格低廉，农户回本都成问题；（2）桂东县 2018 年年初的雨雪天气，导致很多农户的种植作物受到极大破坏，几乎绝收；（3）农户文化程度低，不懂得如何将自己的农产品往外销售。这三点成为制约农户产业扶贫生计产出成效的主要因素。

生计空间响应层次的得分情况则相对乐观很多。行动层次得分最高有4.34 分，感知、意愿层次得分别为 4.16 分、4.10 分。桂东县实施扶贫政策以来，交通、医疗、教育等各方面设施较以前有很大完善。农户们在教育、医疗、就业、购物等方面的生活空间范围得到极大拓展。桂东县坚持"全景桂东、全域旅游、全民幸福"理念，引导贫困群众从事旅游商品生产、加工和销售、开办乡村休闲避暑点，全县建成农家养生休闲避暑点306 个。每年的暑假、国庆等时段都吸引了大量的游客来到桂东，农户们有了更多的机会与外界接触、和不同的人交流。

6.1.4 桂东县产业扶贫农户生计响应的影响因素

1. 是否建档立卡户

本部分因素分析采用独立样本 T 检验进行，利用 SPSS 软件进行计算分析。为了进行独立样本 t 检验，需要一个自变量与一个因变量。本部分中自变量为农户是否属于建档立卡户，因变量为农户问卷答题得分。根据自变量的特定值，比较各组中因变量的均值。用 t 检验比较农户问卷得分的均值。

根据表 6 - 3 数据可以看出，建档立卡户的问卷得分要略高于非建档立卡户。

表 6 - 3　　　　　　　　　　　　　　分组统计

项目	是否建档立卡户	个案数	平均值	标准差	标准误差平均值
得分	是	342	104.9825	9.44468	0.51071
	否	138	104.2681	12.27040	1.04453

根据 SPSS 计算结果表 6 - 4 分析，T = 0.685，显著性（双尾）= 0.000，即 P = 0.000，那么可以得出 P < 0.05（见表 6 - 4），所以说建档立卡户与非建档立卡户之间的生计响应成效得分是存在显著差异的。

表 6 - 4　　　　　　　　　　　　　　独立样本检验

项目		莱文方差等同性检验		平均值等同性 t 检验					差值95%置信区间	
		F	显著性	t	自由度	显著性（双尾）	平均值差值	标准误差差值	下限	上限
得分	假定等方差	15.084	0.000	0.685	478	0.493	0.71434	1.04215	- 1.33342	2.76210
	不假定等方差			0.614	205.612	0.540	0.71434	1.16269	- 1.57799	3.00667

2. 劳动力数量

本部分因素分析采用单因素方差分析进行，同样利用 SPSS 软件进行计算分析。单因素方差分析（one-way ANOVA），用于完全随机设计的多个样本均数间的比较，其统计推断是推断各样本所代表的各总体均数是否相等。

根据表6-5和表6-6的方差分析数据结果可知，原假设是：产业扶贫农户生计响应的影响因素受劳动力数量的影响。如果显著性水平设为0.05，由于卡方的概率P值为0.007，小于0.05，因此应该拒绝原假设，认为产业扶贫农户生计响应的影响因素不受劳动力数量的影响。

表6-5　　　　　　　　　　单因素方差分析

得分

	平方和	自由度	均方	F	显著性
组间	3062.913	3	1020.971	10.118	0.000
组内	48032.235	476	100.908		
总计	51095.148	479			

表6-6　　　　　　　　　　多重比较

因变量：得分

LSD

(I) 劳动力数量	(J) 劳动力数量	平均值差值 (I-J)	标准误差	显著性	95% 置信区间 下限	上限
0人	1人	-3.95824*	1.81498	0.030	-7.5246	-0.3919
	2~3人	-7.29023*	1.77567	0.000	-10.7794	-3.8011
	3人以上	-10.77606*	2.51617	0.000	-15.7202	-5.8319
1人	0人	3.95824*	1.81498	0.030	0.3919	7.5246
	2~3人	-3.33198*	0.99633	0.001	-5.2897	-1.3742
	3人以上	-6.81782*	2.04224	0.001	-10.8307	-2.8049
2~3人	0人	7.29023*	1.77567	0.000	3.8011	10.7794
	1人	3.33198*	0.99633	0.001	1.3742	5.2897
	3人以上	-3.48583	2.00739	0.083	-7.4303	0.4586

（I）劳动力数量	（J）劳动力数量	平均值差值（I－J）	标准误差	显著性	95%置信区间	
					下限	上限
3人以上	0人	10.77606*	2.51617	0.000	5.8319	15.7202
	1人	6.81782*	2.04224	0.001	2.8049	10.8307
	2~3人	3.48583	2.00739	0.083	−0.4586	7.4303

注：*. 平均值差值的显著性水平为0.05。

3. 农户家中主要经济来源

本部分因素分析采用卡方检验，利用 SPSS 软件进行计算分析。卡方检验是用途很广的一种假设检验方法，它在分类资料统计推断中的应用，包括：两个率或两个构成比比较的卡方检验；多个率或多个构成比比较的卡方检验以及分类资料的相关分析等。

表 6-7 中，根据交叉列联卡方检验原理可知，原假设是：产业扶贫农户生计响应的影响因素受家庭收入来源的影响。如果显著性水平设为 0.05，由于卡方的概率 P 值为 0.000，小于 0.05，因此应该拒绝原假设，认为产业扶贫农户生计响应的影响因素不受家庭收入的来源的影响。

表 6-7　　　　　　　　　　卡方检验

	值	自由度	渐进显著性（双侧）
皮尔逊卡方	309.469[a]	220	0.000
似然比	196.619	220	0.870
线性关联	1.686	1	0.194
有效个案数	480		

4. 最高受教育程度

本部分影响因素分析继续采用卡方检验的方法。根据表 6-8 可知，受访对象中家庭成员最高受教育程度只有小学及以下的占 13.75%，初中

教育程度的有 37.92%, 高中教育程度的有 30%, 大专或大学本科的有
17.92%, 研究生及以上的仅有 0.41%。根据表 6 – 9 卡方检验结果分析,
P 值小于 0.05, 说明农户家中最高受教育程度对于农户生计响应成效无显
著性差异。

表 6 – 8 受教育程度

受教育程度	实测个案数	期望个案数	残差
A. 小学及以下	66	96.0	− 30.0
B. 初中	182	96.0	86.0
C. 高中	144	96.0	48.0
D. 大专或大学本科	86	96.0	− 10.0
E. 研究生及以上	2	96.0	− 94.0
总计	480		

表 6 – 9 检验统计

统计指标	受教育程度
卡方	203.500[a]
自由度	4
渐近显著性	0.000

注: a. 0 个单元格 (0.0%) 的期望频率低于 5。期望的最低单元格频率为 96.0。

5. 农户家中年龄结构

表 6 – 10 中, 由交叉列联卡方检验可得, 原假设是: 产业扶贫农户生
计响应的影响因素受年龄结构的影响。如果显著性水平设为 0.05, 由于
卡方的概率 P 值为 0.554, 大于 0.05, 因此应该接受原假设, 认为产业扶
贫农户生计响应的影响因素受年龄结构的影响。

表 6 − 10   卡方检验

	值	自由度	渐进显著性（双侧）
皮尔逊卡方	161. 895[a]	165	0. 554
似然比	176. 729	165	0. 252
线性关联	3. 841	1	0. 050
有效个案数	480		

注：a. 196 个单元格（87. 5%）的期望计数小于 5。最小期望计数为 . 13。

6. 影响因素小结

通过实际走访，回收问卷进行数据分析，可以得出以下结论：

（1）建档立卡户与非建档立卡户的生计响应得分有显著差异。由于在青竹村，产业扶贫的主要对象几乎都是建档立卡户，很多的帮扶政策只有建档立卡户可以享受。这样的差异很大程度上打击了非建档立卡户在参与扶贫产业上的积极性，很多受访的非建档立卡户对此都有不小意见，表示自己并非不愿意参与产业扶贫，而是自己没有资格享受这些政策。

（2）劳动力数量的差异对于产业扶贫中农户生计响应得分影响无太大的差异。由于现在农村很多的年轻人都趋向于往城市迁移，留在家中的少之又少。农户家中基本都是有几个劳动力，就有几个人在外务工，留在家中的往往都是些老人孩子，即我们常说的"空巢老人""留守儿童"。

（3）农户家中最高受教育程度在产业扶贫的农户生计响应中影响并不明显。根据我们走访的几户家中有孩子读了大学本科的农户反映，孩子读了大学以后，他们希望孩子能在大城市发展，至少不要像他们一样再继续当个农民。在我们与村干部的交谈中，我们也得知虽然这些年村里出去的大学生不在少数，但是毕业后选择回家的几乎没有。

（4）农户家中年龄结构偏年轻的（家中人口全在 14 ~ 60 岁，家中无60 岁以上老人），这种年龄结构的农户产业扶贫生计响应得分较高。这种类型的农户，更乐意去关注产业扶贫的相关政策，也更加关心产业扶贫与自己的利益相关关系。

6.1.5　桂东县产业扶贫的益贫路径与机制

桂东县在产业扶贫的过程中，制定和调整相关产业扶贫巩固政策，规范和加强资金项目管理，落实了一批与贫困户利益紧密相连、经济效益好、贫困户参与程度深的产业项目，其益贫路径与机制如图 6-1 所示。

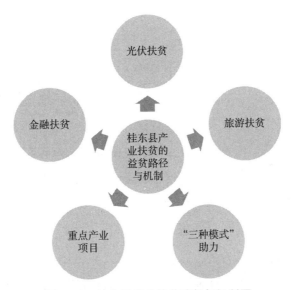

图 6-1　桂东县产业扶贫路径与机制图

1. 光伏扶贫

一是加强 2016 年光伏扶贫产业项目建设扫尾工作，抓好电站项目用地手续、周边相关附属设施建设等共工作。二是妥善解决好剔除户有关问题，理顺电费结算机制，完善县、乡、村光伏扶贫有关资料。三是抓好项目验收工作，制定电站运营管理方案，选择好光伏电站运营管理单位，做好移交接工作。四是协调推进增加的 8824 千瓦光伏电站建设，确保了

2018 年上半年全部实现并网发电。

2. 旅游扶贫

坚持"突出特色、因地制宜、社会参与、形成合力、重点推进、分批实施、整村推进、连片开发"的原则，实施六大行动计划推动旅游精准扶贫，重点扶持36个旅游扶贫村、3万贫困人口通过发展旅游产业实现脱贫致富。一是实施旅游景区项目建设带动扶贫计划，建设一批依托自然风光、美丽乡村、传统民居为特色的乡村旅游景区，同时把周边贫困村融入旅游景区统一规划、统一建设、统一营销，提升景区对周边旅游扶贫村的带动力。二是实施旅游扶贫示范引领计划，创建一批乡村旅游扶贫示范点，重点支持区位优越、交通便利、旅游资源好、有鲜明特色、有发展基础的旅游扶贫村，按照现代旅游消费特点发展个性化、特色化、差异化旅游业态，做到"一村一特色"。三是实施旅游电商品牌培育扶贫计划，将"旅游+互联网"理念融入旅游扶贫开发建设，推出一批旅游商品品牌，发展一批以农家乐、渔家乐、牧家乐、休闲农庄、森林人家等为主题的乡村度假产品，扶持旅游扶贫村发展家庭手工业、家庭服务业，创建本土旅游商品品牌。四是实施旅游帮扶"双十双百"计划，建立旅游扶贫智库，指导旅游扶贫开发，搭建"村企共建"平台，通过资产收益扶贫、基地带动、订单合同收购等方式，促进旅游扶贫村、旅游贫困户增收脱贫。五是实施旅游扶贫政策支持计划，用好用足县财政预算安排的旅游产业资金500万元，支持基础设施建设，加大对旅游扶贫村旅游项目推介力度，动员社会资本参与乡村旅游扶贫项目开发。六是实施旅游扶贫专业培训计划，组织实施乡村旅游人力资源开发计划，分级分类对旅游扶贫村村干部、致富带头人、旅游经营户、从业人员进行培训，力争在2020年底实现全覆盖，增强旅游扶贫持续发展后劲。

3. 金融扶贫

一是进一步深入推进金融扶贫小额信贷工作，扩大贫困户贷款受益面，切实帮助贫困户解决产业发展资金问题。二是加强政策衔接，妥善解决好剔除户贴息、剔除户退出和部分贷款逾期等问题。三是完善金融扶贫贷后管理，加大对贷款贫困户、委托帮扶企业的跟踪管理和 2015 年以来重点产业帮扶企业的跟踪管理，完善企业资产抵押手续，切实防范金融风险。

4. 扶贫重点产业项目

根据省扶贫办统一安排，结合扶贫重点产业项目，集中资金，落实好 2018 年重点产业项目。同时，加强对已实施项目企业经营情况和落实帮扶任务的监管，督促按照合同约定兑现帮扶收益。

5. "三种模式" 助推产业扶贫

（1）做优传统产业推动发展。桂东县根据"扶优、扶大、扶强"的原则，对茶叶、药材等重点传统农业产业采取一系列鼓励发展措施。县委、县政府先后下发《关于全面推进茶叶产业提质升级的意见》《关于加快中药材产业发展的实施意见》《关于加快推进原生态有机农产品品牌建设的决定》《关于支持县乡村重点扶贫产业、村级集体经济、贫困户自主发展产业的指导意见（试行）》等文件，每年筹集资金 2000 万元用于重点支持基地建设、农产品加工、质量安全、品牌创建和产品营销等，每年预算安排中药材产业发展资金 1000 万元用于药材基地建设、中药材加工、质量安全、品牌创建和产品营销等，每年整合资金 1000 万元用于扶持茶叶产业发展。传统产业的快速发展，大大加快了贫困群众脱贫致富以及全县经济社会发展的进程，如桂东玲珑王茶叶开发公司带动贫困户 2600 户 8600 人种植茶叶 3.6 万亩，盛源药业带动贫困户 365 户 1276 人种植中药材 860 亩。全县茶叶、药材基地总面积达到 34.8 万亩，累计带动 4468 户 13807 人增收，人均增收 1000 元以上。

（2）依托龙头企业带动发展。桂东县按照因地制宜、因村施策原则，对全县产业发展进行通盘考虑、统一规划，着力发展"一村一品"。在实施的过程中，对一批起点高、规模大、带动力强的农业龙头企进行重点培育和采取一系列奖扶措施，让龙头企业带动"一村一品"的发展与壮大，带动贫困户增收脱贫。比如，采取"金融贷款＋委托帮扶"方式，引导3519户贫困户将金融信贷资金17574万元投入到大唐山臻、清桥茶果、上海朝翔公司等8家龙头企业，实行资产收益委托帮扶，每年可保底获得投入资金8%以上的收益。此外，以县属国有控股的鑫汇投资发展有限公司为投资平台，整合县域内扶贫及其他相关资金参与产业项目投资开发，吸纳12000名无劳动能力户、兜底户、低保户、重残户、重病家庭户等5类贫困户入股中核桂东风电项目，公司前期保底收益，后期按实际效益分红，为贫困户提供稳定收入来源。截至目前，全县共有省级农业产业化龙头企业1家，示范合作社7家；市级农业产业化龙头企业12家，示范合作社18家；县级农业产业化龙头企业13家。

（3）优化合作组织服务发展。全县把"铺天盖地"的农业小产业小行业整合为"顶天立地"的"桂东山货"，以桂东氧天下山货（集团）有限公司为龙头，在各乡镇成立氧天下山货（集团）分公司，各村成立专业合作社，各村成立专业合作社，使桂东的优质农副产品走出大山，变成实实在在的现金收入，直接服务于农业产业发展和广大农民群众发展产业脱贫致富。一是着力破解销售难题。每年年初，结对帮扶责任人协助专业合作社帮助指导贫困户制订全年产业发展计划，并与所有农户签订农产品购销协议，对农户农产品实行保底收购，形成订单种植、订单收购、订单销售合作模式，对全县特优农产品实行统一贴商标、对接市场销售，通过在长沙、郴州等大中城市设立原生态农产品超市，举办"桂东山货进郴城""2017年桂东黄桃节"等展销会，促进桂东玲珑茶、黄桃、甜玉米、花豆等优质农产品销售，单次成交额超过千万元。成功申报"全国电子商务进农村综合试点示范县"，组建电商协会，对接"搜农坊""农村淘"等12家电子商务运行平台企业，与电商进农村标准化联盟签订连续五年包销协议，拓宽农副产品销售渠道，有效解决农产品销售难题。二是完善利益联结机制。大力推行"公司＋基地＋合作社＋农户"的利益联结方式，依托现有基础，优势互补，走规模化、集约化的发展路子，引导贫困户与企业建立紧密的利益联结机制，带动贫困户广泛参与产业发展、生产经营，增强贫困人口自我发展能力，企业与农户的利益联结机制更加完善。如氧天下山货集团带动种植朝天椒 5000 亩，以隆平高科种粮专业合作社为主的种粮合作组织带动贫困户 1095 户 3600 人种植优质水稻 7500 亩，千里缘公司发展订单养殖禾花鱼 5241 亩，涉及农户 1850 户，其中贫困户 780 户。氧天下山货（集团）有限公司帮助 1695 户贫困户利用 8475 万元扶贫小额信贷资金参与产业开发，2017 年分红 651 万元，户均年增加收入 2000 元以上。三是做大做强农业品牌。以整体品牌为龙头，以区域公用品牌和企业产品品牌为主体，构建桂东农产品品牌体系。引导、扶持新型农业经营主体、新型农业服务组织开展示范基地创建和有机农产品认证、农产品地理标志登记。强化政府公益服务，建立农产品品牌目录制度，把区域公用品牌、企业产品品牌形成目录，由县政府统一组织发布，实行动态管理。制定农产品品牌征集办法、审核办法、评价办法、保护办法和动态管理办法，鼓励引导各类农产品市场主体做大品牌、保护品牌。

6.1.6　桂东县产业扶贫与可持续脱贫的建议

1. 全面构建多元产业扶贫体系，确保产生实效

（1）特色产业脱贫。按照"因地制宜，多能互补、综合开发，提高效益"的原则，促进茶叶、花卉苗木、药材、楠竹、草食牧业、无公害蔬菜、原生态食料等农业产业转型升级，建设湘南最大的高山草食牧业基地和有机、无公害蔬菜基地，打造名副其实的全国"茶叶之乡、楠竹之乡、药材之乡、花卉苗木之乡"。积极推广"雨养旱作立体农业""农业开发 + 小流域治理 + 休闲观光""养殖 + 沼气地 + 蔬果"等生态农业模式，大力实施绿色农产品基地建设和农产品认证工程，推广高产、高效、观光农业，培育全国无公害绿色食品品牌。完成高产油茶园、特色药材基地等185 个产业脱贫项目，每个贫困村至少培育 1 个支柱产业或主导产业，到

2020年，贫困村支柱产业和主导产业、特色产业和特色产品产值增加50%以上。

（2）乡村旅游扶贫。以"重点保护、合理开发、充分利用"为原则，加强旅游景点、设施建设和旅游商品开发，把乡村旅游培育为扶贫支柱产业。加快建设桂东县生态文化创意基地和清泉桥头茶文化产业园。加强湘赣（客家）民间小调、采茶调、对山歌、唢呐曲、麻雀节、禾苗节、土陶瓷制作工艺、板凳龙等民俗文化遗产的挖掘和保护，抢救、整理和展示民俗非物质文化遗产。重点推进齐云峰国家级森林公园、普乐国家级湿地公园、八面山国家级地质公园建设和八面山、青娥仙、齐云峰、三千湖等旅游景点开发。大力开发生态茶叶、山地食品、楠竹工艺品、哈哈牛、石耳、花豆、黄菌、苡米、青花石等特色旅游商品，有效带动群众就业和增收。推进民族手工艺传承与创新，支持玲珑王茶叶手工炒制、普乐陶瓷传统工艺具有非物质文化遗产认证的手工艺发展，对非物质文化遗产传承人发展工艺品业给予优惠政策。鼓励扶贫对象参与民族传统手工艺品生产。加快乡村旅游与农业融合，发展生态观光农业。鼓励发展乡村特色主题酒店，支持商务酒店、青年旅社、汽车旅馆、露营地、民宿（家庭旅馆、农家乐）等建设，支持寒口、泅江、增口、寨前、流源、普乐、贝溪、沙田、四都开展乡镇农家养生休闲避暑点建设。从建档立卡的74个贫困村（合并后61个）中每年扶持一批重点村，通过整合资源和财政投入，加强旅游基础设施，完善旅游服务体系，丰富旅游产品，打造成具有一定知名度的乡村旅游特色村。力争到2020年实现贫困村乡村旅游年经营收入达到100万元以上。

（3）电商扶贫。大力扶持农产品电子商务发展，带动贫困农户增收。加快贫困地区物流配送体系建设，支持邮政、供销社、电商平台、物流企业在贫困村布设服务网点，扶持贫困地区建设一批现代化大型农产品冷链物流配送中心等冷链物流设施。引导支持贫困地区农业龙头企业、农民合作社、农产品生产基地、批发市场、零售企业等加强与知名电商龙头平台开展对接，实现产销有机衔接。加强贫困地区电商人才培训，对贫困家庭开设网店给予网络资费补助、小额信贷等支持。鼓励金融机构通过金融产品创新和服务创新，为农产品电子商务提供信用支撑和便利化服务。鼓励有条件的贫困村对接"世纪之村"和"村淘"，实现电商精准扶贫。

（4）资产收益扶贫。探索公共自然资源入股收益、农户和村集体自有资源或权益入股、财政专项扶贫资金入股经营、财政扶贫资金实施的项目形成资产交由主体经营等多种资产收益方式。并对财政支农资金形成的资产进行逐项分类，探索准确界定适合量化的资产。探索资产量化折股到村到户到人的办法及管理方式。建立健全收益保底机制，保障贫困户尽快获取收益并在项目持续期内拥有稳定的回报。对资产收益扶贫项目中的贫困户实行动态管理，根据人员变动合理调整收益分配。探索贫困户收益最大化机制，即实现租金、股金、薪金（贫困户参与合作入股经营主体务工获得工资性收入）相结合。贫困户在收益分配中所占比率要达入股资金的 8% 以上。

2. 进一步完善扶贫政策体系，夯实脱贫长效机制

各行业部门要紧紧围绕巩固脱贫成效这一工作重点，进一步制定相关后扶巩固政策，进一步细化三大类扶贫举措，并抓好措施落地。一是促进产业发展和就业帮扶。壮大现代农业、生态工业、全域旅游三个"增长极"，加快产业发展，确保贫困群众长远稳定增收。加强职业技能培训，加大就业帮扶，确保有劳动力家庭至少有 1 人充分就业。二是完善社会保障。教育、医疗、民政、人社等部门进一步细化民生保障政策，为贫困群众提供坚保障。住建局、易地扶贫搬迁办要进一步了解全县群众住房情况，确保群众住房安全保障到位。三是完善农村基础设施。对照农村水、电、路、通信等基础设施建设标准，找出薄弱环节予以解决，进一步改善群众生产生活条件，为长远稳定脱贫提供基础支撑。

3. 重点强化项目和资金监管，提升扶贫资金使用效益

一要收集和制定贫困户产业发展规划，管好用好产业引导资金。在制定全县 2018 年产业发展计划的基础上，列出县、乡、村重点农业产业项目，同时，结合结对帮扶责任人入户走访，帮助贫困户选择好项目。项目规划要做到切实可行、不弄虚作假，尽量减少整合资金计划调整幅度。资金使用要尽量集中，以加工、电商的发展，带动贫困户参与，以家庭农场和订单农业的发展，增加资金产出效益。二要调整和完善贫困户产业帮扶政策，分类落实帮扶措施。在按原奖励政策兑现已脱贫户巩固奖励资金的同时，考虑桂东县只有不到1%的人口未达到脱贫标准，对原有产业帮扶政策特别是资金安排方式进行一定的调整。结合贫困户参与委托帮扶项目、能源帮扶项目（如光伏产业、风力发电项目）情况，充分考虑贫困家庭就业能力、困难程度，分类、分项目进行帮扶，尽量减少人情对帮扶项目、资金落实的影响。三要加强和规范贫困户自主发展产业资金的落实程序，避免弄虚作假。对贫困户自主发展产业项目的奖励资金的兑现，从项目规划落实到验收兑现资金，应进一步明确要求和程序，相关部门要加强对项目落实事前、事中、事后的监管力度，对弄虚作假一旦查实的，要及时启动问责，并在全县范围内进行通报。

4. 健全贫困监测机制，强化脱贫跟踪管理

抓好建档立卡数据管理工作，对脱贫摘帽后未脱贫人口进行重点跟踪帮扶；对已脱贫人口和已退出的贫困村进行监控管理。进一步加强对各乡镇精准识贫、精准脱贫业务指导，加强新增和返贫人口动态管理，建立健全建档立卡系统动态调整机制，确保系统数据准确、客观，为全县脱贫攻坚政策制定提供参考。

6.2　乡村振兴视角下农村产业发展困局与破解

湘西土家族苗族自治州位于湖南省西北部，地处湘鄂渝黔四省市交界处，现辖7县、1市、1个经济开发区，有115个乡镇（街道），总面积1.55万平方公里，总人口298万人，其中少数民族土家族、苗族占人口总数的80%。湘西是习近平总书记精准扶贫战略思想的首倡地，是国家西部开发、武陵山片区区域发展与扶贫攻坚的聚焦点，是湖南省唯一的少数民族自治州和扶贫攻坚的主战场。到2018年，脱贫攻城拔寨已进入最后冲刺的关键时期，湘西州作为国家重点帮扶的特困地区以及"精准脱贫"战略的发源地，则更应当在特色产业扶贫道路上走在全国的前列，承担起开路先锋的作用，为最终的扶贫攻坚决胜打响第一枪。近年来，湘西州政府始终贯彻落实国家总的开发式扶贫战略方针，紧紧围绕产业扶贫这一关键抓手，通过统筹规划、落实政策、健全机制、完善设施、加强监管等一系列手段，使得武陵山片区在产业扶贫方面取得了显著成效，一批批特色产业如雨后春笋般涌现出来，形成了"多点开花、百花齐放"的壮美景象，其中典型成功案例可作为全国各地产业扶贫的宝贵经验。

在"十三五"期间，湘西州依托政策优势发展良好，初步取得一些成效。为深入了解湘西州乡村振兴发展相关情况，本团队对湘西州部分重点村镇的农业发展和乡村振兴等情况做了一些全面的调研，其中重点选择了花垣县十八洞村、金龙村、龙孔村做了具体调查，同时也对湘西州其他93个村寨进行了相关走访调查。通过问卷调查、入户访问、重点座谈、蹲点观察等多种形式入村入户，初步掌握了湘西州乡村振兴的第一手数据资料。本次调研涵盖了乡村振兴和农村产业的8大方面，共56个具体问题，分别为区位条件（4个问题）、经济环境（6个问题）、现代信息技术的使用（8个问题）、乡村产业状况（18个问题）、乡村人力资源（6个问题）、农村金融信贷（3个问题）、农业产业转型发展（6个问题）、村民对"乡村振兴"的认识（5个问题）。

6.2.1　湘西州乡村振兴的现状与成效

1. 湘西州乡村发展现状

（1）区位条件。本次调研涉及的区位条件主要由被调查村寨的自然资源条件、历史文化条件、交通状况、地理区位等四个方面构成。从被调查者自身评价来看,认为村寨自然资源"很差"的占比为5.32%,"较差"所占比例为19.15%,"一般"所占比例为52.13%,"较好"所占比例为19.15%,"很好"所占比例为4.26%;认为历史文化条件"很差"的所占比例为3.19%,"较差"所占比例为28.72%,"一般"所占比例为45.74%,"较好"所占比例为18.09%,"很好"所占比例为4.26%;认为村寨交通条件"很差"所占比例为4.26%,"较差"所占比例为15.96%,"一般"所占比例为35.11%,"较好"所占比例为28.72%,"很好"所占比例为15.96%;认为地理位置"很差"所占比例为11.70%,"较差"所占比例为29.79%,"一般"所占比例为23.40%,"较好"所占比例为21.28%,"很好"所占比例为13.83%(见图6-2)。

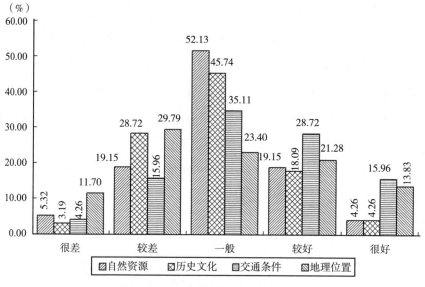

图6-2 湘西州乡村区位条件现状

综上表明,湘西州乡村整体的区位条件相对较好,自我评价认为自然资源"一般"以上的所占比例为75.54%;历史文化条件"一般"以上的所占比例为68.09%；村寨交通条件"一般"以上的所占比例为79.79%；地理位置"一般"以上的所占比例为58.51%。

（2）村级集体经济情况。调研所指的乡村经济状况主要由经济支柱产业、2017年的集体经济收入、2017年的集体经济收入主要来源、2017年从各级政府获得的各类政策性资金情况、2017年人均产值、2017年人均纯收入6个方面要素组成。调研结果表明：所调查行政村中，农业为村级经济支柱的占70.21%，经济支柱为工业的占1.06%，经济支柱为餐饮、旅游等服务业的占5.32%，收入以征地补偿为主的占5.32%，其他占18.09%。由此可见，在湘西州乡村经济发展中承载着支柱性作用的产业仍然是农业（见图6-3）。

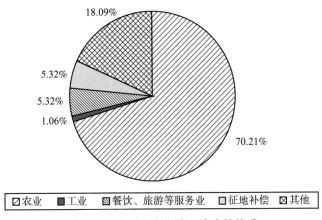

图6-3 湘西州乡村的经济支柱构成

被调查的行政村中，2017年集体经济收入低于5万元的占58.51%；5万~10万元占19.15%，10万~30万元占8.51%，30万~50万元占2.13%，50万~100万元占4.26%，100万~500万元占4.26%，500万~1000万元的占2.13%，1000万元以上占1.06%。由此可知，湘西州乡村2017年集体经济收入低于10万元的村寨占77.66%（见图6-4）。

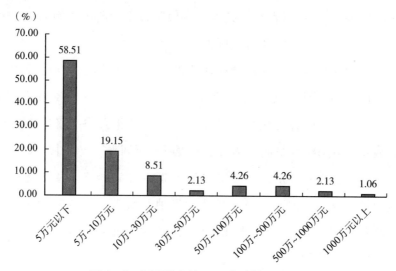

图 6 - 4   湘西州乡村 2017 年集体经济收入

　　乡村振兴和乡村产业发展需要政策扶持和资金投入，湘西州始终注重"三农"方面的持续投入。所调查村 2017 年从各级政府获得政策性资金中 5 万元以下占 28.72%，5 万~10 万元占 19.15%，10 万~30 万元占 11.70%，30 万~50 万元占 9.57%，50 万~100 万元占 8.51%，100 万~500 万元占 12.77%，500 万~1000 万元占 7.45%，1000 万元以上占 2.13%。湘西州村级所获各级政府政策性资金多在 30 万元以下（见图 6 - 5）。

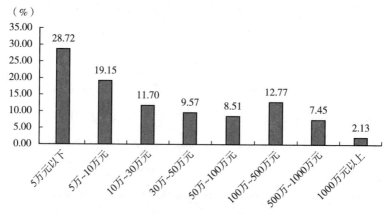

图 6 - 5   2017 年从各级政府获得政策性资金情况

　　从被调查的行政村看，2017 年人均产值 1 万元以下占 72.34%，1 万 ~
1.5 万元占 20.21%，1.5 万 ~ 2 万元占 5.32%，2 万 ~ 5 万元占 2.13%，
5 万元以上占 0.00%（见图 6 - 6）。

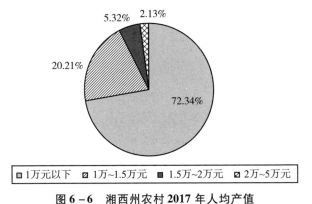

图 6 - 6　湘西州农村 2017 年人均产值

　　人均纯收入指标中 5000 元以下占 62.77%，5000 ~ 1 万元占 24.47%，
1 万 ~ 1.5 万元占 8.51%，1.5 万 ~ 2 万元占 4.26%，2 万元以上占
0.00%（见图 6 - 7）。

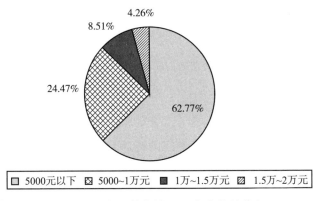

图 6 - 7　湘西州农村 2017 年人均纯收入

　　（3）村级产业发展。产业兴旺是乡村振兴的关键，是实现乡村内生

发展的根本。本次调研对此进行了重点关注。现选取所在村获得的产业帮扶资金、主要农业产业类型、乡村旅游发展情况、产业发展情况 4 个方面进行重点分析。

调研结果表明，被调查的行政村从各级政府获得的产业帮扶资金在 5 万元以下的占 27.66%，5 万～10 万元的占 19.15%，10 万～30 万元的占 23.40%，30 万～50 万元的占 10.64%，50 万～100 万元的占 4.26%，100 万～500 万元的占 12.77%，500 万～1000 万元的占 0.00%，1000 万元以上的占 2.13%（见图 6－8）。由此可知，村级层面所获得的各类产业帮扶资金额度多在 30 万元以下，约占 70.21%。

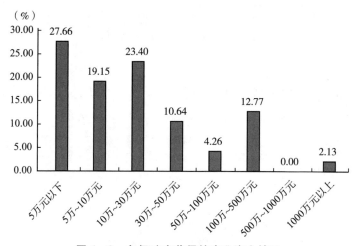

图 6－8　各级政府获得的产业资金情况

如前所述，湘西州乡村振兴过程中农业比重占绝对优势，为进一步了解农业产业类型，课题组进行了专门的统计分析，发现在湘西州农村主要发展的农业产业类型有：种植业占 57.45%，养殖业占 27.66%，农产品加工业占 5.32%，休闲观光农业占 6.38%，其他占 3.19%（见图 6－9）。显然，种植业和养殖业构成了农业产业的主要形态。

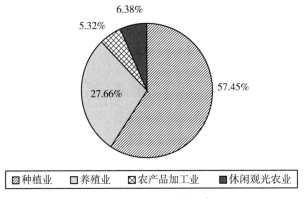

图 6 – 9 乡村农业产业类型

乡村旅游发展方面，湘西州有 12.77% 村庄发展了乡村旅游，53.19%
村庄未发展乡村旅游，其中未发展乡村旅游的村庄中有 27.66% 准备开发
乡村旅游，6.38% 的乡村准备发展其他产业（见图 6 – 10）。

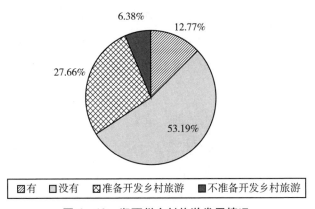

图 6 – 10 湘西州乡村旅游发展情况

调研中，认为本村产业发展情况比周边差很多的比例为 7.25%，认
为差一点的比例为 13.06%，认为情况相当的比例为 10.64%，认为情况
好一些的比例为 11.61%，认为好很多的比例为 2.90%。

2. 湘西州乡村振兴基本成效

随着湘西州"十项工程"纵深推进，脱贫攻坚成效明显。2017年全年脱贫15万人、贫困村退出229个、贫困发生率下降至10.5%。发展生产脱贫方面：统筹整合10亿元以上涉农资金用于产业扶贫，有力促进了建档立卡贫困户发展产业、贫困村发展集体经济和农业园区建设等。乡村旅游脱贫方面：实施"土家探源""神秘苗乡"两条精品线路建设，完成投资3亿元。转移就业脱贫方面：全州新增贫困劳动力转移就业1.26万人，建档立卡贫困劳动力转移就业脱贫2.5万人。易地搬迁脱贫方面：2016年启动实施48个项目已全部竣工入住；2017年实施30个易地扶贫搬迁项目，建设安置住房8607套，搬迁3.67万人。教育发展脱贫方面：建档立卡等贫困家庭子女就读率100%，贫困户家庭普通高中生免费入学100%。医疗救助帮扶方面：建档立卡贫困人口参合率100%，贫困人口医疗救助报销比例85%以上，特困群众大病医疗报销率100%。生态补偿脱贫方面：发放退耕还林、生态公益林等生态补偿金3.8亿元；新增建档立卡贫困人口2347人转为护林员，带动10687名贫困人口脱贫。保障兜底方面：稳步推进农村低保标准和扶贫标准"两线合一"，人均月发放标准达到262.8元。

随着保靖夯沙至花垣吉卫公路、黄土坪经金龙至排碧公路改造项目加快推进，2017年花垣县新建农村公路180公里，全县5户以上自然寨实现100%通水泥路，切实保证村内与外界的交通连接。金龙镇十八洞村通过大力发展乡村游、特色养殖种植、苗绣加工、劳务输出等系列方式，已于2016年实现贫困人口全部脱贫，全村人均纯收入由2013年的1668元增加到8313元，实现集体经济收入7.5万元，基础设施和公共服务基本完善。十八洞村目前着力推动民族客栈、精准扶贫、少数民族特色村寨与旅游产业深度融合，同时利用民族刺绣、扎染等各种技艺，设计制作出独特的、有别于其他旅游区域同质化的旅游商品，让优秀民族文化产品走出去，实现民族文化产业精准扶贫的目标，形成了互促共进的良好发展态势。花垣县金龙村依托独特丰富的自然资源及人文景观，通过铺设进村公路、改造民居、修建悬崖栈道等基础设施建设，努力打造少数民族特色村寨，把发展乡村旅游作为推进扶贫开发、实现群众脱贫致富的新路子。现在"悬崖苗寨、云中金龙"已成为湘西州乡村旅游知名品牌。双龙镇龙孔村于 2015 年 12 月成立专业养殖合作社，该合作社以精准脱贫共同致富为基本目标、以现代生态循环农业为核心理念、以"公司＋合作社＋农户"为组织模式，通过基地示范帮助、调动各方积极性与整合优势资源，形成现代农业开发合力；除此之外，龙空村采取"公司＋基地＋综合合作社＋农户"的模式打造桃花岭生态民族文化观光园，园区规划用地 1000亩，总投资 1127 万元，预期年接纳游客 30 万人次，全村可实现年收入400 万元以上，以休闲旅游带动农民就业走上致富道路。龙空村自脱贫攻坚以来，94 户 360 人贫困户于 2015 年脱贫 2 户 8 人，2016 年脱贫 91 户350 人，基本实现贫困户脱贫、贫困村摘帽的目标。

6.2.2　湘西州乡村产业发展面临的主要问题

1. 产业结构单一，产业间融合发展程度偏低

通过实地调研，发现湘西州乡村产业都是由某个单一的产业作为经济支撑，且主要以农业产业为主，同时第二、第三产业基础薄弱，缺乏产业多元化发展条件，难以实现产业间的融合发展。从而导致了乡村集体经济的发展整体产业规模偏小，企业经营分散，难以形成完整产业链，且抗风险能力以及带动村级集体经济增长与村民增收的能力较弱。一是农产品加工程度低，农业与工业结合不紧密。产业结构从纯农产品向农产品加工业发展的是产业结构高级化的必然趋势。农特产品加工度可以衡量其产业发展的层次，同样也是拓展农产品产业链，产业利润增加的衡量标准之一。花垣县拥有特色农产品，如苗绣、木雕、香料、茶叶等，但从实际调研的情况来看，几乎没有村寨存在特色农产品或者品牌农产品，且加工后的产

品在销售上并未表现出强大的市场活力，特色农产品的获利空间被极大压缩。譬如，由花垣县十八洞全体村民和县苗汉子合作社合股成立的"十八洞村苗汉子果业公司"，项目规划为观光采摘区和种植示范区，总投资1600万元，尽管该项目现已取得初步成效，但在猕猴桃生产加工以及销售渠道上仍存在制约其获利的问题。二是农业与第三产业融合程度较低。在没有工业精、深加工的支撑下，单纯依靠农产品的生产销售，很难产生较大的经济效益，若能将农业与旅游业、餐饮、娱乐有机结合，发展地区休闲农业、农旅一体化，不仅能有效提升农业产业的利润空间，还能带动整条产业链中各个环节经济体的发展。花垣县龙孔村目前蔬菜种植基地规模化程度较低，受制于交通与地理区位等原因，导致其村的特色产业如黑鸡、蔬菜、黄桃存在销售障碍。若在现有自然资源的条件下，打造农业与旅游业一体化项目，不断完善基础设施建设，将会大大增加农民收益。

2. 长效助推机制不成熟，产业发展缺乏持续动力

产业的持续发展有赖于政府、企业以及社会各界力量的共同推动，需要各方主体力量的有机结合，形成一个成熟的长效助推机制，才能为产业的发展提供持续的动力。虽然湘西州各村镇在自然资源、历史文化条件、区域交通、地理位置、现代通信基础等方面具备一定的前期基础，为产业的发展提供了较好的区位环境和基础设施条件，但各方主体未能实现有效沟通，难以充分发挥各主体优势，形成产业发展的长效助推机制。主要表现在：（1）新创企业缺乏平台支撑，产业发展缺乏新生活力。实际调研情况来看，湘西州农民工返乡创业的积极性普遍较低，从在外地成功创办企业的村民回乡投资的人数来看，有64.89%的村一个没有，有1~5人的村占所调研村的20.21%，6~10人的村占所调研村的5.32%，有10人以上的有创业实力的村民返乡创业的村仅占所调查村的9.58%。花垣县让烈村受访者龙某表示，由于村内缺乏其技能利用的平台，致使很多有创业实力的村民不愿意返乡创业或有现实难度不敢也不能返乡创业。绝大多数村的绝大多数村民都不能够在村内找到利用其专长的平台，其所掌握的技能在村内没有用武之地，无法利用村内现有的资源创业，实现发家致富，自然也就不愿意返乡创业。（2）资金融通渠道不畅通，产业发展的信贷环境需优化。产业发展的金融支持平台少，在村内企业主要的融资渠道中，尽管政策性扶贫贷款占到 40.43%，但仍有企业或农户通过亲朋借款、土地租赁等方式获得资金，甚至有少部分企业或农户借了民间高利贷来发展生产，可见资金来源渠道上有待增加。村内企业或农户发展产业向银行贷款的难度上，普遍反映为较容易贷款或很容易贷款的仅占所有调研对象的 21.28%，而反映很难贷款或较难贷款的占所有调研对象的 43.62%。

3. 乡村振兴人才匮乏，产业经营主体整体素质不高

专业人才的缺乏是所有农村在发展过程中普遍面临的问题，且由于经济条件和地理环境的制约，农村很难通过人才引进的方式来吸纳外地的高素质人才，大多数农村只能通过对本土人员的培训来缓解乡村发展缺乏专业人才支持的问题。但是从调研的结果来看，各村实施人才培训情况并不理想，导致了本土产业经营主体整体的素质偏低。2017 年有 25.53% 的村没有组织过生产、经营培训班，一年组织过 4 次（平均一个季度一次）以上的村仅占所调研村的 13.84%。从村民参与各类生产、产业培训的情况来看，2017 年村民参加本村组织生产、产业培训人数规模在 50 人以下的村占所调研村的 60.00%，而参加本村组织生产、产业培训人数规模在 200 人以上的村仅占所调研村的 3.75%。可见，在本土人才培养上，不论是村民参与培训的平台，还是村民参与培训的规模，都不太理想，在乡村产业振兴的实施过程中就自然会出现村域发展的人才瓶颈。

4. 产业转型升级滞后，现代化经营水平较低

随着乡村振兴战略的提出，农村传统的产业经营模式已然不足以应对新形势下的新要求，乡村产业发展急需转型升级，积极探索先进地经营模式，实现产业现代化经营。花垣县众多理论与特色村镇实践已经表明，"公司 + 基地 + 农户"的产业经营模式能够有效应对农村土地细碎化、农

户和企业经营分散、产业难以实现规模经营等问题，通过龙头企业带动、指导、帮扶农户进行生产经营，可以使龙头企业不缺原料来源，且原料质量可控，同时可以保证农户有稳定的销售出路，从而有效地降低市场风险。花垣县大多数特色村镇在产业发展的过程中依然遵循着传统的经营模式，很少有类似于"公司＋基地＋农户"这样的现代化农业企业经营模式。由此可见，无论是现代化销售渠道的应用，还是现代化经营模式的参与情况都反映出花垣县特色村镇农业现代化水平还极为低下，在一定程度上拖慢了乡村振兴的实现步伐。

5. 村级企业缺乏市场竞争力，品牌化不高

企业是地区产业发展的载体，村级企业的实力直接决定了乡村产业的整体发展水平。湘西州企业的发展依然停留在初级阶段，缺乏市场竞争力，品牌发展程度不高。一方面企业整体实力偏弱，缺乏大规模龙头企业。村域特色农产品或者品牌农产品的生产规模基本处在小规模或超小规模层次，具有较大规模及以上特色农产品或者品牌农产品的生产规模的村仅占15.95%，其余84.05%的村都只具有小规模或超小规模特色农产品或者品牌农产品的生产，大多数企业年产值仅在10万元以下，绝大多数的村中没有具有明显规模效应的产业内龙头企业。另一方面企业品牌发展程度不高，产品缺乏核心竞争力。主要体现在农产品比较优势不明显，市场占有率不高，销售困难。调查显示，村域特色农产品或者品牌农产品销售较为理想的村仅占15.96%，而农产品销售很理想的地区仅占比10.64%。

6.2.3 发展乡村产业助推湘西州乡村振兴的可行路径

1. 大力发展特色产业，推进产业间融合发展

要以特色产业作为乡村振兴的抓手，建立农产品完整的产业链条，推进农产品生产、加工和运输服务的一体化建设。要建立特色农业种植区，

通过特色农业的发展提高村民的收入，另外从延伸产业链、提升价值链、增加利益链角度出发，对农产品进行精深加工，尤其支持农产品进行就地加工、包装、营销等方面提高附加值。健全冷藏链物流服务体系，以克服农产品不耐运输、易腐烂的属性，加快农产品走出去的步伐；积极引导农村电商的发展，既要吸引京东、苏宁、淘宝等电商入驻农村，又要不断结合自身特点，建立农村现代化电商发展模式，健全农村物流监管体系；实施国家休闲农业和乡村旅游精品工程，推进农业与旅游、健康、教育、文化产业的深度融合。要充分发挥湘西州村寨的资源优势，做好休闲农业同乡村旅游的高度融合发展。第一，要做好"休闲农业 + 乡村旅游"的项目规划，应坚持实事求是、因地制宜的原则，统筹本地各乡镇或村的结构布局，依据特色优势产业、民族文化等资源禀赋优势，展开合理的农村产业项目规划；第二，要在不可复制的基础上，开展各具特色的康养圣地、休闲山庄等乡村旅游景点，打造具有自身特色优势的乡村观光休闲区；第三，要做好相关的服务和监管工作，针对村寨等小范围旅游景点和民宿服务等方面，要防止欺诈、威胁、诱惑等不正当的营销方式，以文明热情的态度和货真价实的产品或服务接待游客，同时，要建立和完善休闲农业 + 农村乡村旅游的相关法规，保障农村经济市场治理有序。

2. 着重打造农业"新三品"，推进产业品牌发展

紧紧围绕以区域公共品牌、特色农产品品牌和农业企业品牌为主的"新三品"品牌打造，大力推进品牌强农行动。第一，打造区域公共品牌。以特色农产品为载体，标准化生产为抓手，在保证农产品质量的基础上，贯穿产业链上中下游的各个环节，打造以地名 + 产业（产品）为表现形式的区域公共品牌，要不断完善特色农产品品牌管理机制，注重品牌农产品的整合创新，依靠新技术和深加工提升品牌价值，同时要制定和完善相关规则章程，加大各部门的服务力度，规范产业链中各个主体使用区域品牌的行为，促进农民、合作社、企业和区域品牌的良性互动。第二，打造特色农产品品牌。围绕"一村一品"的建设思路，以市场需求为导向，充分发挥本地资源优势，选择资源丰富、特色明显、影响较大、价值较高的农产品进行重点扶持建设，着力打造地方特色农产品品牌。同时加强农产品地理标志商标、知名农业商标品牌的重点保护，营造特色农产品品牌发展的良好环境。第三，打造农业企业品牌。一方面通过资金支持、项目支持、政策优惠等系列手段扶持现有的有基础、有特色、有前景、带动能力强的龙头企业做大做强，打造全省乃至全国特色产业企业品牌。

3. 加强科技推广与模式创新，推进农业现代化建设

一方面积极推进农业科技创新，加强科技成果在农业产业当中的运用与推广。首先，注重对农业技术的发展与优化，尤其是生物技术、动植物病虫害防治技术、高水平节水灌溉技术、土壤肥料合理有效利用、工厂化种养技术、农业机械化和自动化实施等，以保障农业持续健康发展；其次，要从农产品的产前、产中和产后等各环节，提供现代化、自动化的服务，提高农业机械化水平和农产品商品化程度，以增加农产品附加值。此外，要大力推进有机肥代替化肥零增长行动，推动农业的绿色化发展，以保障土壤肥力，减少生产要素的投入成本。另一方面积极探索先进的产业生产经营模式，提升产业经营效率与管理水平。围绕基层党组织引领、龙头企业带动、企业或合作社领办、农户参与的总体原则，结合当地实际情况，整合资源，优化配置，积极推行"合作社+基地+农户""公司+基地+农户"等新型经营模式。推动传统产业经营方式向现代化经营模式的转变。

4. 积极搭建各类平台，完善产业发展支撑体系

围绕金融服务、社会化服务、创业服务、电商服务四大产业支撑体系，积极搭建各类服务平台，构建农业产业助推长效机制，为产业发展提供持续动力。第一，要大力倡导金融机构和非金融机构对农村产业发展的投融资力度，加强农业信用体系建设，完善现代农业保险与服务农业的融资担保体系。要创新农村金融服务体系，积极引导金融机构对农村产业发展项目和农户的资金信贷规模，适度降低信贷门槛，同时，放宽农村抵押

物的范围，在一定条件下允许对农村耕地或房屋进行抵押。创新农村引资新方式，可通过入股分红、创办企业等形式吸引社会工商资本注入农村，进行民间合法融资，合理分配与当地农户、村集体间的利益。建立健全省市县三级农业信贷担保体系建设，主要是针对农村种植大户、家庭农场、农民专业合作社以及中小型农业企业提供较便捷、绿色的服务。第二，大力培育发展农业社会化服务组织，充分发挥公益性农技推广机构的主体作用，提高农业科技推广服务效能，为现代农业发展提供强有力的科技支撑和人才保障。加强农业社会化服务模式创新，积极探索政府购买服务、企业或合作社有偿服务等多种模式，构建以农技推广服务机构为主体、新型经营主体为补充的社会化服务体系。第三，加强农村电商基础建设，推进各大电信运营商网络平台的搭建，确保实现村级网络全覆盖，积极打造电商线上线下交互平台，拓宽农产品销售渠道，全面拓展优质农产品市场的深度与广度。加强与各大知名互联网公司的合作，充分利用大型互联网公司的大平台，大资源，打造农产品展销平台，实现优质农产品走出大山，流向全国乃至世界。

5. 加强人才队伍建设，提升产业经营主体整体素质

坚持培育高素质新型农业经营主体，打造专业型农民队伍，为企业提供高质量的人力资源，提升企业经营效率与管理水平，激发农村发展新活力。坚持新型农业经营主体的主体地位，以当地农业龙头企业为依托，发挥好企业、家庭农场和大农户的积极引导作用，将农村带头人、农场主、扶贫对象以及返乡务工人员和大学生作为重点培育对象，尤其是发挥龙头企业的带领作用，鼓励中大型涉农企业免费为农村提供职业农民和技术人员培训等服务，并选拔农村创新创业的合伙人，进行资金、服务等方面的支持。结合产业优势和发展需求，采取代培、委培、校企联合办学、企业与科研院所进行人才交流等多种形式为企业引进和培养高层次人才。要为农民开展农业相关培训服务，增加农民对现代化农业发展的新认识。一是建立农民培训经费的保障机制与社会广泛参与的办学机制，提高农民专业培训参与度、进一步激发农民参与积极性。二是加强宣传教育力度，提高农民思想认识，培养农民农业发展新观念，指引农民创业致富新导向。三是要带领农民认真学习农业相关的优惠政策、申报项目等内容，教会农民如何进行项目申报、如何申请相关补贴，同时，开拓农户的视野，提高农户对农业农村发展的信心。四是要从种植、养殖、管理、生产、营销策略等方面展开不同专题的业务能力培训服务，以提高农民的种植和技术管理水平。

第 7 章　贫困地区农业减贫的实践与探索

7.1　特色农业助推精准脱贫的实践——湖南湘西州的案例

7.1.1　湘西州农业减贫概况

武陵山片区是中国集中连片特困区之一，也是扶贫攻坚示范区，其总面积约为 17.18 万平方公里，该区域包括了湘黔鄂渝 4 个省、直辖市，涵盖 71 个县（市、区）。其中，湖北 11 个县市，湖南 37 个县市，贵州 16 个县市，重庆市 7 个县区。71 个县中有 42 个国家扶贫开发重点工作县，13 个省级重点贫困县，34 个自治地方县，18 个自治县；共有 23032 个行政村，其中国家贫困村 11303 个，占全国贫困村的 7.64%，贫困发生率 11.21%，高出全国平均水平 7.41 个百分点。① 2011 年，武陵山片区被列为国家重点帮扶的连片特困地区，预示着该地区扶贫工作开始进入专项扶

---

① 数据来源国家民委政府网站，http://www.seac.gov.cn/.

贫、行业扶贫、社会扶贫三位一体的新格局。随后，2013 年 11 月 3 日，习近平总书记来到湘西州花垣县十八洞村，首次提出了"精准扶贫"战略思想，进一步突出了特色产业发展对地区脱贫致富的重要性。到 2017 年，全国已进入脱贫攻城拔寨最后冲刺的关键时期，贫困地区需形成自我发展，需求突破的发展路线，才能在 2020 年实现全面脱贫，完全实践精准扶贫的战略方针，在新的时期，湘西州作为国家重点帮扶的连片特困地区以及"精准脱贫"战略的发源地，则更应当在特色产业扶贫道路上走在全国的前列，承担起开路先锋的作用，为最终的扶贫攻坚决胜打响第一枪。

湘西州作为典型的连片特困地区，具有经济发展水平不高、区域发展不平衡、贫困程度深、贫困面广以及教育、文化、医疗、交通之类软硬件设施不完善等特点。但湘西同时具备丰富的特产资源、民族特色工艺品资源以及民族特色文化资源，且种类多样，涉及面广，囊括了中药材、茶类、果品、蔬菜、粮食、家禽、牲畜、水产、酒类、工艺品等十余项品类，为片区推动产业扶贫提供了坚实的基础。这些年来，湘西州始终坚持贯彻"六个精准、五个一批"脱贫要求，着力发展地区产业，在特色农业、特色旅游业、特色农林产品加工业、民族手工业和民族文化产业等五大产业都取得了长足进步，如吉首市矮寨镇坪年村茶产业、花垣县十八洞村猕猴桃产业等，为该地区贫困户自主脱贫提供了条件。湘西各级政府始终贯彻落实国家总的开发式扶贫战略方针，紧紧围绕特色产业扶贫这一关键抓手，通过统筹规划、落实政策、健全机制、完善设施、加强监管等一系列手段，充分发挥合作社带动作用、实行多变为股、多样参股、依托当地龙头企业，发展农产品加工业、政府积极打造创业平台，促使产业集聚，使得武陵山片区在特色产业扶贫方面取得了显著成效。一批批特色产业如雨后春笋般涌现出来，形成了"多点开花、百花齐放"的壮美景象，其典型成功案例可作为类似地区特色产业扶贫的经验借鉴。

7.1.2 主要做法

1. 充分发挥合作社带动作用，大力发展特色农业产业

以村内的合作社为联系纽带，将村民的产品和市场高效结合起来，建立相对完善的利益机制，形成良性销售链条，让贫困地区的人民自力更生，激发内生动力，合作社主要负责生产资料的汇集、技术的运用、农产品深加工、销售渠道的拓展、利益分配等方面服务，社员按照事先确定的生产规范和标准提供优质的农产品，这样既保证了农产品的来源、质量和安全，又有利于村民打破之前闭塞的销售渠道，紧密的机制使得合作双方的利益均能得到有效保障，对于非社员的普通种植户也有基本的社会服务，整体带动当地特色农业产业发展。

吉首市矮寨镇坪年村利用农业和生态两大优势，按照"兴茶兴农、富村富民"的发展思路，沿恰比河打造"幸福茶谷"。同时成立幸福谷茶叶专业合作社，以合作社为龙头，以红色股份为抓手，走"公司＋合作社＋农户"发展道路。2017 年全村已定植茶叶 850 多亩，五年后丰产期可实现年收入 600 万元左右，人均纯收入 7000 元左右。湘西州永顺县自然资源禀赋，其猕猴桃面积已达 6 万多亩，有 17 个村盛产猕猴桃，设有 3 个猕猴桃专业合作社（协会），种植农户也达 1 万户有余。永顺县充分利用现代化农业技术，依托现代化农业模式即"公司＋合作社＋基地＋农户"，不断优化农业产业结构，科学规划重点发展区域，加速推进猕猴桃产业开发，逐步壮大猕猴桃产业规模。至 2012 年，猕猴桃产业发展对当地经济贡献值就已达 1.6 亿元左右，特色农业的发展极大地带动了当地社会经济的稳定发展，花垣县十八洞村共有 4 个自然寨，225 户，939 人，人均耕地仅为 0.83 亩，且耕地以山地为主，比较分散。针对村内耕地面积少难以发展产业的实际，探索村企股份合作扶贫，用"跳出十八洞村建设十八洞产业"的新思路发展猕猴桃产业。花垣县苗汉子合作社出资 306

万元，十八洞村村民以国扶资金的帮扶形式出资 234 万元，十八洞村委会以国扶资金支持村集体的形式出资 60 万元，共同组建十八洞村苗汉子果业有限责任公司，进行农业产业的开发扶贫。

2. 依托当地龙头企业，发展特色农产品加工产业

在当地特色农业产业链中某一阶段较为突出和优秀的企业，我们称之为龙头企业。龙头企业带动发展型模式是将龙头企业所参与的链条拉长，从生产到销售一体化，龙头企业的农产品基地要连同农户，实现技术、收购的统一，自建的优良基地和农户的鲜果同为龙头企业农产品的来源，由龙头企业进行统一的农产品深加工和市场销售，将龙头企业和当地的农户联合起来，通过构建完善的特色农业产业链实现了降低风险、延伸产业、扩大规模、增加收益的好处，结成风险共担、利益共享的战略联盟。湘西州在打赢脱贫攻坚战的过程中充分发挥了湖南德农牧业公司龙头企业的引领作用，以龙头企业带领当地产业发展，大力推进黄牛产业规模化建设，并积极构建政企农三位一体化体系以及全力打造"龙头企业＋合作社＋农户＋基地＋市场＋科技＋保险＋金融"多元化的"7+1"产业发展经营模式。目前，湘西州依托当地龙头企业，大力发展特色农产品加工产业，用于黄牛产业建设规模已达 3 万余亩，改良天然草场近 40 亩，家庭牧场建设数量达 650 个左右，能繁殖的母牛近 2 万头，养殖农户也达 5000 户有余，完善的产业链体系正逐步形成，农产品也被附上"身份证件"，消费者能从基地到餐桌、从深加工到市场了解农产品整个流通环节，保证了农产品的食用安全，同时市场销售不畅通也不再是龙头企业的枷锁。引导龙头企业与农户发展"订单"农业，建立风险共担、利益共享的联结机制，提高产业和农民进入市场的组织化程度，破解老百姓农产品销售难题。花垣县大力推广"龙头企业＋园区带动＋股份合作＋贫困农户"型优势企业带动贫困户精准扶贫、精准脱贫的做法；湖南边城醋业科技有限责任公司成立于 2005 年，是一家生产传统香醋以及椪柑果醋饮料为主的高科技食品生产企业，一直以来，边城醋业都是采用"公司＋基地＋农户"的经营模式，一方面边城醋业自建或与各专业种植村共建种植基地，在吉首市河溪镇的马鞍村、阿娜村、张排村等地建设了椪柑种植基地共6000 亩，带动基地农户 1500 余户，另一方面积极吸纳周边村民来公司务工就业，增加地方村民的工资性收入。同时积极进行技术研发以及延伸产业的发展，通过扩展生产线、扩大深加工规模、收购深加工需要的周边农作物，进一步提升农户收入。

7.1.3　减贫成效

1. 特色农业产业发展规模效应显现

湘西地区在脱贫攻坚"攻城拔寨"和最后冲刺阶段，主动适应经济发展新常态，加快精准扶贫精准脱贫和全面小康社会建设，特色农业扶贫产业发展规模成效显现。截至 2016 年年底，湘西地区已完成特色农业产业基地 318.33 万亩；出栏肉牛 4.45 万头、生猪 65.83 万头、山羊 21.82 万只；发展稻田养鱼 3.65 万亩，建成万亩精品园 11 个，贫困村建设百亩示范园 980 个、万亩特色产业标准园区 21 个。全州共建设有农民专业合作社 3004 个，农产品加工企业 664 家，其中州级以上龙头企业 131 家。拥有家庭农场 1075 户，专业大户（规模养殖户）2593 户。完成椪柑产业品改面积 1.33 万亩，猕猴桃培管面积 16.5 万亩。全年农业机械总动力 174 万千瓦，化肥施用量 7.02 万吨，实施农场土地流转 48.79 万亩。值得一提的是，全州 2016 年茶叶产量达 0.34 万吨，比上年增长 26.7%，蔬菜达产量 80.1 万吨，增产 2.5%。①

2. 特色农业产业减贫覆盖面不断增大

在"精准扶贫、因地制宜"的口号下，湘西特色农产业带动减贫区域已经越来越大。截至 2016 年底，湘西州第一产业较 2015 年增加 80.8 亿

---

① 数据来源湘西州政府网站，http：//www.xxz.gov.cn/.

元，增长 3.4%，实有建档立卡贫困户 197691 户，全年减少贫困人口 131036 人，全州贫困发生率降至 16.14%，比上年降低 9.2 个百分点。湘西州花垣县十八洞村大力发展特色农业产业、建设千亩猕猴桃示范园，人均纯收入由 2013 年的 1668 元增加到 2015 年的 3580 元；凤凰县千工坪乡通板村充分发挥基层党组织优势，加快发展白菜、辣椒和大蒜的特色蔬菜产业，建立了 600 亩蔬菜生产基地，该村辣椒最高亩产 8700 元，平均产值 5000 元，大蒜最高单产 11000 元，平均产值 7000 元的较高收入，给村民带来了丰厚的实惠；凤凰县都里乡古双营村发展了种植示范户 10 户，红心猕猴桃产区 400 亩，全村八成的农户种植了红心猕猴桃，仅此一项村民年人均增收了 500 多元。①

3. 特色农业产业扶贫利益共享机制逐渐形成

随着特色农业的不断发展，政府帮扶，村企联动，湘西地区逐步形成了稳定特色农业产业扶贫的利益共享机制，一是委托帮扶，政府给予农业企业或专业合作社资金和项目支持，委托其与当地的贫困对象进行产业合作，将贫困对象纳入产业发展之中，实现稳定脱贫。二是股份合作，政府加大对贫困对象的财政扶持力度，将其参股农业企业或专业合作社的发展，用入股分红来增加贫困户的收入，从而实现精准脱贫。2015 年时，湘西州发放近 5 万元贷款用于产业扶贫，政府共开发两万多个产业扶贫项目，建设了 240 万余亩特色农业产业基地，合作社、龙头企业、示范园等优秀企业和农村新型经营主体直接带动贫困农户如期增收、稳定脱贫。泸溪县在精准扶贫创新机制上成效尤为突出，2014～2015 年全县农民通过产业扶贫，达 3 万多贫困人口稳定脱贫，人均纯收入增加 700 余元，形成多个稳定的扶贫利益共享机制的代表。潭溪万亩标准科技生态示范园与红山公司流转贫困户桔园地，统一经营管理。浦市铁骨猪养殖专业合作社为贫困户免费提供帮扶措施即猪仔发放和全程技术服务与管理，裕农果蔬农

---

① 数据来源湘西州政府网站，http：//www.xxz.gov.cn/.

民专业合作社中共计 112 户贫困户 542 人，其和村集体经济分别占股 49%
和 51%。城乡农业产业加强合作，推动乡村农业产业发展，泸溪县椪柑
公司、益生物科技公司与浦市镇长坪村开展长期合作，其中麻溪口村种植
脐橙面积达 800 亩，种植杜仲面积 2000 亩，贫困户入股资金绝大部分来
自政府财政资金扶持，在城乡农业产业"公司 + 农户 + 基地"的发展合
作模式中，公司、农民与长坪村集体经济分别占股 51%、39% 和 10%。
凤凰县宏旺野生葡萄专业合作社实行"支部 + 合作社 + 农户"的模式，
以支部带领、合作社具体运作、大户带动的方式开发野生葡萄种植产业帮
助贫困户。丹青镇吉于村成立红色股份公司——"吉首市吉于现代农业科
技开发有限公司"完成流转土地 1060 亩，签订流转合同 20 年，黄金茶 1
号定植 500 余亩。前期，村民采取土地入股合作参与分红，每年领取土地
红利（租金），同时，又可以在合作社务工，在家就可以月收入达 1500 ~
1800 元。后期，农民自己也可开发茶园，用茶园入股分红，通过茶园建
设带动当地脱贫工作。

7.1.4 重要启示

1. 充分发挥政府主导作用，引领地方产业扶贫

不论是推进贫困地区产业的形成与发展，还是让地区产业的发展惠及
当地贫困村民，政府都在其中起绝对的主导作用。一方面，地区产业发展
形势与方向取决于政府的规划和政策导向。各级政府应结合当地实际制定
相应的产业发展规划，并指导重点乡镇和贫困村制定相应的产业发展规
划。部门专项规划相关内容要与该规划相衔接，发挥规划指导效力。各级
各有关部门要严格按照规划推进精准扶贫工作，县、乡、村要根据规划制
定年度实施计划，有计划有步骤推进各项工作，确保规划与实际工作不脱
节。另一方面，要让产业发展的红利真正惠及贫困村民，有赖于政府创新
有效利益联结机制。按照"政府牵头带产业，产业发展带穷人"的产业

扶贫思路，通过政府购买服务，引导和支持新型农业经营组织参与特色产业精准扶贫，通过直接帮扶、委托帮扶、股份合作、资产收益等产业扶贫模式，构建新型农业经营组织与贫困户产业发展共同体，建立紧密的利益联结和分配机制，带动贫困户稳步脱贫。充分尊重贫困户自主选择权和参与权，维护好贫困户的合法权益。对产业扶贫项目实施跟踪监管和跟踪问效，成立有贫困户代表参与的监事会，落实跟踪审计制度和项目公示公告制度。

2. 积极培育新型经营主体，带动地方产业扶贫

四类新型经营主体即龙头企业、专业合作社、家庭农场和种养殖大户具备较好的物质装备条件、高水平的技术条件和现代经营管理思想，能够实现一定的适度规模和专业化生产。积极培育此类新型经营主体，将有助于实现"以强带弱、以一带多、以点带面"的产业发展业态环境。一方面要强化种养殖大户和家庭农场的示范作用，积极引导其发展适度规模经营，充分发挥其较高生产力优势，对贫困地区有限的生产要素进行合理配置，帮助其他村民有效提高生产水平。另一方面发挥专业合作和龙头企业的带动作用，利用其资金、技术、人才、市场渠道等多方面比较优势，发展农产品精深加工和营销，促进产业转型升级。同时，区域内应培育一批以农产品加工流通、电子商务和农业社会化服务等为重点发展的龙头企业，并鼓励其建立较为完善的现代物流体系以及搭建较为健全的农产品营销网络战略布局。四类新型经营主体之间也应建立紧密的利益联结，如农户入股，龙头企业领办或创办农民合作社等来加大农产品就地加工转化率，推进各类经营主体的深度融合。进一步强化农民专业合作社的纽带和平台作用，引导合作社由注重"虚"的组织架构建设到注重"实"的利益联结和风险防范机制建设。和减少切实避免风险给农业生产者和经营者带来的损失，同时农业注重对专业大户的扶持，从小额信贷、技术培训、良种免费供应、社会化服务、工商税务等方面给予多维立体支持。切实加强对那些辐射能力强、产业链条完善的农业产业化龙头企业的支持力度，

适时引导企业通过创新、兼并、重组等方式做大、做强，在土地流转、绿
色产品认证、税收政策、金融信贷、产品基地建设等方面给予最大限度地
优惠。

3. 改革创新资源整合方式，驱动农业经营模式创新

贫困地区大多并不缺乏生产要素，缺的只是如何利用丰富的自然资
源，将各类资源有效整合的方式。因此，如何有效地改革创新资源整合方
式，便成了贫困地区产业扶贫成功与否的关键。一方面，要拓展思路，在
充分利用现有显性资源的同时，想方设法盘活地区劳力、山林、荒地、河
流、房屋、民俗、文化等隐性资源。同时积极创新资源经营管理模式，建
立利益联动机制，让老百姓参与进来，做到资源"活"起来，农村要素
"动"起来，贫困户"富起来"。另一方面，灵活运用国家、省级政府建
设项目，让当地基础产业搭上项目建设的"便车"。通过依靠新农村建
设、美丽乡村建设、道路交通建设等大型规划项目，实行"农业＋旅游"
"农业＋物流＋电商"等产业经营模式，在项目资金的带动下壮大现有基
础产业。同时重视农业经营模式的创新，充分运用大数据、云平台和"农
业＋产业"的形式促进农业与其他行业的融合。主要打造"农业＋电商"
"农业＋旅游""农业＋教育"等新型业态。地方政府应积极打造区域性
电商中心和数据平台，做好牵线搭桥、夯实基础设施等公共服务工作，积
极对接天猫、京东、苏宁等实力雄厚的电商，寻求建立长期的战略合作伙
伴关系，按照"买武陵、卖全国"的思路尽快建设"武陵山片区农村电
商中心"。充分发挥武陵山片区旅游资源和品牌优势，实现农业与旅游有
机融合，推动农业产业的跨界发展，大力推出"农业观光＋休闲游""农
业园区＋乡村游""农产品展示＋农事体验游"等系列旅游产品。充分利
用相关政策以及网络信息时代化得优势，避免一刀切，大力发展新型模
式，敢于先行先试，敢于进入特色农业改革的深水区。

4. 建立联动、动力、融资、增收机制，驱动产业发展

（1）建立"联动"机制，形成扶贫合力。湘西地区特色农业产业的

四个精准扶贫模式多将农户的农业产业与不同主体相联合，与合作社、示范园、龙头企业和政府相联合。不同类型的主体通过对扶贫目标进行分析，来建立不同程度的联合，从而基于不同主体不同程度的局部分析推出最合适的全方位精准扶贫模式，使扶贫策略最优化，通过有效整合各类扶贫资源，协力推动特色农业产业扶贫发展。依靠的政府"给力"、示范园、龙头企业"助力"、村民合作社自身"发力"，形成多方参与的扶贫攻坚"合力"，不断加快脱贫步伐。湖南省凤凰县廖家桥镇古双云村是一个典型的纯苗族聚居贫困村，凤凰县派驻的扶贫干部进古双云村进行驻村扶贫，在此之后，覆盖120多户村民的红心猕猴桃专业合作社在古双云村成功创建，其经营发展模式以合作社为提供技术支持和营销服务的主体，而农户基于此自行种植、发展、开发红心猕猴桃。

（2）构建"动力"机制，形成贫困户群策发力。贫困户是政府帮扶的对象，是脱贫的主体，是全面建成小康社会的"最后一公里"，只有激发贫困户志富，"撸起袖子加油干"的激情，实现全面脱贫才有希望与"底气"。引导群众变"要我做"为"我要做"。合作社给予群众合作章程保障、建立紧密的利益共享机制，为农产品的市场销售打开渠道，让其无后顾之忧；特色农业产业示范园的运作和示范，带动周边农户引入新品种、学习新技术、更换新设备，提升了其农业产业生产水平和产业争力。龙头企业的农产品基地要连同农户，实现技术与管理的统一，有效地降低了农户的风险，增加了农户的收益。为又好又快地发展特色农业产业，实现农业产业标准化生产，同时拓宽其发展平台与渠道，政府采取基层政府或基层党组织与贫困户结对帮扶的措施，或构建领导小组，搭建群众的农业产业发展平台的模式。这些模式中的举措解决了农户的后顾之忧，增强了他们自我求变、自我发展的志气和信心，在基础设施、教育培训、市场拓展等社会保障方面帮扶了群众的实际需求。兴棚村就是个典型例子，在特色农产品的销售上，摒弃以往由菜贩子到田间定价收购的模式，直接由合作社组织到批发市场销售，大幅提高了销售价格。在分配上，采用按产品售价分成的模式，截至 2017 年，已发展夏季蔬菜种植 4 批次、150 余亩，产值 47 万余元。预计整个蔬菜产业将为全村带来 200 余万元的收入。

（3）建立"融资"机制，解决资金难题。精准扶贫中"资金投入"是个"瓶颈"，以特色农业产业的发展来扶贫应积极探索融资新模式，其中政府扶持发展型及农民专业合作社带动型两个模式对这个问题的解决更为有力，政府扶持可以引导市场和社会资本向贫困领域流动，财政支持力度的同时，着力破解扶贫开发融资瓶颈，引导资金、项目、技术、人才、管理等各类优势资源和要素向贫困乡镇聚集，结合贫困乡镇自然资源禀赋与政策扶持倾斜的优势，优先发展特色产业，促进其高效规模化的成长并带动其他产业共同发展，以至达到区域经济全面协调快速发展的目标。借鉴政银企合作模式，争取政策性金融机构支持，助推村级基础设施建设和特色产业发展。农民专业合作社以股份合作来融资，花垣县十八洞村是个典型例子，该村发展猕猴桃产业探索村企股份合作扶贫，花垣县苗汉子合作社出资 306 万元，十八洞村村民以国扶资金帮扶的形式出资 234 万元，十八洞村委会以国扶资金支持村集体的形式出资 60 万元，共同组建十八洞村苗汉子果业有限责任公司，进行农业产业的开发扶贫。

（4）建立"增收"机制，发展致富新路。湘西农业产业发展原来多为单一形式、分散经营，稳步推广以合作社、示范园、龙头企业或政府带动的模式，这些模式具有良好的产业整合和带动能力，能优化产业分工与协作，加强优势资源整合，可发挥行业示范、辐射带动作用，引导中小企业走差异化、专业化发展道路。便转化为规模经营和产业化发展，积极稳妥地推进土地流转，因地制宜采取土地入股、租赁、互换、转包等形式流转土地承包产业经营权，大力培育完善其产业体系。坚持市场为导向，扩大产业规模，集中扶贫资金，集中连片发展，走规模化、市场化、产业化之路。泸溪县浦市镇马王溪村就是把发展现代农业产业基地作为推进新农村建设的着力点，不断调整优化农业结构，建设马王溪村椪柑精品园区，以"合作社 + 基地 + 农户"的生产经营模式，形成农业产业一条龙。为提升椪柑品质，确保椪柑品牌改变传统模式，促进椪柑产业增收、增效。对原有 300 亩椪柑进行了品改、低改，使品质得到彻底提高。把原有 300 亩椪柑园区打造成示范性、高标准精品园区，产值达到年收入 500 万元以上。

5. 促进第一、第二、第三产业融合发展，合力推动地方产业扶贫

传统的农业发展仅限于在农业范围的固定思维，首先要跳出"农业发展只能在农唯农"的思维，而要想从事"现代农业"，首先要进行角色和思维方式的转变。现代农业的发展不仅仅限于单一的模式，我们还需要形成多产融合、统筹协调的开放式农业发展理念，同时强化农业供给侧结构性改革的意识，促进农业供给侧结构性改革，优化产业结构，则需要激发"三农"内在的动力，各级政府应以建立完善机制促进产业发展，逐步构建与完善适应现代化农业发展模式要求的体制机制，依托"大众创业，万众创新"的大背景，增强改革创新力度，为地区农业科技创新提供源源不断的驱动力，增添新动能。此外，农业供给侧结构性改革要求农业发展、市场需求、资源禀赋三者之间协调可持续发展，同时为保障农产品的质量安全，解决好其生产问题，各区域应重点发展绿色农业、生态农业，构建现代化农业生产结构和区域布局。同时，用工业理念来提升、规划农业，用服务业理念来包装、经营农业，推动武陵山片区农业由单纯的种、养向产、加、销一条龙和贸、工、农一体化的方向发展。着力完善特色农业产品链、产业链、生态链和利益链，努力实现第一、第二、第三产业融合，推动该区域农业产业格局的拓展升级。重点抓好特色农业产能建设、新型经营主体培育、农业机械化推进、绿色食品加工等方面的工作，从而实现农作物持续增产、农业持续增效、农民持续增收。要跳出民族地区不可能发展现代农业的传统观念桎梏，要跳出农业发展只能走传统路线思维，坚定信心走农业现代化的道路，走发展特色农业道路。重点通过"五化"，即规模适度化、土地集约化、产品标准化、布局园区化和质量安全化，全力推进武陵山片区特色农业现代化。大力抓好"良田、良种、良肥、良法"的推广普及，千方百计运用现代生物技术、机械技术、工程技术和管理技术，使特色农业的产前、产中和产后各个环节运行管理智能化、数据化、动态化和规模化，提高土地的利用率，真正意义上切实提升土地的单产效益，从而带来具体的经济效益，依托工业化和信息化，大力推进延长农业产业链，进一步扩大品牌效应，推进农业与第二、第三产业对接，大力提升效益，推动鼓励一批现代农业龙头企业，由单纯的农业生产向农产品深加工领域发展，延长产业链，发力供给侧。同时使农产品生产，农产品加工，农产品配送相互结合，此外重点针对已经获得地理标志品牌、原产地标识、绿色有机认证等"金字"招牌的特色农产品实施严格的全过程标准化管理，制定详细的生产管理标准和操作规程，完善农业标准体系、农业质量监测追溯体系和农产品评价认证体系的建设。加快农业园区建设的进程和力度，集中力量申报国家现代农业示范区和国家农业科技园区，通过大园区形成大产业实现大发展。让特色农业产业发展成果惠及农业和农民，成为湘西地区经济发展的强劲和农民增加致富的有效途径。充分发挥武陵山片区生态环境和自然资源优势，培育壮大有机粮油、特色蔬菜、优质水果、品牌茶叶、特色养殖、特色林产品、道地药材、乡村旅游与休闲农业及其他特色产业。健全现代农业产业体系、生产体系、经营体系，推动粮经饲统筹、农林牧渔结合、种养加一体、农旅一体化的第一、第二、第三产业融合发展。

7.2　标准农业助推精准脱贫的实践——湖南常德市的案例

7.2.1　常德市农业减贫概况

常德是湖南农业经济发展的重要地区，其下辖的石门县少数民族人口过半，是武陵山片区脱贫攻坚重点县之一。常德市的主要产业集中于传统工业，主要有机械、建材、铝业等产业，还包括纺织业、食品、烟草等制造业。该市现已成立了十余个县级工业园。2016 年，实现生产总值近3000 亿元，相对于上年增长近 8 个百分点，其中第一产业增加值超过 350亿元，增长 3 个百分点，经济贡献率达到 5.6 个百分点。在武陵山贫困地区农业产业扶贫的实践中，经过不断地摸索和发展，常德市走出了一个贫困地区独具特色的现代农业发展模式，逐渐形成了助推精准脱贫的标准农业产业体系，为武陵山片区精准脱贫贡献了巨大的力量。常德在实行标准化农业后，形成了 8 大产业标准体系，严格规划了其生产基地的发展、生产技术的改进，对其质量提出了更高的要求。形成"三品一标"品牌近800 个，其基地占地面积 320 多万亩。实现了农业标准化服务和质量安全监管全覆盖，农产品质量安全例行监测合格率稳步提升到 98% 以上。标准化基地建设的发展带来的是农民收入的提高，2015 年农民人均纯收入达到 11700 元，为 2010 年的 2.1 倍，2017 年，常德市全体居民人均可支配收入 20548 元，同比增长 9.1%。按常住地分，常德市城镇居民人均可支配收入 28735 元，同比增长 8.3%，相比 2016 年快 0.1 个百分点。农村居民人均可支配收入 13847 元，同比增长 8.5%，效果显著。①

标准农业是将农业的科技成果和生产实践相结合，以技术标准或管理标准的方式向农民推广，进行高效、优质农产品生产并供应市场的农业生产过程，对促进农业结构调整、产业化发展以及农业经济发展影响重大，成为现代农业的代言人。开展农业标准化的实践对于大力深化农业产业结构调整，强化农村生产能力，以生产更加优质、绿色、高产量的农业产品有重要的推动作用，同时也是发展实现乡村振兴战略，加快实现中华民族的伟大复兴之路的必要措施。2011 年初，常德市政府联同省农业厅就推动农业标准化签订了合作协议，计划在五年内将常德塑造成湖南省农业现

---

① 数据来源于湖南省常德市《国民经济与社会发展统计公报（2015～2017 年）》。

代化的样板区，成为湖南省发展的标杆。在这期间，其主要集中于当地适宜生长的茶叶、水稻、柑橘等八大产业，严格遵循"六个一"模式，即："一个产业、一套标准、一套监督检测体系、一批实施主体、一批示范园区、一批品牌"（见图 7－1）。着力形成"四有一可"（操作有规程、过程有记录、产品有标识、市场有监管、质量可追溯）的生产氛围，致力于探索出一条实现农业标准化的有效方式，成为全国农业标准化的试点和典范，为全国的农业发展、农业生产方式的转变注入新的活力。通过对常德市农业标准化建设情况进行深入调研实践，在总结其主要做法和取得的工作成绩的基础上，对其建设值得借鉴和推广的方面进行探讨，其成功经验可作为贫困地区探索现代农业推动减贫发展道路提供部分参照。

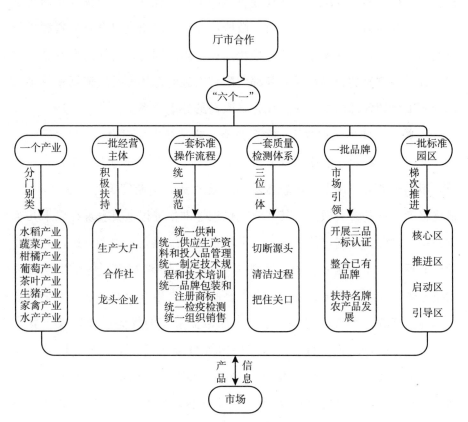

图 7－1　常德市农业标准化实施流程

7.2.2　主要做法

1. 成立标准化建设领导小组，推动标准化建设

对于开展农业标准化，政府应当充当守卫军，积极推动农业标准化的建立，在其机制体制创新方面给予政策支持。总体上，政府成立标准化建设领导小组，就农业标准化问题与湖南省农业厅达成统一意见，将常德划为全国首个厅市共建的试验区，同时明确了在五年内要将常德打造为全省，甚至是全国范围内农业标准化样板的目标。除此之外，政府还成立了专门的厅市合作委员会办公室，在全省范围内的各个县市也同步建立农业标准化建设的领导小组，以便指导各地的工作进程，将农业标准化由各部门的行为转换为政府行为。同时，政府站在全局的角度对全省的资源进行有效的资源整合，在城里农业标准化建设小组的同时，随即出台联席会议制度，坚持政府的全局领导，各部门配合实施的总体方针，依据整体最大化的原则协调各部门的工作，优化各人员的办事效率。

2. 按产业实施工作方案，分门别类，规范标准化建设

常德市以农业标准化建设工作为中心，将产业划分为不同单元，在各单元不断推动的作用下，比较各单元的优劣势，不断完善各产业的不足，最终将产业不断做大做强。其产业式推进标准化进程主要表现在以下几个方面：一是分产业制定技术规程。常德目前已经成立了关于上述八大产业的产业标准制定小组，并根据"四有一可"的要求制定了各个生产环节的技术规范和工作要求，目前，全市已制定七个地方标准，近五十个市县级标准，近五百个市级技术规范，全面覆盖常德的优势产业以及主要产业。二是分产业培训掌握标准。按照市县分级培训、园区全员培训的原则，开展了大规模农业标准化技术培训。市级举办标准化培训班 11 期，培训 1200 多人次，培训到各县市区农业局和畜牧水产局分管标准化工作的副局长，市县两级示范园区所在乡镇分管农业的副乡镇长及农技、畜牧水产站长，市县两级示范园区技术负责人，农民专业合作社负责人，农村种养大户代表。各县市区举办标准化培训班 81 期，培训近万人。三是分产业执行农业标准。各级农业、畜牧水产等部门当地各服务站为着力点，组织农户学习规范的技术标准，并按时将技术规范以卡片提示的方式发放给各农户，提示他们在不同时间段的不用任务，完成生产任务。与此同时，园区内还建立了全面的档案以记录全部的生产过程，现已建档超多八万多份。

3. 培育新型经营主体，落实标准化建设

常德市重视农民专业合作社推广农业标准化的主体作用，以农民专业合作社为主要抓手，提高农产品质量安全水平。第一，出台政策文件推动新型经营主体发展。2010 年市委连同市政府共同出台了《关于加快农民专业合作社发展的意见》。全市按照一个产业一个合作社的要求，围绕主导产业培育和发展了优质稻、葡萄、棉花、油菜、柑橘、茶叶、蔬菜、甲鱼、生猪、水产养殖等专业合作社 2809 家，拥有成员 20 万个，带动农户超过 40 万户，其中有二百多家合作社的产品质量收到广泛的认可，现已通过农产品质量认证，基本覆盖所有农业产业。同时常德市积极促进农产品加工企业的建设，现已增加至近 5000 多家。第二，常德市大力加快合作社内部生产标准化的管理工作。在合作社内部严格实行"统一提供种苗、统一供应生产资料和投入品管理、统一制定技术规程和技术培训、统一品牌包装和注册商标、统一检疫检测（实行产地准出、市场准入）、统一组织销售"。第三，积极培育合作社的自我发展能力。随着农业标准化的不断推进深化，积极促进农村合作社开展标准化生产、专业化服务和产业化经营。在农村合作社的带领生产下，常德市的葡萄产业在澧阳平原已形成了近 3 万亩美国红提生产基地，每亩纯收入已达到万元的标准；柑橘产业在亚辉柑橘专业合作社、秀坪园艺场等的带动下，石门县柑橘无公害产地认定面积达到 25 万亩，绿色食品认证达到 1.8 万亩，欧盟全球 GAP 认证达到 1.4 万亩，美国农业部有机食品认证达到 1900 多亩。

4. 梯次推进标准化示范区建设，因势利导，带动标准化建设

标准只有在社会上得到广泛接受，并予以得到实施，才能达到预期的效果。在农业标准化建设的道路上，也遇到了不少的阻力，建设初期，农业现代化生产的效率低下，为了有效解决这一问题，常德市政府以标准化示范区建设为载体，大力推动示范区的模范带头作用，改进农村合作社、农户等农业经营实体的标准化建设工作。常德市始终遵循省、市、县的连同发展，主要以县为重点，不断滚动推进的原则，将产业分为不同层次，不同区域，共同推进农业产业的标准化建设。首先，重点建设核心区，中央强农惠农资金优先支持核心区基础设施建设，通过硬化道路、疏通整修沟渠、修建有机堆沤池、设立农业投入品废弃物回收箱等方式，不断推动农业产业的标准化建设，在各个核心区范围内选择主要品种的科学选定标准，形成农业创业典范；其次，以核心区为中心，不断推动启动区和引导区的设立和发展，形成产业式"四区"阶梯式发展状况，最后实现以点带面发展，使周边地区所有生产者自觉按标准组织生产的局面。目前常德市已建设 157 个市级核心区，各农业主导产业和优势产业都建成了一批标准园区，如石门柑橘以石门县秀坪柑橘标准化示范园为代表，水稻以鼎城区灌溪镇优质稻标准化示范园区等为代表等，实现了农业标准化示范区先行、引领地区农业发展的良好局面。

5. 加强农产品品牌建设，市场引领，驱动标准化建设

农产品品牌是无形资产的载体，创立农产品品牌的过程实际上就是实现农产品增值的过程，通过品牌的辐射带动作用，在保证农产品质量的前提下不断增加农产品的附加值。进行农业标准化生产出的产品品质、产量要高于传统生产方式所得产品，如何将农业标准化工作量增值到农产品中去，实现优质优价，是农业标准化建设探索中重点考虑的问题。常德市坚持以农产品品牌化为基石，大力促进农产品的品牌建设及维护力度。

6. 完善产品质量安全监管体制，三位一体，巩固标准化建设

按照省农业厅"五个到位"（机构到位、培训到位、制度到位、责任到位、工作到位）的要求，加强农产品质量安全监管能力和监管机制建设，遵循"切断源头、清洁过程、把住关口"三位一体农产品质量安全监管原则，切实加强源头监管、农业标准化推进实施、基地准出与市场准入，实现了常德市连续 10 年农产品质量安全"零"事故。主要做法：一是健全体系，实现监管全覆盖。按照按需设岗、竞争上岗、按岗聘用的原则，每个乡镇配备 2 名以上监管员，每个村由村支两委主要负责人之一担任村级监管员，每个村民小组由组长担任组级协管员。全市共建立乡镇农产品质量安全监管站 208 个，配备乡镇监管员 448 人，明确村级监督员 3777 人、组级协管员 40012 人，形成覆盖市、县、乡、村、组五级的农产品质量安全监管网络。二是健全体制，系统规范监管行为。各乡镇从产地环境监管、农业投入品监管、生产过程监管、主体责任落实等方面，建立完善系列监管制度 30 项。全市建立以农业标准化建设为主线，属地管理，各级政府负总责，农业部门牵头负责，其他部门积极配合的农产品质量安全监管机制。三是加强培训，提高监管队伍水平。全市组织 10 名监管骨干参加省农业厅举办的农产品质量安全监管师资培训班；各县（区、市）共举办乡镇监管人员培训班 9 期，培训 774 人次，培训村、组监管人员 8465 人次。

7.2.3　减贫成效

1. 现代农业快速发展奠定了坚实的减贫基础

科技是第一生产力。常德市根据农业标准化建设需要，组织全市农业专业，以在当地适宜生长的茶叶、家禽、水果、蔬菜等八大产业为主要突破对象，广泛收集国内先进科技成果和经验，制（修）定了农业技术规程（规范）和地方标准 180 多项，形成了 8 大产业标准体系，以促进常德市的基地建设、生产技术的培育等主要技术进行规范。为保证体系建设切实可行，常德市每年举办近二十期培训班，对各级农业生产人员进行系统培训，培养了一大批具备高技术水平、高素质的人才队伍。通过这种人才培养计划，并且以发卡到户的方式提示各农户不同时期应该做的事情，积极督促农户的生产积极性，促进他们的农业生产。并且通过全面完善产业标准化体系，将分散的农户联合起来，各个生产环节也进行分配对接，将资源进行优化配置，促进现代农业的发展。

2. 构建了完整的脱贫产业

桃源的大米、石门的橘子、澧县的葡萄、汉寿的甲鱼，一批常德农业品牌在深入人心的同时也带动了产业的发展。以发展"三品一标"农产品及争创驰名（著名）商标为重点，常德市制定了"以奖代投"争创培育壮大农民专业合作社、农产品加工企业等农业标准化实施载体近6000个，鼓励和支持了1090家专业合作社和4600多个农产品加工企业。创建了"三品一标"品牌791个、中国驰名商标5个，建立"三品一标"基地320多万亩。在澧县，以农康葡萄合作社为龙头，3万多亩葡萄设施栽培标准化基地组成了南方最大的葡萄大本营，盈成油脂建立了45万亩产业一体油菜标准化基地……从之前的不到20%到如今的50%以上，全市"三品一标"农产品在上式农产品中所占的比率不断提高，使得常德农产品加工产值一跃跨上500亿元台阶，不仅增加了大家的收入，也让原来滞销的商品因为品牌的建立可以实现和市场的合理对接，另一方面，随着产业的持续扩大，提供了越来越多的就业岗位，吸引了很多出门打工的相亲回家乡振兴乡村，发现农业产业，进一步促进当地农民脱贫减贫。

3. 确保了农业发展的高品质水准

常德市在农技推广体系的基础上，结合农产品质量安全监管体系和农产品质量安全检测体系，共同构建成一个"三大体系"建设，严控农产品质量，全面落实标准推广、清洁生产、农业投入品经营、农兽药规范使用、生产档案、质量安全承诺、农产品标识、基地配套实施及管理等八项制度，标准化基地做到有实施标准可依、农业废弃物集中处理、农业投入品经营和病虫防治用药规范、生产档案完善、自律责任明确、产品标识清楚、基础设施条件改善、农产品的质量安全问题可采取追溯管理的办法。全市两百多个乡镇都使用本套质量监管办法成立并完善农产品质量安全监管站，每个监管站各有两至三名监督管理人员，每个村都要保证有一个人完成监管工作，每个组都要保证有一名合格的协同管理员，配合其完成工作要求，在全市范围内组建了涉及从市到县再到乡、再到村、最后到组的农产品质量安全监管网络，使整个过程都有监督。其中，在市、县两级中要完善健全农产品质检中心，一些主要基地大本营的乡镇监管站都要配备一到两个套速测仪器，不断形成农村专业合作社、基地大本营村庄等都成立多个速测点。实现了农业标准化服务和质量安全监管全覆盖，农产品质量安全例行监测合格率稳步提升到98%以上。

4. 农业减贫成效显著

在常德，全面推进农业标准化基地建设的局面已经形成，实施规模已达到农业生产规模的60%以上，在基础较好的地区，实行责任到人制度，每一个领导都有自己负责的产业，共同成立近两百个高标准核心样板园区，规模达到一百多万亩、生猪90万头。在产业适当集中的基地，通过示范带动，建设标准化基地97万亩。生猪95万头。在产业比较分散、有合作社带动的地区，不断完善建立标准化程度较高的基础基地共200多万亩、生猪100多万头。这对于其他基地的发展有极大的带动作用，有助于建立农业标准化的生产基地。全市共发展标准化基地到790万亩，生猪335万头。标准化基地建设的发展带来的是农民收入的提高，2015年农民人均纯收入达到11700元，为2010年的2.1倍，以水稻标准化为例，示范区共增产稻谷4.65亿公斤，增加产值10.46亿元，通过示范项目主推技术的应用，减少了种子、农药和化肥用量，每亩节本增效40元以上，平均每亩增加纯收入126元，农民增收15.26亿元，年均增收3.82亿元。①

---

① 数据来源于常德市农业局。

7.2.4 重要启示

1. 农业标准化建设要以政府为主导，建立标准化推进机制

湖南省农业厅连同常德市政府共同发展创建了一个厅市合作委员会，并构造了一个联席会议制度，以促进合作委员会的不断发展。常德市县两级成立了由市县长任组长的农业标准化建设领导小组。全市形成了在省农业厅（委）指导下的政府统一领导、农业部门组织实施、其他相关部门协调配合的农业标准化建设组织领导体系。市委、市政府出台《关于加快推进农业标准化建设的意见》，明确了推进农业标准化的目标任务、工作重点和保障措施，建立了农民投入为主、部门项目支持、各级财政奖补相结合的农业标准化建设投入机制（见图 7-2）。省农业厅（委）每年给予2000 万元的专项支持，市财政每年投入农业标准化建设资金 1500 万元以上，各县市区财政每年投入均在 200 万元以上。市县财政、整合部门资金和社会投入五年累计达 16 亿多元。市委、市政府主要领导、分管领导定期调度农业标准化工作，现场办公解决标准化建设中的具体问题。建立了市委常委联系标准园建设制度，每名市委常委联系一个农业标准化园区。全市农业标准化建设进入由一个部门工作上升为政府行为，由分管领导抓上升为主要领导亲自抓，由过去单纯依靠行政推动上升为依靠社会力量特别是以农民合作社为主体，政府、企业、社会全面协作、合力推动的新阶段。

在政策导向上，合理构建农业标准化补贴机制，通过政府的财政补贴措施，积极推动银行优先向各农业龙头企业，农户提供贷款，并且合理建立一套贸农工一体化等形式，实现产销一体化，使资本和农业相联系，使农户有钱可用，以企业化和股份制的形式来建设现代农业，通过特定的机制体制，引导农户生产收益大的农产品，向生产潜力大的生产区域倾斜，达到农户可自我投入和发展的良性循环的轨道。同时优化农机补贴机构，

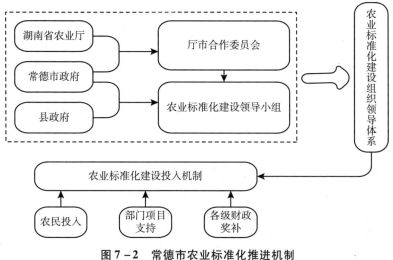

图 7-2　常德市农业标准化推进机制

因地制宜，分类指导，加强实地考察，多与农民沟通互动。切实根据农民
生产所需，合理分配农机补贴比例，最大限度降低农民前期投入成本，减
轻农民负担。在组织协调上，统一各级政府的认识，积极协调相关部门的
标准化工作，进行农业标准化工作是一项集聚基础性、综合性和协调性的
工作，这与很多环节都存在密切的联系，如农业科技推广、农业生态环境
保护以及农业投融资政策等。政府部门也要强化对农业标准化的培训，规
范每个人对农业标准化的认识，提高不同层次农业相关人员的专业知识和
素养，同时积极促进农业标准化的工作进程。

**2. 农业标准化建设要以产业为单元，制定标准化技术规程，加强农业
科技创新与推广**

常德市以水稻、家禽、蔬菜等十大产业标准化为基础，严格按照农业
标准化的原则，制定一个全程的标准体系，以保证全程都有参考标准、可
操作的要求，在生产加工方面的技术已经超过 200 多项，累计将近 600
项。为了落实贯彻这些标准，必须大力培养熟悉农产品生产的优秀生产人
员，发展各种技术骨干，目前，这种技术骨干已经超过两万人。除此之
外，常德市还通过将不同时段农民应该进行的农业生产进行分类，将这些

事项分别写在不同的卡片上，在相应的时间段分配给农民，以便提醒其进行相应的农业生产。此外，还定期组织专业技术人员，深入到园区、基地开展标准化技术指导；建立监督巡查、检测、执法等制度，定期开展农业标准化技术执行情况检查；园区全面建立生产档案，实行生产过程全记录。同时在农业科技创新与推广方面，加大资金投入，在此基础上，优先选取低成本高效率的实用技术进行推广。第一，应不断提升政府对农业科技创新技术推广宣传的财政资金投入以保障其发展的顺利进行。处理加强投资力度，在投资速度方面，也要得到不断的加强，每年国家用于科技投入的增长速度应高于财政收入的年增长速度，占到农业增加值的1%以上。同时要通过政策积极引导各类农业及涉农企业增加科技创新投入，并积极吸引包括海内外的资金用以投资于农业技术创新项目。政府部门需要从农业建设基金中提出一部分用于农业科技推广和相关科研成果的中试和推广工作。为了实现将科技成果与生产经营实践相结合，政府要通过政策导向不断引导各高等院校和各研究所到农村建设示范园区和生产基地，在政策上给予其优惠，并在财政上给予支持。与此同时，不断加快推动农业产业化建设，依据公司和农户相结合的原则，由企业将科学技术送到农村。第二，优先选择低成本高效率的实用技术进行推广。尽量选择一些低成本并且技术成熟度高、科技含量和附加值较高的农业技术进行发展推广，对于一些可以复制发展的技术，例如丰产栽培、节水灌溉、测土施肥等先进适用技术要给予高度的重视，将这些技术在农业标准化示范基地、农业科技示范基地和农业科技园方面进行大范围的推广运用，以期实现规模经济的发展。在生产过程中，也要不断进行总结，要把适合当地生态类型、投入成本低、技术成熟、高效益的技术在当地农村和农民之间进行辐射和推广，使农业科技直接进入农业与农村经济，加速科研成果转化为现实生产力，实现农产品有效供给，提高农民收入，增强农业和农村科技的可持续发展能力。

3. 农业标准化建设要以新型经营组织为主体，培育标准化实施中坚，建立多元化的农业标准化经营主体

农户的分散性对于大力推进农业标准化的建设构成了极大的阻力，为了有效地解决这一问题，各级政府纷纷出台新的政策大力支持农村实行农村合作社的建设，通过农产品加工企业的不断改进来促进农户的集中度，将农民联合在一起，努力形成规模经济，推动产业的发展，提高产业的生产规模。特别是按照一个产业一批合作社的要求，围绕主导产业成立和发展了农民合作社 2000 余家，其中市级以上农民合作社示范社近 300 家，共有社员 20 多万户、带动农户 40 多万户，有接近 460 家注册商标，其中 200 多家通过农产品质量认证，基本全面覆盖所有传统产业、特色产业和新兴产业。同时，全市共发展农产品加工企业将近 5000 多家。在合作社等主体内部，统一配备种苗，供应生产所需的生产资料以及投入品的管理，制订不同的技术规程，设计不同的品牌包装和注册商标，并且组织统一的销售方式，促进农业的标准化进程。

对于农业的龙头企业，大力推动建立公司、农户和基地之间的标准化生产管理模式，把分散的农业生产者结合企业共同归入标准化的生产模式中去，积极发展形成基地车间化，农民工人化以及原料生产工厂化的生产原则，不断着力构建一个农产品的大本营。例如葡萄产业在农康葡萄合作社的带动下，形成了一个 3 万多亩葡萄设施栽培标准化基地，汉寿县以太湖股份为龙头建立 7 万多亩甲鱼标准化养殖基地，已分别发展为南方最大的葡萄、甲鱼规模商品基地。

在农业标准化经营主体的建设上，建立多元化的农业标准化经营主体，共同推进现代农业产业化发展；大力将强政府对农业龙头企业的支持力度，大力发展和培育当地的龙头农业企业，选择一些市场前景好、科技含量高、产业链条长、带动能力强的龙头企业给予重点扶持和奖励，鼓励企业进行自律型标准化管理，制定企业标准。要定期协同企业对标准进行复审，必要时应根据具体的产业发展情况进行及时修订和补充，不断加强政府对农业专业合作社的综合扶持力度，不仅在财政上给予相应的支持，在政策导向上也要积极促进农业合作社的发展，努力推动其良性发展，建立健全符合农民专业合作社要求的内部管理制度，不断规范其运营的正规性，大力加强对合作社领导人的技术培训，不断增强其技术创新能力、市场营销水平和财务会计理论，着力构建一个懂经营、会管理、讲规矩的农民专业合作社管理人才，鼓励农民工返乡创业，扶持种植大户进行规模化经营，加强产业内同类型合作社的整合，组建以特色优势产业为依托、标准化运营的联合社，将合作社做优、做强，增强辐射带动能力；探索建立农业的风险保障机制，通过龙头企业设立风险基金、保护价收购，按农户出售产品数量返还利润等方式与农户建立更紧密的利益连接关系。

4. 农业标准化建设要以园区为载体，创建标准化示范样板

常德市借鉴已有的现代农业样板区、粮油高产基地和具有农业产业标准化的果园、养殖场和水产等建设，按照不同产业的特点，将园区的建设分层进行不同层次的发展和推广，逐步形成了"广泛参与、分层推进、逐步提质"的全面推进农业标准化基地建设格局。近年来，常德共发展市级标准化样板园区将近160个、县级样板园区现已超过100个，每个主导产业和优势产业都建成了一批标准园区。通过样板的带动作用，油菜、水稻、柑橘等标准化建设覆盖率将近七成，家禽类标准化建设覆盖率达到七成半，烟叶、茶叶、葡萄已经全部实现标准化。

在示范带动上，发挥农业标准化示范综合示范效应，辐射带动周边地区现代农业发展，农业标准化在标准化生产上引领周边地区的同时，应在政策示范、产学研联动、信息服务等方面对周边地区起引领带动作用。农业标准化示范区通过引进、吸收、优化、配置现代农业要素条件（土地、资金、劳动力、科技、信息、政策等），创新现代农业经营管理体制机制，形成农业标准化生产示范样板，代表先进的农业生产力，具有强大的外溢效应，应该通过政策示范、产学研联动、信息服务引领对周边形成带动作用，促进我国更广阔地区的农业生产关系进一步适应农业生产力的发展，促进现代农业产业体系构建，增加农民收入，推进城镇化发展，使其成为农村发展乃至区域发展的增长极，辐射带动周边地区发展，实现区域经济的良性循环发展。

在政策示范方面，农业标准化示范区为实现生产要素的重新优化配置，这就要求提高资金的利用度，强化人员的培训和发展，促进土地的流转以及发展规模经济方面做一些先行试点，尤其是在政府政策上的优惠政策，以便推动这些政策的广泛实施。

在产学研联动方面，在多种多样优惠政策的带动下，各种科研院所、高等院校和农业科技型企业都逐渐开展实行农业标准化样板区，在样板区构建一套完整的产学研合作大本营，不断利用技术、信息市场和利益等的扩展性和外流性，使具有创新能力的技术不断向周边地区延伸扩散，完善各种产业链，使各种技术成果有更加宽广的应用空间，使人们能够将其转化为更加高级的产品以及服务，不断提高创新在产业发展中的重要性，形成更多的科技成果。

在信息服务方面，农业标准化示范区有良好的基础依托，其中包括资源基础、经济基础以及环境基础。农业标准化是未来农业发展的核心以及方向，这对农业的技术改进、信息发展有着全局性的指导作用，为全局的政策导向、政府行为提供方向，引导其形成现代农业。

5. 农业标准化建设要以品牌为抓手，打造标准化区域品牌，实施品牌农业减贫效应

政府对常德市发展"三品一标"农产品及争创驰名商标提供了大力的财政支持，每个无公害农产品的补助为每单位 0.3 万元，绿色食品每个 0.5 万元，有机农产品每个 1 万元，农产品地理标志每个 2 万元，中国驰名商标、地理标志证明商标、国家地理标志保护产品每个 30 万元的标准，这种奖励性的补助行为充分调动了各企业的积极性，对于推进产品商标的建设有积极的推动作用。在常德市的五年发展中，"三品一标"产品增加超过 400 多个，其中无公害农产品达到 100 多个、绿色食品近 200 个、有机农产品达 100 个。同时，常德市也在积极促进品牌建设，主要以"金健大米""石门柑橘""石门有机茶"和"桃源大叶茶"等为重点对象，不断扩大产品品牌知名度，以新闻发布会、媒体推广等多种形式将各农业产品推广到全国，并且积极和各超市、学校等团体达成了产销对接，促进农产品的占有度，从而提升其上市速度（见图 7 - 3）。

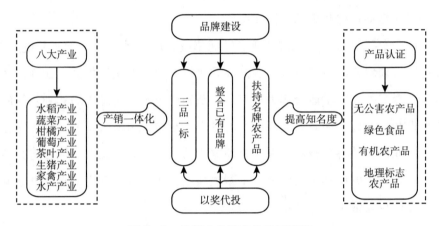

图 7 - 3 常德市品牌农业建设流程

7.3 "金融 + 农业园区" 助推精准脱贫的实践——广西田东县的案例

7.3.1 田东县农业减贫概况

广西田东县位于广西西部，地处右江河谷腹部，右江河从西至东贯穿其中，东连平果县，南与德保、天等县相邻，西与田阳县接壤，北与巴马瑶族自治县相连。辖 9 镇 1 乡 167 个行政村（街道、社区），总面积 2816 平方公里，耕地面积约 39 万亩，全县总人口达到 43 万人，是国家全面脱贫的主要对象。田东县经济历史上以农业为主，在农业中又以种植业为主。至 2015 年，已初步成立了以甘蔗、芒果等水果，蔬菜，畜牧水产等十大基地。截至 2016 年年末，建成"双高"糖料蔗基地 7 个片区共 1.5 万亩。新增规模养殖场 46 个，年出栏生猪 33.57 万头、林下养鸡 2325.7 万羽。肉类总产量达 3.81 万吨，水产品产量 1.9 万吨。新种芒果、火龙果等特色水果 7.65 万亩，水果种植面积 39.44 万亩，总产量达 37.59 万吨。累计完成土地流转 18.57 万亩，推动建设 1 个区级、2 个市级现代特色农业（核心）示范区。农机推广有突破，农机化率达 60.5%。预计，第一产业增加值完成 25.77 亿元，同比增长 6%，对经济增长贡献率为 11%，拉动经济增长 1.1 个百分点。①

　　作为国家现代农业示范区，广西壮族自治区百色市田东县紧紧围绕率先在"老、少、边、山、穷"地区实现农业现代化的总体目标，努力开创欠发达后发展地区实现现代农业的先河，在不断探索中逐步找到一条适合本地区特色的发展道路，田东县走出了独具特色的现代农业发展模式：首先进行金融机构、服务及产品的创新，其次进行金融改革创新与制度构建、进行推广复制、风险防控联动，最后进行金融改革与扶贫攻坚、现代农业与城乡一体化发展相结合。创新农村金融组织主体、金融服务产品，成立了以各种金融机构，例如各银行、保险服务机构、信贷机构等多种多样的竞争格局，达到乡镇银行网点全覆盖的服务体系，解决了农村金融服务网点少的问题；创新农村信贷抵押担保方式，创新村级"三农"金融工作服务室，解决了农村信贷抵押担保机构少、抵押担保范围偏窄的问题，提高金融服务效率。在此基础上，要着力发挥改革创新和风险联控等联动作用，结合制度构建等有效措施作为制度保障，成为贫困地区发展生产的有效保障；同时，广东田东县作为典型的贫困地区、革命老区，其金融改革进程要符合当地的经济实力，结合实际情况积极探索脱贫、产业开

---

① 数据来源于广西田东县农业局。

发等。首先,要将农村的金融体制改革和脱贫攻坚相结合,其次,要将农村金融改革与发展现代农业相结合。最后,农村金融改革与城乡一体化相结合。逐渐形成了"三个创新 + 三个联动 + 三个结合的金融服务 + 农业园区"助推精准脱贫模式。其成功经验为民族地区探索现代农业发展道路提供了经典的范本。

广西田东县的金融服务要以金融支持为载体,不断推动建成金融的"六大体系",形成一个完善的金融带动发展的体系(见图7 - 4)。即金融组织体系、支付体系、信用体系、基础金融服务体系、保险体系和担保体系,以解决农户缺资金发展农业活动,并且难以成功进行贷款的实际难题。当地政府要不断强化对农村的财政支持,着力构建一个具有当地特色的农业产业,积极培育有效金融需求主体,全面带动全县的农民脱贫致富,促进当地现代化农业的发展进程和农民收入的稳定增加。

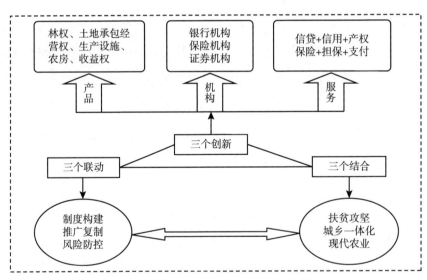

图7 - 4 广西田东金融服务带动减贫模式

7.3.2 主要做法

1. 进行金融机构、服务及产品的创新

（1）要促进机制体制的不断创新升级。2012 年，田东县通过招商引资的方式吸引国海证券股份有限公司进入该县发展经济，随着其稳步发展，当年 12 月，该县成立首家农村产权交易平台，即田东县农村产权交易中心，大力推动了该县金融体制的发展创新。目前，田东县的金融机构已经近十家，非银行金融机构已达近二十家，银行机构网点近五十家，且覆盖范围至全县，初步形成了银行、证券、保险等各种形式的金融机构的联动发展，共同推动了当地的金融体系建设进程。

（2）要全面进行产品创新。2012 年，田东县先于全国其他六个同类试验区（分别是北京市大兴区、河北省玉田县、吉林省九台县、福建省沙县、湖南省沅陵县、安徽省金寨县）出台《开展农村产权抵押贷款试点工作的意见》，通过在全县范围内积极鼓励开展各种金融机构，研发新的金融产品，并且不断推进土地承包经营权的抵押贷款等。2014 年全县的各种涉农信贷、保险理财已经有近 40 个，基本全面覆盖了农业农村的各个生产过程，截至 2014 年年底，涉及贷款余额达 1.59 亿元，赢得了很好的赞誉。

（3）要全面推进服务创新。田东县以少量的财政支出建立了一个农村金融服务体系的长效机制，即"一室一权一评级"，保险、担保加支付（体系），逐步构建了一个复制能力强，容易推广和持久性强的基本框架。其中，"一室"即村级金融服务室。田东县以村为单位建立"三农"金融服务室，人员包括一些大学生村官和带动农民当家致富的领头人。由他们共同在银行和保险公司的带动下协同工作，发挥其作为连接金融机构和农民群众的桥梁和纽带作用，使信用采集、贷前调查、贷后催收、保险服务、金融知识宣传等工作前置到村一级，解决金融机构基层网点及人力不足问题。"一权"为农村产权，包括了林权、土地承包经营权、生产设施、农房、受益权等农村产权。"一评级"为建立覆盖农村农户、农民专业合作社、中小企业的三级信用体系，实现农村信用信息全覆盖。保险、担保加支付，反映的是田东银行业金融和非金融组织齐全，除工、农、商、建等银行金融机构外，还有由信用联社改造新组建的农村商业银行、北部湾村镇银行分支和涉农保险、证券等机构，各银行业金融机构在田东城乡布设物理网点，安装 ATM 机、POS 机和转账电话，仅田东农村商业银行在全县布设桂盛通支付终端机子 322 套，覆盖县城郊区及全县 162 个行政村。

2. 金融改革创新与制度构建、推广复制、风险防控联动

首先是要建立改革创新与制度构建联动机制。田东县通过先后出台的多份文件制度，以此为基础建立了工作联席会议制度，初步形成了一个全面合作，金融机构推动、农民参与的运行制度。其次是建立改革创新与推广复制联动机制。在这之中，最符合当地发展的模式就是"农金村办"模式，各种农民资金互助社，小额信用贷款等特色保险产品广受欢迎。最后是要建立改革创新与风险防控联动机制。田东县通过建立健全涉农贷款奖励机制，鼓励各金融机构贷款给农户和农村合作社等，构建完善的农业担保体系并且成立了风险补偿机制等，给各金融企业的放贷添柴加火，大力推动了放贷进程，有效分担金融机构服务"三农"的风险。

3. 金融改革与扶贫攻坚、现代农业与城乡一体化发展相结合

（1）农村金融改革与扶贫攻坚工作相结合。田东县积极加大财政支持力度，运用各种金融手段使资本和农业相结合，着力于开展农村特色农业的发展，大力培育有效金融需求主体，带动农户脱贫致富。如其下辖的河谷镇为全国重点扶贫县，在这种金融体制的引领下，2013 年全县累计向扶贫龙头企业和各贫困村发放扶贫贷款近 2.5 亿元，其达到的脱贫效果和这种做法也得到了政府相关部门的高度认可。

（2）将农村金融改革与发展现代农业相结合。田东县于 2012 年底开展建立了广西第一家农村综合产权交易中心，促进了农产品的交易活动，全面引导规范农村资产评估工作，提高了农村产权流转效率，有效促进了土地规模化经营以及现代农业发展资金等关键问题的解决。2013 年该县通过招商引资引进了广西金融投资集团，希望广西金融投资集团在田东设立"综合金融服务中心"，为现代农业龙头企业担保贷款超 2.5 亿元，促进了农村金融改革与现代农业的结合。

（3）将农村金融改革与城乡一体化相结合。主要通过发挥政府财政补贴等杠杆撬动作用，大力加强银行等金融机构对各种城镇化信贷项目的支持，以促进新型农村的建设和发展。

7.3.3　减贫成效

1. 经济增长迅速，主导产业壮大

2013 年田东县农业总产值将近 40 亿元，同比增长超过了 11 个百分点，农民人均纯收入近 8000 元，同比增长 20 个百分点；粮食播种近 40万亩，总产量超过了 12 万吨，同比增长 2 个百分点；以芒果、香蕉等的主要特色产业总产值高达近 15 亿元，同比增长近 10 个百分点；以生猪和林下养鸡为主的畜禽养殖业总产值已超过 15 亿元，同比增长 25 个百分点。依托全国农村改革试验区和国家现代农业示范区的优势，重点发展右江河谷、达寒江流域、灵岐河流域特色产业带，形成规模化示范、特色农产品支撑、机械化提升的现代农业新格局，传统农业向现代农业、粗放经营向集约经营加快转变。截至 2016 年末，建成"双高"糖料蔗基地 7 个片区共 1.5 万亩。新增规模养殖场 46 个，年出栏生猪 33.57 万头、林下养鸡 2325.7 万羽。肉类总产量达 3.81 万吨，水产品产量 1.9 万吨。新种芒果、火龙果等特色水果 7.65 万亩，水果种植面积 39.44 万亩，总产量达 37.59 万吨。[①]

---

① 数据来源于广西田东县农业局。

2. 土地流转加快，适度规模经营稳步发展

田东县出台了《田东县农村土地承包经营权流转奖励暂行办法》和规模化立体种养奖励措施；同时，田东县以县农村产权交易中心为基础，积极促进各种土地流转工作的顺利进行，不断加快农村土地的有序流转。2013 年，全县土地流转面积增加近两万亩，不断加快农村土地的集中化发展，全县土地适度规模经营比重已经超过了 30%，相对于 2012 年提高了将近 4 个百分点。截至 2016 年底，全县已经累计完成土地流转接近 20 万亩，不断推动构建完成了两个市级现代特色农业的示范区。田东县结合政府的精准扶贫工作，不断加强完善贫困村的股份合作制度，着力打造四个贫困村的扶贫工作。田东县目前已经完成农村产权交易信息平台升级改造，全年构建个了覆盖本县 10 多个乡镇及全市 12 个县（市、区）的农村产权交易电子信息平台。在农村产权制度改革的助推下，农村资源入市工作成效显著，田东农村产权交易中心累计主持交易近 1 万宗超过了 9 亿元，产权抵押贷款 150 宗近 4 亿元。田东县也成立了不动产登记局，不动产统一登记试点工作稳步推进，颁发不动产权属证将近 1300 本。①

3. 农村金融改革取得成效，逐步实现县域金融普惠

2012 年，田东县首先提出在全国范围内加快市实现城乡金融服务"均等化"的目标，逐步形成了一个"三农"金融服务平台，构建了一个新型的农村金融服务模式，即"金融服务室 + 信用评级 + 农村产权 + 信贷 + 保险 + 支付工具"，并且把金融服务向外不断延伸扩展，实现全县范围内的金融服务。2013 年底，全县范围内的存款余额超过了 70 多亿元，增长了 7 个多百分点；贷款余额近 75 亿元，增长近 20 个百分点；涉农贷款余额超过了 50 多亿元，增长 20 多个百分点，占比近 3/4；不良贷款率为不足 1%。利用金融 + 农业园区助推精准脱贫的发展模式全力打造农村金融改革"升级版"。截止到 2016 年末田东县各项存款余额 94.6 亿元、

---

① 数据来源于广西田东县农业局。

贷款余额 85.67 亿元，其中涉农贷款余额约 64.13 亿元，占比 74.86%。农户信用评级与精准扶贫管理有效结合，完成"贫困农户—贫困村—农民专业合作社"信用评级工作，全县评定信用户 5.7 万户，信用村 139 个，信用农民专业合作社 182 个，53 个贫困村全部转为"信用村"。累计向信用新型经营主体发放贷款 6215 万元，向 5.9 万户农户发放小额信用贷款 22.8 亿元，其中 9145 户信用贫困户获小额信用贷款 4.56 亿元。①

4. 新型农业经营体系初步建成，农民增收取得一定成效

田东县供销合作社在推进综合改革中，大力推进农村综合服务平台建设。截至 2017 年底，各乡镇供销社已基本完成综合服务站改造建设，建成村级综合服务社近 30 个，今年将继续建设 16 个村级综合服务社，计划到 2020 年，供销社经营服务网点村级覆盖率达 80% 以上。合作社的建立过程中，县委、县政府高度重视与支持综合服务平台建设，划拨 110 万元扶持资金给供销社。同时大力引进农村经济人才和返乡创业人员，与供销社签订建设村级服务社的合作协议。服务站（社）按照"经营性服务"与"公益性服务"相结合的原则，在开展农资、日用品等经营业务的同时，因地制宜，开设便民缴费、小额存取款、保险、农技、庄稼医院、就业指导、农村电商、再生资源回收、农民专业合作社等公益性半公益性服务项目。经营性业务和服务性业务互相依存，良性互动，经营性业务保障了服务平台人员的正常收入，服务性业务增加了店面人气，取得较好的经济效益和社会效益。田东县致力于构建一个新型的发展模式，即"龙头企业 + 合作社 + 基地 + 农户"，全县十多家龙头企业的年销售收入达近 30 亿元，销售收入过亿元的达到 5 家。龙头企业共带动农户近 5 万户，促进农户增收超两亿元。另外，2013 年全县新增农民专业合作社 30 家，使农民专业合作社总数达到近 200 家，带动农户超过 3 万户，合作社中各社员每户年人均纯收入比非社员户增收 1000 元左右。

---

① 数据来源于广西田东县农业局。

5. 建立保险体系，实现惠农特色保险有效覆盖

田东县通过发展三小模式（"小农户＋小贷款＋小保险"），基本上构建了一个新型的支农助农惠农的新格局，即"政银保"合作。该县锐意创新的推行农业保险的做法在全国范围内受到了肯定，获得中国人保财险集团"全国农村保险示范县""全国农村保险明星示范县"等称号。

7.3.4　重要启示

1. 坚持高标准规划，实施农业科技创新

（1）坚持高标准规划，指导示范区建设。高标准编制规划是保证国家现代农业示范区建设得以顺利实施并取得卓有成效的关键，为此田东县聘请了中国农业科学院农业资源与农业区划所编制《田东县国家现代农业示范区建设规划》。为使规划既符合现代农业的要求，又切合田东实际具有可操作性，规划编制组专家先后 5 次专程从北京来到田东，深入乡镇、厂矿企业调研，详细了解田东农业产业发展现状，并召开各有关单位座谈会，广泛征求意见，提出了《田东县国家现代农业示范区建设规划（初稿）》。完成规划初稿后，又先后召开了县有关部门征求意见会，几经征求意见，研究讨论，最后才提交县政府常务会和县委常委会审议，再经自治区农业厅组织召开的田东县国家现代农业示范区建设规划审查会审查修改完善后上报。

（2）加快科技成果转化，实施农业科技创新。为加快农业科技成果在示范区内快速转化成生产力，田东县首先与中国热带农业科学院、广西大学、广西农科院等科研机构大力进行科研成果的对比研究，致力于在重点产业也加强合作，共建农业成果的共享基地。其次以实施粮食高产创建、糖料高产创建、蔬菜水果标准园、农业综合开发、土壤有机质提升等项目为重点，大力开展新技术试验示范推广工作。最后强化农业科技培训。重点对全县农技人员、科技示范户、农民专业合作组织带头人和种养大户进行新型适用技术培训。并通过田东县农技 110 服务中心的农业信息网络，将农业生产技术、农产品信息、市场行情等及时传送给农户。

2. 深化农村金融改革，支持现代农业建设

利用金融撬动现代农业发展，一是创新贷款品种，扩大担保物范围。推出林权抵押、土地经营权抵押等抵押方式；完善覆盖城乡，覆盖农村、企业、农民专业合作社的县、乡镇、村三级信用体系。拓展信用信息系统服务领域和覆盖范围，将农民专业合作社、专业大户、家庭农场纳入信用体系，探索信用支农新方式，解决新型农业经营主体发展产业资金短缺问题，发展以信用为基础的普惠金融。二是加大财政支持力度，增强担保公司能力，如成立助农担保公司并注册资本达 3000 万元；同时继续探索创新金融扶贫新方式。全面推进非信用村的贫困村转信用村建设。通过优化农村信用环境，确保多渠道资金发展适合贫困村的特色产业，促进贫困村产业发展和脱贫致富。建立金融机构包村扶贫机制，完善银行机构联系贫困村工作制度。充分发挥财政贴息的作用，给予贫困村更多贷款贴息支持；最后探索开发性金融支农新模式。扩大与国家开发银行的合作，共同探索"农村资金互助社 + 农民专业合作社 + 金融服务室"联动发展模式。寻求农业龙头企业、合作社、专业大户、家庭农场等使用开发性金融资金新突破，探索低风险集约使用大额信贷资金新样本，构建可持续的开发性金融支持县域经济发展新模式。三是推进政策性农业保险，提高农村保险市场覆盖率，扩大涉农险种承保面积。先后在全县 9 个乡镇建立农村保险服务站，保险品种涉及农村房屋、能繁母猪、甘蔗、香蕉、芒果、竹子等。用活用好各级财政资金。鼓励保险机构开发保险品种，同时农民投保意识在市场化的运作中得到了不断的提高，进一步提高政策性险种农户缴费比例，提高财政性保险资金使用效率，完善保险经济补偿机制。

3. 推进农村土地流转，发展高效规模农业

从 1999 年起，田东县就开始探索以租赁方式进行土地规模经营。按照自愿、有偿、规范、有序的原则，由村委牵头与承包方签订合同，划出连片土地，统一租金，将土地租赁给民营企业、个体老板开办种植场、养殖场、加工厂等。通过大力调整、优化田东县的农业产业布局。实施甘蔗下山工程，25°以上山坡全部退耕还果、退耕还林。推进土地流转，在种植养殖品种、规模上提升档次，发展高效农业，运用农产品可溯源技术，打造国家级绿色产品、有机农产品生产基地。加快推进田东现代畜禽产业园区、冷链物流园区建设，争取获得自治区审批，为农业产业园区争取土地、融资创造条件。继续加大有实力的农业龙头企业引进园区工作力度，确保已入驻园区的企业迅速发展。加大农业产业标准生态示范园区建设力度。加大与专业科研院所的合作，在推进农业产业科技创新、关键技术集成推广应用和人才培养等方面取得实效。力争 2014 年完成"两区"科技成果转化中心建设，集中展示田东农业新品种、新技术、新成果。确保2014 年全县良种推广率、实用技术普及率、病虫害专业化统防统治率达98％以上。保持家庭经营在农业生产中的基础性地位，在其基础上不断推进其向集体经营，合作经营等模式的创新改进。不断发展壮大农村集体经济，推动农户、合作社、家庭农场等承包经营权，形成一定的规模经济，并以此作为其入股农业产业化的资本，开辟一条新的途径。2014 年县财政划拨专项资金建立田东农产品品牌化专项基金，选取龙头企业、专业合作社、家庭农场、经营大户的香蕉、芒果、香葱、猪、鸡、鸭、兔等 5 ～10 个特色农产品进行品牌打造，促进田东特色产业品牌化、规模化、集约化发展。成立田东县企业上市、升级工作领导小组，县领导挂点企业直接对口帮扶，提高国家农业龙头企业（产业）配套资金的可获得性和使用效率。通过土地流转、扶持龙头、产品品牌建设、构建新型农业体系、调整产业结构等一系列措施，促进了农村土地资源合理配置，推动了农业规模生产和集约经营，解决了农民一家一户在调整产业结构中难以解决的水电路设施、土壤改良、配方施肥、无公害生产、启动资金、市场营销等难题，降低了农业生产成本，提高了土地产出率，实现了资源增值，同时促进了更多劳动力从第一产业向第二、第三产业转移。

4. 完善社会化服务体系，服务特色农业发展

首先提升乡镇公共服务水平。一是改造村通屯级道路，在广西率先实现屯屯通水泥路，解决群众出行困难问题。二是优化农村中小学建设布局，推进农村寄宿学校、中心幼儿园及教师公租房建设，加快实施农村职业教育。三是在人口相对较多的偏远的行政村建设一批中心卫生院，提高群众就医水平。四是建立覆盖城乡的以养老保险、医疗保险和最低生活保障为主要内容的农村社会保障机制，形成与城市社会保障制度逐步接轨，确保弱势群体的根本利益。五是强化农事村办点公共服务能力，全面提升现有的"农事村办"服务点功能。选配优秀干部驻点，完善村级民主制度、办公设施、加强文化室、医疗室、金融服务室等建设，提高 CRS 机、ATM 机布放水平。扩大核心村公共服务半径，形成中心村辐射周边村的公共服务格局。其次整合电信、移动、广电等部门资源，建立起功能完善的县、乡、村三级农业信息服务体系，使农业信息能通过电脑网络、电话、电视、手机短信等方式，进入千家万户。2017 年，田东县建有县级农技 110 服务中心、乡镇建有农业信息服务中心、村级建有农业信息服务网点，县、乡镇配备专职人员 38 人，乡级信息员 73 人，配备村级信息员152 人。有力促进了现代农业的信息化发展。建立和完善电子信息网络平台建设，尽可能实现"三网合一"。力争在未来几年内全面解决农村群众收视难、通信难、网络培训难、银账支付难等问题一系列问题。最后是建立农产品质量安全检测体系，建成了县农产品质量安全检测中心和各乡镇的农产品质量安全流动检测站，正常开展例行监测和专项检测活动。进一步加强农村农产品流通的基础设施建设，不断促进农村农产品的现代化，提高农产品市场体系的网络化程度。大力发展农业龙头企业，开展各种大型连锁超市，将农村农产品流通龙头企业与农村专业合作组织对接。促进"农超对接"基地品牌化经营，提高农民进入市场的能力。

5. 创新投入机制，破解资金难题

针对示范区基础设施建设需要投入大量资金这一现实问题，田东县通

过整合各项涉农项目资金，充分利用农业、水利、林业、土地、交通、卫生、教育文化、旅游等项目资金，全力支持示范区基础设施配套建设。同时，积极开展农村金融改革，鼓励金融投入，积极协调农发行等政策性银行和农村商业银行、农业银行等商业银行开展金融融资服务，减轻地方政府资金运行周转压力。成立一个融资平台，不断刺激农村合作社、农业龙头企业和农民增高收入或投工投劳，争取外地企业投入支持及专业合作社投入，调动社会各方面资金投入现代农业建设中，同时通过农村产权确权创新、创新补偿机制、探索农村宅基地资产化创新路径、创新城乡户籍管理机制、农村产权交易中心建设等一系列创新机制，解决资金难题。一是推动农村产权确权。2015 年末前完成荒山、荒坡、荒滩、荒丘（简称"四荒"）、集体建设用地和农村宅基地的确权、颁证，为"四荒"、集体建设用地、农村宅基地入市创造条件。大力维护农民集体经济组织各成员的权利，大力促进改进农村的农民股份合作，使农民拥有对集体资产的使用权，给予农民对集体资产的继承权，探索农民增加财产性收入渠道。二是加强农村产权交易中心能力建设。将田东县农村产权交易中心打造成为区域性交易平台，推进城乡要素平等交换和公共资源均衡配置。持续增强交易品种和服务范围，创新服务领域。促进合理收费，实现农村产权交易中心的可持续经营，实现其跨区域、跨行业、跨所有制发展。三是建立征地补偿新机制。尽快建立城乡统一的建设用地市场。在符合规划和用途管制的前提下，允许农村集体经营性建设用地出让、租赁、入股、实行与国有土地同等入市、同权同价。探索征地拆迁及农民补偿安置新机制，探索以集体建设用地入股为主的复合型股份经济发展模式。四是探索农村宅基地资产化路径。于 2014 年在有条件的乡镇开展农村宅基地确权颁证工作，探索开展农村宅基地资产化交易。在保障农民基本居所的前提下，扩大农民住房财产权抵押、担保、转让试点服务范围，大力推进农房宅基地确权与土地增减挂、新型移民社区建设结合的改革创新模式。五是创新城乡户籍管理机制。创新人口管理，加快户籍制度改革。建立城乡统一的户籍管理制度，整合公安、银行、计生、社区、乡村资源，构建覆盖城乡的社会信用体系。推进农业转移人口市民化，逐步把符合条件的农业转移人口转为城镇居民。为城乡人口的合理流动创造空间，带动城乡要素的优化组合。

6. 加大宣传，发挥辐射作用，加强人才战略

一是利用电视、报纸、网络等多种媒体，总结和宣传示范区建设的新举措、新创造、新成果，营造关心示范区、支持示范区建设的氛围。二是制作标志牌、宣传牌等，组织村干和农民群众到龙头企业生产基地、种养大户生产基地、科技示范基地进行现场培训、观摩考察等活动，推广先进的发展理念、经营方式、运行机制和管理方式，扩大新品种、新技术、新设施的推广运用，带动农民增收。三是积极挖掘示范区自然风光、文化旅游资源优势，主办百色·田东芒果文化节等节庆活动，打造农业综合开发示范区品牌。四是参加农交会、博览会等各类农业展会，集中展示示范区优质农产品，提高知名度，扩大影响力，为促进招商引资，扩大农产品销售等创造良好条件。同时加大人才引进力度，完善人才培养机制。首先建立人才引进和流动的制度保障。建立聚集人才机制，引入国内一流高校人才参与田东经济社会建设。打破体制壁垒，扫除身份障碍，完善党政机关、企事业单位、社会各方面人才顺畅流动的制度体系。健全人才向基层流动、向偏远地区和艰苦岗位流动、在一线创业的激励机制，鼓励现有专业人才合理流动，发挥所长。其次加大本地人才培养力度。加大年轻干部选拔培养力度，逐步实现乡镇优秀干部阶梯化培养。2014 年确保引进广西财经学院教学基地落户田东，依托田东职校培养经济金融类专业人才。2014 年派送优秀干部赴国外高等院校深造，加强在职干部的学习培训，逐步实现干部赴高校、央企、上级部门、发达地区培训制度化。最后加大学习宣传力度。建立干部职工培训长效机制。依托利用党校、职业学校、爱国主义教育基地等平台资源，宣讲党的十八大和十八届三中全会精神，掀起学习热潮，开展各种形式的研究调查。

7. 加快实施农村就业促进工程，营造包容性创新环境

创新农民工创业就业机制。制定出台帮扶农民工创业、就业、安居的政策性文件。建立和完善"返乡民工创业服务中心""妇女创业服务中心"和"外出务工服务中心"，引导和帮助农民工、广大妇女外出就业和回乡创业。在土地规模经营和流转奖励方面设定用工指标，确保流入主体用工实现两个80%（本地农民工占用工人数的80%以上，其中流出方农民工占80%以上）。借力国家农民创业促进工程试点县。以推进农民创业园区、创业基地、创业平台建设为抓手，构建农民创业的服务体系，积极构建一个支持农民创业，为农民创业提供技术支持，培训发展，开拓农民的眼界，使农民有能力创业，提高创业的成功率，从而促进农民收入的提高和脱贫致富。加快建设田东农民工创业园。加快创业园征地工作，多渠道解决创业园建设资金缺口。探索一套适合田东县创业园建设以及返乡农民工创业的机制体制，开拓农民贷款的方式方法，促进银行等金融机构积极为农民工返乡创业量身定做新型信贷产品。强化职业技能培训，整体提升入园农民工的技能。

7.4 "三变模式"助推精准脱贫的实践——贵州六盘水市的案例

7.4.1 六盘水市农业减贫概况

六盘水市位于贵州省西部，又被称为中国凉都，是西南地区重要的交通枢纽，同时也是脱贫攻坚重点实施地之一。辖区总面积9965平方公里，少数民族人口众多，分布在4个县（市、区）和2个省级经济开发区；2017年，六盘水扶贫攻坚春季攻势主攻产业覆盖贫困人口4829户、

171414 人。

自扶贫攻坚工作启动以来，六盘水市农业系统紧紧围绕产业扶贫的目标任务，坚持"产业生态化、生态产业化"的发展理念，以农业园区建设为平台，大力推动贫困地区产业脱贫工作。目前产业扶贫初见成效，产业总量保持稳步增长势头，覆盖贫困人口更加精准。2016 年春季产业覆盖贫困人口近 5 万户、20 万人左右，其中蔬菜产业覆盖 1.5 万户、6 万余人，家禽养殖覆盖近 3.5 万户、11 万余人。实施脱贫攻坚工作以来，六盘水市积极探索了农村资源变资产、资金变股金、农民变股东的"三变"改革模式，通过破解农村目前在发展中遇到的难题，催生产业促使其裂变，为全国农村发展提供了样板示范。六盘水市以"四个全面"战略布局为指导思想，以问题导向、战略导向和民生导向为切入点，以特色农业"3155 工程"[①] 为抓手，以园区建设为平台运用清产核资、确权颁证等方式，掌握村集体和贫困农户的可变存量资产，将区域各种资源作为股权，入股到新型农业经营主体，如农业企业、合作社等，集中力量发展形势各异的股份制、合作制以及混合所有制经济，推动农业规模化、组织化、市场化发展，冲出脱贫困境，为产业扶贫奠定基础，走出了一条农业强、农村美、农民富的脱贫攻坚新路子。

"三变"改革的有益尝试，得到了中央和省领导的批示肯定。"三变"改革对农村生产经营体制、脱贫攻坚、解放农村生产力全域发展、巩固党的执政基础均具有重要意义。如今，在"三变"改革的理论指引下，六盘水市坚定不移地奉行攻坚克难的精神，始终以产业扶贫为抓手，正全面冲刺小康。

六盘水市具有丰富的资源，其中煤炭远景储量近 850 亿吨，已探明储

---

① "3155 工程"是指 3 个 100 万和 5 个 50 万工程，即到 2018 年六盘水市全市发展猕猴桃 100 万亩（其中野生猕猴桃 60 万亩）、茶叶 100 万亩、核桃为主的干果 100 万亩；种植商品蔬菜 50 万亩、中药材（含红豆杉）50 万亩、刺梨（含特色经果）50 万亩、红花油茶（含花卉、苗圃）50 万亩、发展草食畜牧业 50 万亩。

量180余亿吨，被誉为"江南煤都"。同时，六盘水市具有城乡二元结构突出的特点，扶贫攻坚任务繁重，国家扶贫开发重点县数目占所辖县数量的75%，有近70个贫困乡镇、600多个贫困村。截至2017年末，尚有贫困人口28万余人，贫困发生率10%左右。贫困的富饶，成为六盘水市脱贫攻坚道路上挥之不去的烙印。如何突破城市资源富饶/人口贫困发展的桎梏，统筹城乡协调发展成为当下六盘水市脱贫攻坚的关键。减贫脱贫的根本途径是发展，产业支撑则是推进经济持续发展、有力带动脱贫的关键抓手。

从2014～2017年，通过"三变"改革，活化了农村资源、创新了农业经营体制、激活了农村发展内生动力、让33万贫困群众成为股东、整合各类资金57亿元、打造了851个扶贫产业平台、两年内带动22万贫困群众脱贫、贫困发生率从23.3%下降到15.67%、促进了绿水青山与金山银山的有机统一，坚持以结构调整为主线，以农民增收为核心，以深化改革为动力，积极探索农村"资源变股权、资金变股金、农民变股民"的发展新模式，大力发展山地特色高效农业，有效破解了"三农"发展难题，加快了农村贫困人口脱贫致富步伐，推动了农村经济社会持续快速发展。给贫困地区的农业产业助力减贫脱贫发展提供了可借鉴的经验。

7.4.2　主要做法

1. 农村资源变资产

农村发展困难，主要原因在于农村集体经济组织主体不明晰、产权归属不清、要素聚集不强、效益发挥不好，农民资产确权滞后、土地利用率低、经营性收入少。针对这些问题，六盘水市水城县野玉海乡村旅游扶贫从多样参股，推进农村产权制度改革入手，整合农村土地资源、森林资源、劳动力资源、旅游文化资源等，采取存量折股、增量配股、土地入股等多种形式，推动农村资产股份化、土地股权化，盘活各种资源要素，形成资源叠加效应，提高资源的利用率。水城县野玉海景区规划总面积509.76 平方公里，核心区 68 平方公里，是省委、省政府重点打造的 100个旅游景区和现代服务业集聚区之一。景区从 2014 年开始创造性地提出"以奇为股、多样参股"的发展模式，将自然景观、民族文化、土地等资源要素进行全方位、全面化的整合，聘请专业管理人员对景区实施创新型经营管理方式，竭力打造全域型"三变"景区。该模式的创造性运用，有效激发出景区发展所需的内生动力，形成了集旅游业、农民致富、地区脱贫于一身的和谐互动新格局。

"一户一股"打造海坪千户彝寨。景区发展以"决战三年、摆脱贫困"为根本目的，将景区建设与易地扶贫搬迁视作有机统一总体，以气候条件、生态环境、民族文化等资源优势为依赖，采取集中搬迁的方式，在景区建设千户彝寨，形成"一寨一景"的区位规划，使得野玉海景区的文化内涵和承载能力得到大幅度提升。一是坚持高端规划。以满足基本的吃、住、行、游、购、娱旅游六要素为前提，创新性的加入当地少数民族多文化元素，划拨建设用地 300 亩、建房面积约 14 万平方米、预计容纳1000 户近 5000 人的千户彝寨，着力打造全省一流、全国知名的民族旅游示范村。二是突出多元投入。严格按照政府政策要求，竭力保障搬迁农户搬得出、稳得住、能致富。采取政府主导、景区管委会落实分工协作的高效方式，与农民合作建房，在满足搬迁安置户人均住房面积的基础上，管委会负责融资以扩大农民建房面积，使每一栋房屋都兼具居住、度假、经营等综合功能，打造真正意义的全域旅游度假村。2015 年共投资 9629.09万元实施 300 户 1294 人易地扶贫搬迁项目，其中中央补助建房资金776.4 万元，省级补助建房及配套基础设施资金 905.8 万元，市级配套资金 194.1 万元，县级投入 582.3 万元，管委会下属希慕遮公司融资7170.49 万元，总建筑面积 32019 平方米。根据家庭搬迁人数需求面积合理安置农民，安置面积达 3 万平方米，并预留近 2100 平方米作为搬迁农户与企业合作的经营性用房。2016 年中央补助建房资金 2263.2 万元，搬迁 700 余户近 3000 人，投资总额约 2.5 亿元，其中省级补助建房、折旧奖励及配套基础设施资金 7638.3 万元。三是经营模式推陈出新。按照建设方、经营方、农户三方的出资额占比进行经营营业额的股份分红。以安置户赵某家为例，建设装修一经营性门面房和住房两用的二层小楼投入费用 25 万元，该门面对口经营县旅文投公司的"彝寨水秀"项目，该房屋建设方为希慕遮公司，经营方为县旅文投公司。赵某家有 5 口人，按人均住房 25 平方米原则计算，安置面积应为 125 平方米，现实际居住约 104 平方米，赵某以 20 平方米折成现金额入股，按 2000 元/平方米（其中 1500 元是建房单价标准，500 元作为住房周边绿化及水电路等设施打造）计算折合人民币 4 万余元，约占总投资的 16.5%；希慕遮公司将房子一楼用于经营的面积入股，同样按 2000 元/平方米折价约 9 万元，占总投资额的 36%；县旅文投公司投入装修费用 12 万余元，约占总投资的 47%。在效益产生前进行的分配计算中，对赵某家按每月每平方米 5 元（按入股面积计）进行保底计算分红，每月可获得 100 元收入，在效益产生后就按实际赢利进行分红。同时，合作公司可以为一名家庭成员提供月薪 1500 元的工作岗位，赵某家实际月收入不低于 1600 元。其家庭年人均收入达 3852.24 元（2014 年国家脱贫标准为年人均纯收入 2800 元），超过脱贫标准。目前，整个野玉海景区均按此模式来操作。四是注重安置帮扶。以"搬得出、稳得住、能致富、可持续"为行动指南，全面落实"十个一"保障措施，当地政府接统一接收农民原有耕地，由政府牵头对耕地进行二次出租或转包，对符合条件的耕地进行生态林建设，并对原持有者提供一定的生态补偿。同时，从外部引进水城县旅投公司、农投公司、等旅游公司、希慕遮彝族文化公司等 10 家公司带动景区经济发展活力，要求每家公司采取合作经营特色实体店的形式扶持安置点内的搬迁户，使公司对入股的房屋进行直接得经营管理，所得收益按股比进行分红，并帮助搬迁户解决 1~2 人就业。

以"奇"为股打造林海雪原。将"三变"改革与生态旅游紧密结合起来，将奇特的气候资源、雪域资源、花海资源等量化为股，全力打造全国低纬度林海雪原。一是盘活雪域资源。由管委会牵头负责，将 20% 的滑雪场盈利收入作为本金投入到滑雪场继续发展和旅游产品开发项目中，带动周边群众发展致富。二是带活土地资源。调动周边农户用土地和荒地入股，计划由公司负责招商引资建设花海、发展中药材种植等项目，除了按 500 元每亩的保底价格分给农户外公司还将 20% 的收益进行分红。另外规划出花卉、中药材等苗木和技术管理用地，由群众负责种植，收入按保底价格每亩 300 元外，还可拿到 70% 的股份分红。共带动周边贫困户 180 户 720 人就业，人均收入每月达 1620 元。三是用好劳动力资源。管委会开发滑雪场，为当地人民创造出 70 个工作岗位及 42 个经营点，有效解决了一批人的就业问题。据 2015～2016 年度为期 3 个月的滑雪季，该地扶贫经营点及雪场共计收入 620 万元，实力带动 182 人脱贫。

变"荒"为股打造度假小镇。将"三变"改革与特色小城镇建设紧密结合起来。一是变荒为宝整合荒山荒坡资源。海坪村将集体荒山荒坡入股，加入野玉海山地旅游度假区彝族风情街项目，共建成面积 19000 平方米，近 40 个院落，在该项目中，村集体及村民占 30%，景区管委会占 70%，村集体 30% 分红收益中的 50% 再分配给 780 名村民。二是变虚为实整合民族文化资源。由希慕遮公司出资，与海坪彝族传承人、当地彝族居民成立六盘水彝源文化有限公司，将民族文化融入到文艺演出中。培养当地农户参与情景剧、彝家酒令、篝火晚会等文艺晚会表演，同时发展民族服饰的经济效益，生产、出租、出售彝族服饰和经营特色餐饮，通过民族文化资源拉动易地扶贫搬迁农户脱贫致富的步伐。

将农村资源转变为企业、合作社或其他经济组织的股权，探索出了土地承包经营权股权化、集体资产股份化、农村资源资本化的发展模式，有效盘活农村闲置资源，多渠道增加农民收入。搭建交易平台，建立了市、县、乡、村四级流转服务体系，将农村土地、房屋、集体经济组织股权、增减挂钩项目指标等产权纳入交易范围，搭建起社会资本进入农村、农村资源向资本转变的制度性平台，逐步形成城乡一体、开放规范的农村产权流转市场，促进城乡要素自由流动，推动城乡统筹发展。

2. 资金变股金

推进资金变股金，让分散的资金聚起来。推动农村加快发展，离不开大量的资金支持，但是，如何把资金整合起来，用在刀刃上、投在关键处，发挥最大效益，是六盘水市面临而且必须解决的重大课题。

为加快农村经济发展，盘活农村各种资源要素，整合各类政策资金，形成"资本市场化聚合、产业园区化发展、农民持续化增收"的效应，六枝特区大用现代农业产业园区结合自身实际，积极探索农村改革发展，大力推进"资源变股权、资金变股金、农民变股东"的各项工作，拓宽农民增收渠道，稳定农民增收来源，全力推进农村经济发展。整合资金，积极推进产业扶贫。落别乡抵耳村现有村民 635 户 3018 人，其中贫困人口 192 户 479 人。2014 年底，该村经民主协商决定，以资金变股金的模式，将财政扶贫资金 100 万元入股六枝特区朝华农业科技有限公司，种植高标准茶叶 4200 亩，朝华公司以资金 664 万元入股，并负责种植管护、加工销售，朝华公司占股 70%，抵耳村村集体占股 30%，并将村集体所得分红的 40% 用于完善基础设施建设及壮大村集体经济，其余 60% 用于联结本村现有贫困户，贫困户由村集体制定二次分配方案，按照收益情况进行分配。当整村实现脱贫之后，由村委会持有该股份，部分用于村集体事业，部分用于补助"两无"贫困人口。

通过六枝特区大用园区的实践经验，六盘水市探索采取集中投入、产业带动、社会参与、农民受益的方式，使分散的资金聚集起来，提高资金使用效益，推动农村加快发展。一是强化财政资金的杠杆作用。该市在坚持不改变资金使用性质及用途的前提下，将财政投入到村的发展类资金（除补贴类、救济类、应急类外），原则上转变为村集体和农民持有的资金，投入到企业、合作社或其他经济组织，形成村集体和农户持有的股金，村集体和农民按股比分享收益。同时，明确村民委员会以及村集体领办、创办或控股的企业、农民合作社作为各级财政投入到村的发展类资金承接主体，可以独立发展，也可以将资金投资到企业、合作社或其他经济组织，实行市场化运作，撬动更多社会资本投入农村经济发展。2014 年，该市采取规划引领、政策扶持、资源整合等方式，通过中央、省、市、县财政投入农业、林业、水利、扶贫等资金约 15 亿元，撬动社会投入 30 亿元参加农村基础设施、农业产业发展、农业综合开发、精准扶贫等建设，全面推动农村综合发展。二是强化产业的带动作用。该市坚持生态产业化、产业生态化的思路，围绕实现生态价值、经济价值、社会价值、旅游价值最大化目标，采取财政投入、社会投入、农民入股等方式，大力发展山地特色农业。整合各种资金 94.6 亿元，高标准建设了 26 个省级现代高效农业示范园区，2014 年实现园区总产值 38.66 亿元。立足小区气候优势、土壤优势和生物多样性优势，出台了《关于农业特色产业发展"3155 工程"的实施意见》，明确市级和 4 个县区每年各出资 5000 万元，共同组建农业特色产业发展基金，支持"3155 工程"。2014 年市、县财政共投入资金 3.27 亿元，带动社会投入 19.15 亿元，实施猕猴桃、刺梨、红豆杉等特色农业 88.98 万亩，在 2～3 年进入盛产期后，预计实现农业产值 57.2 亿元，比传统农业产值增加 48.3 亿元，将带动 254 万农民人均可支配收入增加 2000 元以上。三是强化利益分配的导向作用。该市坚持股权平等、风险共担、利益共享的原则，按照各方确认的股权比例建立完善企业、村集体、农民利益分配机制。2014 年，参与"三变"改革的 20 余万农民人均增收 3936 元。

3. 农民变股东

农民财产性收入和工资性收入低使得农民在增加收入时困难重重，传统的种植方式更是束缚农民增收的又一重枷锁。只有坚持走规模化、产业化、市场化的发展道路，秉持生态转化产业、产业转化生态的理念，才能让农民从传统农业中解放出来，突破脱贫困境，使资金流转，提高农民的收入分配比例，走上致富的康庄大道。

　　六盘水娘娘山农业园区采用农旅融合发展理念，通过三变/产业/扶贫三者协调共同发展的模式，将资源、生态的有利条件转化为产业与经济优势，推动山地特色农业和旅游产业的四化发展，即集约化、规模化、组织化、市场化，有效地促进了农业增效脱贫、生态增值脱贫以及农民增收脱贫。一是通过能人带动，强化示范引领效应。民营企业家陶正学于2012年带着亿万元资金回乡进行创业，在他的领导下与陶永川等人合伙成立了"银湖种植养殖农民专业合作社"。陶正学具有丰富的企业经营经验，他将乡村分散的资源、资金、农民有效整合，实现人、财、物要素合理优化配置，用经营企业的理念，实现乡村资源、乡村产业、乡村生态与乡村社会环境的优质经营。为在银湖合作社成立之初带动农户参与其中，合作社按照"出资量等于无息借资量"的模式鼓励农户入股，总共发动约500户农民，筹得资金2000余万元。随着经营主体/股东/产业数量的稳步增加，合作社渐渐成立了三家有限公司、15家合作社以及8家企业。二是调动全民参与，合力推动改革创新。银湖合作社在产业稳步发展的基础上开始推进土地、林地、水域等资源入股模式，发展农业产业和旅游业，建立了合作社、产业、农户三合一的新模式，为产业发展奠定了要素基础保障，使得群众收入大幅度增加。村集体通过整合财政资金再投入到合作社的形式，将原本财政资金"一次性投入"变为"长期受益"，建立了合作社、村集体、农户三合一新模式，村级集体积累得到提高。随着"三变"改革的稳步进行，娘娘山逐渐形成了"1+8"合作社，建立了总社、分社、农户一体化的机制，分工协作，总社通过统一规划、布局、培训、标准、经营进行总体安排，分社负责组织群众发展产业，同时将农民拥有的土地承包经营权分配股份入注到分社，再将土地承包经营权形成的资产入股到总社。通过全民参与形成了"1+8"合作社新模式，创造了"总社牵头、分社负责、群众参与"的生产格局，对现有资源资金进行了有效整合，创新了治理体系，实现了连片开发，促进了增收脱贫。银湖种植养殖农民专业合作社发展成为国家级合作示范社。三是万众一心谱写发展新篇。为有效整合资源，带动娘娘山农业园区核心区周边的村寨共同发展，在县、乡党委的推动下，以农业园为依托，以打破行政区域划分为单位重新设置党组织方式，联合 8 个村党支部组建全市首个联村党委，形成了 1 个联村党委、8 个村党支部的联村党委编制。以一村一策、一村一社、一村一产为思路，以村务共商、规划共谋、资源共享、产业共建、矛盾共调为举措，以产业发展为主要方式，改变了过去互不相干、关起门来自己干的状况。发展了集智慧、资源、力量于一身的凝聚力量，实现了基层组织、党员群众手心相连、基础设施连建、扶贫产业连片、美丽乡村连线的新局面。

一是通过土地流转入股增加农民收入。积极推进农村土地资源向园区、产业集中，通过土地流转和入股，使土地资源转化为农民股权和股金，让农民在收取租金和参与企业分红中实现股权收益。在土地流转中，一般按照每亩每年 400 ~ 700 元不等支付农民租金，在 3 ~ 5 年的过渡期内，按照每亩每年增加 5% ~ 10% 的比例提高租金，通过 5 年左右进入盛产期后，每亩每年按 20% 左右的比例递增租金，在 10 年内最高达到每亩每年 1000 元，确保农民通过稳定的土地流转费增加收入。该市六枝特区郎岱镇采取农户承包土地入股到产业园区的方式，3000 余户农户实现农民到股民的转变。2014 年，全市参与土地流转的 2.86 万户、10.1 万农民通过土地流转，户均增收 4434 元、人均增收 1128 元。二是通过资金入股分红增加农民收入。村集体和农民将财政产业扶持资金、劳动力技术、集体和个人资产通过评估折价入股，按照占有股份参与企业分红。为降低农民风险，在具体工作中，要求企业与农民签订协议，如出现市场风险，由企业按照保底价收购农产品，确保农民利益得到保护。盘县淤泥乡淤泥村按照平等自愿、风险共担的原则，组织 285 户村民集资入股 3000 万元异地置业，购置 49 亩工业用地，兴办食品加工厂，每年门面租金及经营收益等收入达到 4000 万元，入股农户户均每年增收 5 万元。2014 年，全市共 8 万农民通过入股分红，人均增收 1020 元以上。三是通过创业就业增加农民收入。坚持把农业园区、龙头企业、农民专业合作社作为农民群众创业就业的平台，一方面鼓励农民通过资金入股参与分红，另一方面组织农民就近就地务工，参与农业管理经营，根据劳动力实际按每天 50~100 元不等支付工资，增加农民工资性收入。2014 年，全市共 20 余万农民通过创业就业，人均工资收入达 5000 元以上，成为真正的产业工人。

7.4.3　减贫成效

1. 激活了农村发展内生动力，助推精准脱贫奠定基础

长期以来，由于观念落后、耕作传统，农村大量的资源闲置、资金分散、效益低下，传统的玉米、水稻种植，每亩产值仅为 300~500 元，农民长期富不起来。通过"三变"改革，从根本上改掉农民的传统观念、传统习惯、传统身份，赋予农村发展的空间和内生动力，既给"鱼"又给"渔"，由"输血"向"造血"转变，实现增收致富。该市盘县普古乡舍烹村原来是一个封闭、落后的穷村，2012 年以来，在农民企业家陶正学的带领下，成立了普古银湖种植养殖农民专业合作社，通过土地入股、流转倒包、合作入股、资金整合等形式，大力发展猕猴桃、蓝莓、刺梨等产业和现代高效农业，带动周边 8 个村 2327 户 7725 人入股，把每亩产值从过去的 300 元提高到 5 万元左右，解决贫困人口就业 650 人，2014 年农民人均收入从上年的 7760 元提高到 11260 元，实现了穷村到富村的嬗变。

2. 开辟了群众致富新路子

通过"三变"模式，在广泛发动群众参与景区建设与服务的同时，将群众务工收入提高。同时，将股份链接应用到旅游商品开发、民族歌舞队、旅游餐饮服务等领域，采用多种方式增加群众收入，带动传统农民转型致富方式，从根本上解决了农村群众致富难问题。同时，管委会加大就业岗位的开发力度，按照"一户一就业"的要求，安排就业人员

1150 人，月工资平均 2000 元以上。2015 年底景区内群众纯收入近 8000 元每人，远远超出全县平均水平。自 2012 年银湖合作社成立一直到现在，娘娘山农业园区不断地通过实践探索与经验总结，逐渐形成了"资源变资产、资金变股金、农民变股东"的"三变"改革模式，丰富并发展了改革经验与理论体系，目前共计整合土地、林地等资源 10 万余亩，财政资金、项目资金、社会资本近 4.3 亿元入股园区，约有 5500 人成为股东。

3. 探索了一条精准扶贫新路子，形成成熟的助推精准脱贫模式

解决六盘水 46 万农村贫困人口的脱贫，根本出路在于坚持生态产业化、产业生态化，把破碎的土地集中起来、闲置的资源利用起来、扶贫资金整合起来、传统种植改变过来，通过规模化、集约化、产业化、股权化扶贫，实现百姓富与生态美的有机统一。实施"三变"改革以来，该市充分整合退耕还林、生态治理、"5 个 100 工程""四在农家·美丽乡村"基础设施建设六项行动计划、精准扶贫"六个到村到户""绿色贵州"建设三年行动计划、"3155 工程"等资源、资金和项目，集中连片发展红豆杉、刺梨、猕猴桃等特色产业，培育了天刺力、红豆缘酒业、宜枝魔芋、润永恒、天宝生态、贵州农熠等一批龙头企业，推行"公司 + 基地 + 农户"发展模式，实现"一产"与"二产""三产"互动发展，促进农民增收致富。水城县米箩乡俄戛村通过引进贵州润永恒农业发展有限公司，大力发展红心猕猴桃产业，解决 60 位贫困农民就业，带动 202 户 712 人致富。2014 年，全市通过"三变"改革，创新了精准扶贫模式，完成了 15 个贫困乡镇"减贫摘帽"和 52 个贫困村"整村推进"，减少农村贫困人口 14.55 万人。2220 户农户 5455 农民加入股份，年人均增收 6000 余元；园区解决 310 人固定就业，其中贫困人口 35 人，每月最低工资 1600 元，最高工资 7600 元。园区每年用工人数达 4000 余次，支出劳务费共计 20 余万元，平均日工资近 70 元；园区带动了 2 家酒店、100 家农家乐、45 家农家旅馆、32 户农家超市发展，农家超市每家年收入均在 10 万元以

上，农家乐每家年收入均在 5 万元以上，农家旅馆每家年收入均在 3 万元以上。据统计，园区自成立至今已带动 885 户近 3300 人脱贫，其中 2015 年舍烹村人均可支配收入超过 10000 元，比 2012 年增加了 150%，其余 7 个村的人均纯收入增加了 133%。

4. 全面推动了农业产业结构调整，解决了农民增收和就业

现代农业的核心是调整农业产业结构，发展生态农业、高效农业、安全农业。该市通过"三变"改革，围绕生态产业化、产业生态化调结构，围绕实现生态价值、经济价值、社会价值、旅游价值"四个最大化"调结构，实现金山银山与绿水青山的统一。盘县滑石乡岩脚村将村集体所有的 37.8 亩土地折价 100 多万元入股贵州农熠有限责任公司，共同打造集休闲、观光、体验为一体的哒啦仙谷农业示范（扶贫）园区，采取农超对接、电子商务等方式销售农产品，2014 年园区实现销售收入 2.3 亿元，村集体分红 30 万元，成为全市农业结构调整的样板园区。2014 年，全市共种植特色产业 88.98 万亩，调减玉米等传统种植 30 万亩，粮经比从上年的 51：49 调整到 39：61，农业增加值增长 7%，增速名列全省第一。2015 年，该市按照省委、省政府实施"绿色贵州"建设三年行动计划要求，完成造林绿化 50 万亩，计划在 3 年内完成 150 万亩，其中确保 80% 以上的面积种植经济作物，把生态做成产业、把产业做成生态，实现农村居民人均可支配收入 1 万元以上，基本解决 46 万贫困人口脱贫问题。同时使得农村劳动力就业难的困境得到有效解决。过去，一个农村劳动力在家种地难以维持家庭生计，大多数农村劳动力外出务工，使得大片土地闲置。不仅造成了土地资源的浪费，还产生剩余劳动力老龄化、留守儿童等一系列社会问题。通过"基地连户"的方式，将基地分到一家一户，加大对农村劳动力的培训力度，由老百姓自己管理，公司的基地变成了老百姓自家的基地，农民群众不仅实现了在家门口就业，还是在自己基地务工，实现了传统农民向新型职业农民的转变，一方面增加了收益鼓了腰包，另一方面还能照顾家庭，农村留守儿童问题、空巢老人问题、土地闲置问题、增收致富问题得到有效解决。

5. 发展壮大了村级集体经济

村集体将闲置资源通过"三变"模式入股到平台公司，增强了经济实力，村级党组织凝聚力、战斗力不断加强。通过"三变"改革，该市采取村集体土地流转入股、集体资产入股等 8 种模式，盘活了农村集体资源、资产、资金，增加村集体在产业发展中的分红比例，探索了一条壮大村级集体经济的新路子。2014 年，全市共消除"空壳村"157 个，村集体经济积累达 10958 万元，比 2013 年增加 2477 万元，增长 22.6%；"空壳村"占比从 2013 年的 53.8% 下降到 38.4%，2015 年将全面消除空壳村。管委会通过加强与景区内及周边的海坪村、坡脚村、箐马村等 13 个村合作，以"三变"为纽带，采取"管委会 + 村两委"的合作开发模式，发动各村以集体资产、集体土地、荒山荒坡等各类资源入股参与景区的开发建设，进一步发展壮大村级集体经济，增强了基层组织的凝聚力和战斗力。目前，景区内的 13 个村中，集体经济积累最多的海坪村达 21.8 万元，坡脚村达 12 万元，最少的台砂村、梭砂村、果立普村、范家寨村达 5 万元。

6. 有效推动脱贫致富

通过"三变 + 产业 + 扶贫"的模式，培育合作社、企业、家庭农场等市场主体 21 个，充分地开发闲置资源的生态、经济、社会价值并进行合理利用，有效刺激了存量资产、自然资源与人力资源的新生动力，实现了农业增效、农民增收、生态增值的美好愿景。2016 年，预计全镇农村居民人均可支配收入达 13670 元。与此同时，有效地改善了人居环境。通过村寨"1 + N"提级改造，改善了农村人居环境，2016 年上半年城镇污水处理率达 86.5%，城乡垃圾无害化处理率达 87.1%，美丽乡村正在一步步成为果农瓜果飘香的"果园"、居民幸福生活的"家园"、村民增收致富的"田园"、游客观光休闲的"公园"、城市向往的"乐园"。

7.4.4 重要启示

1. 选准产业是关键

农业产业就像是即将远航的大船，承载着农民致富的希望，激流勇进、快速发展、逐步壮大，选准了，对路了，才能更快地让农民见到效益，增添信心。选择发展什么产业，要通盘考虑和论证，应该要考虑到该产业是否适合本地实际情况，是否能与本地资源相配套。选准发展产业，首先要在特色上做文章，要根据各地的比较优势，选择具有市场前景和开发潜力的特色农产品作为开发的主攻方向。其次要考虑"小"产品如何做"大"，是要形成区域化种植、规模化生产。另外，还要在市场化运作上求效益，引导创办农产品加工龙头企业和发展农产品市场流通体系，通过加工增值和流通增值来实现经济效益的最大化。产业是区域经济的"发动机"，也是精准脱贫的"铁抓手"。只有立足区位优势，厚植生态环境保护、乡土文化传承、基础设施完善新优势，推进生态产业化、产业生态化和农旅文一体化、城乡一体化发展，才能实现百姓富、生态美、产业强的有机统一。在"三变"改革过程中，野玉海景区充分发挥景源唯一性的优势，坚持突出特色，注重以特取胜，切实把各类特色资源量化为股分给周边农户，让人民群众得到更多的股份收益。目前，县政府已将景区核心区的海坪村作为第一批包装上市的"股权村"进行全面打造。

2. 培育经营主体是重点

龙头企业、农民专业合作社、家庭农场等农业经营主体是现代农业发展的生力军。"三变"改革中，农民要入股的对象就是经营主体。经营主体越强，则带动的农民越多，农民享受的收益越高，经营主体抗风险能力越强，则农民的利益才会越有保障。依赖"三变"改革路径，处理好农村地区资源、资金、农民不集中的这个主要矛盾，以"股权"为核心，"统""分"关系为基本点，坚持推进土地、资源、资金的规模化与一体化进程，打造农业增效、农民增收、农村稳定繁荣的新气象。"三变"改革，以股权为纽带，以村集体、企业、农民为利益共同体，合力实现联产联业、联股连心。贵州润永恒农业发展有限公司紧紧抓住"连"这个纽带，培育出农民群众的发展愿望和责任意识，大力提高了生产力和公司的效益，编织出共建共享奔小康的康庄大道。因此，培育和引进实力强劲的经营主体，领头"三变"改革是整个农村改革工作的重点。

3. 完善机制是保障

农村资源变资产，资金变股金后，入股的资产和资金在市场化运作过程中起到多少效能，真正为农民带来的收益是多少，农民应该享受多少分红才合理等等这些环节，必须要建立完善相应机制，以保障入股农民的切身利益。要做到经营主体财务开支公正公开，跟农民算明白账，才能增添农民群众的信心，才会赢得农民群众的支持。党建统领是保障。坚持党建统领是推动脱贫致富的根本保障。只有切实增强基层党组织引领发展的能力，有效激发党员干部干事创业、创先争优的热情，才能在产业扶贫上取得让群众看得见、感受得到的实惠。

4. 整合资金是动力

要发展产业，壮大农业经营主体，为农民谋福利，创收入，资金投入必不可少，而且在一定程度上将是制约产业发展的关键因素。如何将财政项目资金、扶贫专项资金、村集体资金和闲散的农户资金变为股金是"三变"改革中值得深思和探索的新问题。合理地用好用对这些资金，必将为"三变"改革增添强劲动力。

5. 以民为本是基础

惠民成效集中体现在"三变"的万变不离其宗，不脱离人民群众的参与是润永恒公司把握的核心理念，围绕"民"之根本，主动让利于民，将基地分摊至一家一户，坚持发展依靠农民群众的信念，从而发动群众，获得广大人民的拥护、支持，进而推动了"三变"改革的内生动力。

一是更新群众思想观念，激发内生动力。"授人以鱼，不如授人以渔"。对贫困群众培训，不仅让其掌握谋生的一技之长，还通过思想教育，让贫困群众认识到产生差距的根本原因，找到缩小差距的关键所在，燃起摆脱贫困的希望之火，树立主动谋求转变、积极脱贫致富的观念，真正在思想上脱贫。二是促进群众技能提升，优化扶贫方式。身处贫困地区的村民大多技术水平基础差、文化水平相对较低，发展旅游业可以提供就业的对口岗位，旅游业属于劳动密集型产业，很多服务不需要技术水平的支持，短期培训即可满足用工需求，较快增加贫困户收入。同时，留守儿童父母参加培训后，可就近就业，不用外出务工，既保障收入，又从根本上解决留守儿童问题。三是催化人才资源聚集，推动全域旅游。对贫困地区群众进行集中式、有针对性的技能培训，通过人员带动，利用人力资源优势，以一教十、十教百的理念，充分发挥传、帮、带作用，着力打造人人能就业的新局面、村寨变景区的新风貌、农家变旅馆的新变动、农民变职员的新气象、人人能就业的新局面，合力助推全域旅游发展。四是促进农村人口流动，加快城市化进程。通过培训，贫困人口从无技能变为有技能，改变了原先落后的生产生活方式，推动了农村人口向城市和景区流动的浪潮，从而不断提升农村地区城镇化、城市化水平。

7.5 农村电商助推精准脱贫的实践——重庆秀山县的案例

7.5.1 秀山县农业减贫概况

秀山县建县于清乾隆元年，1983 年成立土家族苗族自治县，面积 2462 平方公里，辖 3 个街道、24 个乡镇、总人口 66 万，其中土家族、苗族等少数民族占总人口的 53.8%。秀山是重庆市东南门户，武陵山区重要的旅游集散地和物资集散地，成渝经济圈链接珠三角和长三角的重要通道。县城距铜仁凤凰机场 80 公里、黔江武陵山机场 120 公里、张家界莲花机场 180 公里。境内渝怀铁路、秀松高速公路纵横南北，渝湘高速公路横穿东西，国道 319 线、326 线在县城交汇，渝怀铁路二线建设稳步推进。秀山境内平坝、丘陵、山地各占 1/3，县境中部是武陵山区最大的平坝，面积达 758 平方公里。气候温和，降水充沛，盛产优质粮油、土鸡、茶叶、油茶、高端的猕猴桃和白术、金银花等中药材。秀山县是全国粮食生产基地县、中药材种植大县。矿产资源丰富，已探明可开采的矿产资源有锰、硅、汞等 20 余种，其中汞矿储量 1 万吨，锰矿储量 1 亿吨以上。旅游资源丰富，开发潜力巨大。秀山县是少数民族聚居区、边远山区，民风淳朴，民俗独特，也是中国花灯歌舞之乡、中国书法之乡、中国楹联文化县、全国文化先进县、全国体育先进县，有秀山花灯、秀山民歌等国家非物质文化遗产，花灯歌曲《黄杨扁担》《一把菜籽》等名扬海内外。秀山县还是著名的红色革命老区，1934 年贺龙元帅在此开辟革命根据地，境内洪安是刘邓大军解放大西南的第一站，也是沈从文名著《边城》的原型地。

秀山县牢固树立创新、协调、绿色、开放、共享的五大发展理念，坚持以脱贫攻坚统揽经济社会发展全局，以建设一城三园（县城和工业园区、物流园区、文化创意产业园区）、壮大四大产业（特色效益农业、特色农产品加工业、商贸物流业、民俗文化旅游业）为抓手。秀山县地处武陵山区腹地、渝鄂湘黔四省市结合部，是武陵山区域发展和扶贫攻坚的主战场。在贫困地区农村电商助推精准脱贫的实践中，经过不断地摸索和发展，秀山县走出了一条贫困地区独具特色的农村电商发展模式，成为了全国电子商务进农村综合示范县，2016 年，该县电商交易额、网络零售额、农产品电商销售额分别实现 68.6 亿元、12.4 亿元、5.6 亿元，同比分别增长 46.3%、39.1%、60.3%；2017 年 1～2 月，秀山县电商交易额、网络零售额、农产品电商销售额继续保持强劲增长态势，同比分别增长

33.0%、28.7%、37.8%，农产品附加值提升 30%～50%，惠及全县 1万余贫困户稳定脱贫。该县电子商务进农村综合示范项目获评 2016 年中国电商物流优秀案例，逐渐形成了包含"电商平台、物流快递、农产品上行、电商服务、利益共享、人才培养"等六大体系，形成了新时代"互联网＋三农"发展的新模式，成为全国电子商务进农村综合示范县，助力精准脱贫创出时代先锋。

7.5.2 主要做法

1. 科学谋划产业布局

首先，转变思想观念。坚持理论指导实践，用工业化理论稳抓农业发展，以电商为基石来谋划农业，积极培育现代化农业，全力发展绿色农业和生态农业，构建品牌化、标准化、规模化和市场化的道路布局。

其次，发挥自身优势。坚持以具有当地特色的发展道路为指导，充分发挥地区自然资源禀赋优势，总结以往发展经验教训，合理规划产业发展方向，科学论证产业发展道路。

最后，分区连片推进。加快一村一品建设进程和质量，大力发展休闲观光农业、创意农业、智慧农业，构建一园三带示范基地建设；坚持"适度规模、相对集中、利用互联网＋农业"，结合市场深度贫困镇和县级扶贫重点村，打造平凯—梅江—钟灵、清溪场—隘口—溶溪—溪口—妙泉、洪安—峨溶等三条产业示范带。

2. 创新机制推动产业发展

首先，发展模式不断创新。在银花和银杏产业发展上推行了政府出政策（补种苗）、农户建基地、企业保收购的订单产业发展模式；在蜜蜂养殖、牛和羊养殖业上探索了"贫困户政策入股，企业大户自主经营，贫困户保底分红"的产业托管模式；在茶叶发展上，探索了"企业＋农户＋基地"的组建产业联盟的发展模式以及在茶叶基地建设上企业与群体利益

"先租后股"发展模式。这些产业发展模式为"电子商务 + 农业"巩固脱贫成果,推动产业持续发展,保障农民持续增收奠定了坚实的基础。

其次,补贴激励机制不断完善。秀山县金银花产业"四补四强"和土鸡产业"四补一保"补贴机制的建立与完善。

最后,风险机制逐步建立。以市场为导向建立了产业发展收购指导价和最低保护价制度。例如,出壳鸡苗不能超过 2.5 元/只。十月鸡龄收购价不低于 20 元/公斤,银花鲜花市场收购价以 3.5 元/公斤起价。同时,秀山县还建立了风险研判和预警制度,积极引导四类新型农业经营主体强化市场风险意识,此外,秀山县还为产业发展设立了专项风险资金,如土鸡产业风险资金,在国内率先开展土鸡养殖保险。

3. 大力构建电商扶贫平台

引进了天猫、淘宝、京东等第三方电商平台,在发挥好天猫、淘宝、京东等第三方平台的基础上,也大力开发自己的电商平台,秀山县自主研发了新一代农村电商平台"村头",并与先期建设的武陵生活馆等实体电商平台功能融合,实现城乡有效互动。利用物联网、移动视频传输等专利技术和自主知识产权,为农产品溯源、物流追踪、信誉保障等提供技术支撑,实现可视化实景交易,加速促成农产品进城、工业品下乡、民宿旅游、扶贫慈善等驻扎"村头"。

物流快递体系解决市场化方案破解两个"一公里"难题,农村电商的瓶颈在流通,关键在减少环节、降低成本。秀山县按照"县城建核、村镇布点、县乡搭桥"的思路,鼓励市场化运作,快递包裹城乡配送、区域分拨、全国直达时效更短、成本更低,建成了覆盖县域行政村的县、乡、村三级物流网络,有效支撑农村电商发展。构建"神经中枢",秀山县在建设物流园区过程中,采取园中园模式创建电商产业园,建成投用自主研发的"武陵物流云"信息平台和云智网商城电商平台,主导企业云智科贸获评"全国百强电商服务商";专门规划了物流配送区域,投用电商分发中心、货运调度中心和区域分拨中心,形成了"一网三中心"的物流核心体系；同时畅通"主线干道"，通过引进安能、中通、韵达等物流快递企业在秀山县设立区域分拨中心，在德江、松桃等周边区县设立武陵生活馆运营中心；最后是打通"神经末梢"。坚持"多脚走路"，依托农村淘宝服务站、武陵生活馆等平台，推进农村电商县域全覆盖。

4. 积极构建农产品全链条服务体系

农产品上行体系提供"土货"变"网红"的全链条服务，设立秀山云智公司作为专业电商供应链服务商，采取市场配置资源的方式，从农产品源头着手，农户与电商快递企业紧密相连，通过生产科学化、产品科研化、包装加工一体化来打通农产品上行的每个关键环节，实现产品变商品、商品变网货的过程。一是建设特色农产品基地。制定土鸡、土鸡蛋、秦橙、茶叶等农产品标准生产体系，每天进村入户进行标准化认证，目前已认证特色农产品达100余种、电商基地供应站点近4000个，农产品检测检疫中心和质量追溯体系也正逐步建立，比如当地推行的农户与二维码一对一标识；同时实行政府背书保证，打造农产品质量"双放心工程"。二是培育以武陵遗风、边城故事为主的自主品牌。加大品牌开发力度，以每个补贴2万~5万元鼓励自主品牌创建。云智公司与中央工艺美院等10余家机构合作，建成民族网商产品研发中心，自主创建特色地域品牌，目前市场上流通的特色商品达650余款，其中农产品"武陵遗风"和手工艺品"边城故事"较受消费者喜爱。农产品"武陵遗风"的土鸡蛋、豆干等成为爆点网货，供不应求；"边城故事"苗绣饰品、竹编工具等通过跨境电商走出国门。同时，大力实施"一乡一业、一村一品"战略，自主创建农产品品牌386个。三是提供组货、加工、包装、仓储、快递等全链条服务。云智速递组织车辆深入田间地头，第一时间组织批量农产品进城。通过豆干、炒货、干果、鲜果、酸辣粉等电商加工线，提升本土农产品价值，并经过精致实用型流通包装，实现产品与品牌的融合。该县农产品附加值平均提升30%，如鲜茶叶在加工后、红心猕猴桃分级加工包装后附加值提升50%。通过电商仓储中心"云仓"托管，一旦电商企业完成订单交易，立即无缝对接快递企业发往目的地。全方位扶持农村电商做大做强，为了让入驻秀山以及本土孵化的电商企业不断做大做强，秀山县围绕资源集约和抱团营销，创新服务方式，从上而下建立了全方位、一体化的电商服务体系，着力解决电商企业产品、仓储、融资、成长等关键问题。一是完善扶持政策。制定出台《秀山县电子商务进农村综合示范专项资金使用管理办法》等政策措施，政府专项资金扶持主要用于培育电商主体，打造地域特色品牌，引进开发技术创新、拓展业务渠道等方面。例如，电商快递行业加大福利力度，货物对外邮寄实行"首重"全国 3 元包邮补贴，同时对投资达 50 万元以上的技术研发或成果推广项目，给予投资额 30%、最高不超过 50 万元的补助，对入驻电商企业给予场地资金补贴等，助推农村电商快速发展。二是促进融合发展。实施"互联网＋"战略，依托电商孵化园，推动全县 100 余家生产企业、物流园区逾 40%的批发零售商户"触电"经营。当地企业以抱团营销模式积极推销本土特色农产品，目前已形成 20 余种本土特色农产品的上行热潮，其中以猕猴桃和秦橙为主，此外还推进苗绣、木制玩具等手工艺品出口。拓展民宿旅游、扶贫慈善等业态，增强农村电商的扶贫功能。三是增进合作交流。牵头发起成立由 317 家大小企业构成的武陵山网商联盟，为区域电商企业搭建交流平台。连续举办两届武陵山电子商务看样订货会，抱团营销武陵山特色产品，突出做好网络托管、抱团促销等增值服务，周边区县纷纷响应，西兰卡普、龙凤花烛等非物质文化遗产和民族手工艺品大放异彩。

5. 着力打造利益共享体系

把促进农民增收、农业发展作为发展农村电商的根本目的，以农特产品"进城"为核心，着力构建群众得实惠、企业增效益的利益共同体。一是群众得实惠。围绕上线产品和电商基地，成立 20 余家农民专业合作社，采取保底分红政策，建立以土地、扶贫资金、财产等入股的利益连接机制。依托农村电商 O2O 平台，采取"电商平台＋实体店"订单式批发销售，产品网购价格平均增长 30% 以上，农户则可参与产品增值二次分成。以土鸡蛋为例，农户卖土鸡蛋每个 1.2 元，经包装后上网销售是每个 3 元，增值 1.8 元。按 3∶7 的比例分成，农户可再得增值收益的 30% 即 0.54 元，加上已得的 1.2 元，农户每个鸡蛋可得 1.74 元。

二是企业增效益。引导和支持"农头"企业，通过订单农业、农户入股等方式，发展产业化经营。电商销售农产品增值收益的 70% 由相关电商企业获得。全县已培育电商创业者 3000 余人、各类网店 4200 余家，经过 1 年时间的孵化，巴谷鲜、丁丁、大嘴蛙等食品电商企业已成长为西南地区食品电商龙头企业。

6. 注重新型产业人才培养引进

该秀山县整合各方资源，形成政府、学校、社会等多层级多领域培训体系，培养了一大批"新农人"，激发新农人"大众创业、万众创新"热潮。秀山县整合了中国电子商务人才培训中心、电商孵化园、众创空间、秀山云智电子商务学校等丰富教学资源，"流水席"式开展电商普及培训、基础技能培训和创业提升培训，为有志从事电商创业的广大青年，提供平台、提供技能、提供产品、提供服务。一是建设实训基地，引进电商资深导师团队，加强推广校企合作模式，营造众创氛围，如重庆工商大学在培养电子商务相关专业学生时坚持"引进来与走出去"的发展原则，聘请企业电商成功人士走进校园兼任客座教授，同时鼓励电商相关专业师生走出去，深入乡镇与农村进行考察调研，目前秀山已培养电商专业精英累计达 60 余名，其专业涵盖范围广，涉及营销、仓储、客服、配送等，同时还组建了云智精英团队"教师团"。通过典型案例现场教学等方式培养本土电商人才，云智科贸获评武陵山区首个"中国电子商务人才服务中心"的荣誉称号。二是开展专题培训。发挥秀山农村电商公共服务中心"流动党校"作用，整合教学资源，开设电商扶贫专题培训班，引导领导干部用互联网思维融合实体产业发展，完成培训 1000 余人次，形成了"言必电商、言必扶贫"良好氛围。持续开展 SYB 电商创业、淘帮手、跨境电商等系列培训，累计培训电商从业人员 1.5 万余人。三是开设电商物流专业。依托县职教中心等职业学校教学资源，开设现代物流、农村电商等相关专业，有针对性地持续培育本土电商人才，输出相关专业人才1200 余人。

总的说来，秀山县农村电商产业发展的模式如图 7-5 所示。

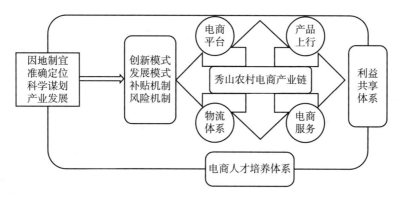

图 7-5　重庆市秀山县农村电商产业发展模式

7.5.3　减贫成效

1. 电商扶贫模式逐步形成

武陵山片区初步成立了首批达 400 家会员单位的武陵山网商协会，其中获评"全国百强电商服务商"的云智科贸电商成为武陵山片区首个"中国电子商务人才服务中心"。自 2016 年 8 月推出以来，已有全国各地县域加盟商 31 个，打响了"覆盖中西部、享誉全中国"的村头营销攻坚战。一是释放平台效应。做优做强电商孵化园平台，1 万平方米电商办公区为入驻电商企业免费提供办公环境，组织"吃、住、行、摄、模、递"等多元社会服务机构为产业搭建电商服务平台，满足电商所需；6 万平方米电商仓储配送中心具备低温、常温等仓储条件，实行机械化作业、智能化管理、系统化运营。二是整合平台功能，坚持线上线下互动，将"线上"网络平台"村头"的扶贫、慈善、民宿旅游、客户服务等功能模块，与线下实体店武陵生活馆的"八大功能"以及馆主"九大员"功能相整合，呼应互补。

2. 物流体系运营快捷、创业孵化园成效显著

秀山县电商物流体系日益完善，其已建成的第二期电商仓储分拨中心占地 7 万平方米，货运调度中心发展近 3000 余名会员，物流运输快递中的社会车辆将近 4000 余辆，目前，秀山县电商物流加工中心项目建设也已启动。安能、中通、韵达等物流快递企业在秀山县建成周边区县配送站近 100 个，依托货运调度中心发展会员 2600 多名，整合社会车辆 4000 多辆、社会物流企业 60 家，开通 17 条武陵物流专线，以及至广州、泉州等远距离物流专线，每月匹配物流供需信息 1.2 万余条，区域物流成本下降 15% 以上。组建专注于农村配送的云智速递，将全县规划为 4 个片区 15 条乡村物流线路，无缝对接社会快递和乡村网点，构建"T+1""1+T"双向物流体系，实现到达秀山的快递包裹 1 天内进村入户，农产品 1 天内收购进城，双向物流体系的建立与完善解决了农产品进城和工业品下乡的最初与"最后一公里"问题，降低县域城乡配送成本达 30% 左右。

在孵化园入住的企业和项目，精准对接电商物流产业基金，每个企业或项目最高可获 200 万元融资支持。入驻电商孵化园的企业，可享受办公、网络、仓储等费用"三减两免半"补助，还可享受快递全国 3 元/5 公斤包邮政策（除新疆、西藏、内蒙古和海南省外）。对入驻电商产业园设立快运快递分拨中心的企业，每个快运分拨中心一次性补助 30 万元，每个快递分拨中心一次性补助 50 万元，物流场地租金前三年补助 50%。此外，还将享受新入驻一次性搬迁补贴、销售额一次性奖励、交易单数每单补贴、知名电商品牌创建补贴等优惠政策。

3. 特色产业提质增效，减贫效益大大提升

在脱贫攻坚的大环境和"一村一品"的政策推动下，全线中药材、茶叶、畜牧、本木油料、果蔬五大特色效益快速发展。一是特色农业产业规模快速增长。新发展金银花、银杏等中药材 3.8 万亩，中药材基地面积达

24.4万亩，新发展茶叶7万亩，以猕猴桃、柑橘为主的特色水果面积达15.58万亩。中药材产业和茶叶产业实现产量和价格双增长，2016年产金银花鲜花3.5万吨，鲜花和干花收购价格每公斤与上年相比分别上涨12%和18%。二是农旅一体化产业蓬勃发展。围绕中药材、茶叶、水果等主导特色农业产业和当地民俗农耕文化等主题元素，大力发展休闲农业，培育了"玫瑰之约""休息满园""太阳农庄"等一批休闲农业示范项目。并结合农业局龙凤花海、川河盖、洪安边城大溪湿地公园等自然资源和景观，积极打造了数条乡村旅游精品线路。

4. "互联网＋三农"模式逐渐形成，新兴业态快速发展

先后组建西云实业推广"互联网＋三农"秀山模式，新发展武陵生活馆、德江等加盟店15家，与铜梁、云南陇川等区县达成技术输出意向。着重从三个方面全力推进，一是创建品牌提升质量。实施品牌兴农的战略，全年申报"三品一标"农产品55个，获批"三品一标"农产品24个，国家地理标志商标和重庆市著名商标分别占了7个和5个，重庆市名牌农产品和有机食品认证数量分别为7个和11个。重庆市秀山县先后获评了无公害金银花产地县和无公害土鸡产地县称号，其金银花基地通过了国家GAP认证，秀山茶叶获农产品地理标志，新增龙头企业10家，合作社39家、家庭农场11户，全县农业龙头企业达116家，其中中级龙头企业15家；农民合作社达612家，其中部级示范社2家，市级示范社7家。拥有家庭农场347家。二是农村电子商务持续发力。新发展特色农产品电商基地24个，"武陵遗风""边城故事"累计上线产品728款，全县农产品电商销售额实现8.15亿元，带动4万余农户增收。"互联网＋三农"模式纳入全国农村电商十大模式。三是现代农业园建设扎实有力。完成《农业园区总体规划》，启动《核心区控制性详细规划》《总体规划环境影响评价报告》《仓储物流功能区修建性详细规划》等系列规划编制工作。新隆坳市级农业园区各类项目完成投资2.65亿元，完成计划任务的102%。完成综合服务中心主体工程，新建产业大道4.7公里，园区核心区主干道路形成循环线路，基地蓄水池、灌溉主管网基本联通。新建茶叶、中草药、水果等产业基地 3200 亩。

5. 校地合作、科技创新机制不断完善

（1）深化校地合作。秀山县根据产业发展需求与西南大学、重庆中医药研究院等市内外近 10 所高校和科研机构开展了深入合作，加大对金银花药理产业和土鸡产业的标准制定与品种选育的理论与实践研究，以及高端猕猴桃产业、油茶产业等育种技术研究。构建龙头企业与金银花技术研究中心的校区合作平台，协同大力研发金银花、中药材、土鸡和茶叶等新产品。目前，已研究培育出优良金银花新产品有"愈雷一号""红星一号"，银天颗粒冲剂、双花颗粒冲剂、双花凉茶等中药饮品和霜花饮料。以金银花为原料的"真金白银""花纪"等一批新产品和以土鸡为原材料的四个系列、七个品种加工产品均已全面上市畅销。第四代调味品"调味鸡汁"畅销全国各地，取得良好的市场口碑。

（2）强化技术服务。聘请高等院校科研机构专家教授为产业发展常年技术顾问。推广部门建立技术服务体系，创办产业专家大院，乡镇人才服务站农民田间学校等定期开展技术培训和现场指导。

（3）注重人才培养体系。秀山县将整合中国电子商务人才培训中心、电商孵化园、众创空间、秀山云智电子商务学校等丰富教学资源，"流水席"式开展电商普及培训、基础技能培训和创业提升培训，为有志从事电商创业的广大青年，提供平台、提供技能、提供产品、提供服务。

7.5.4　重要启示

2014 年以来，秀山县始终把促进农村电子商务发展作为产业结构调整、统筹城乡发展、精准扶贫攻坚的重要抓手，构建电商平台、物流快递、农产品上行、电商服务、利益共享、人才培养六大体系，"互联网＋三农"的发展模式在秀山县成效凸显。在全球电子商务大会上发布的

《中国电子商务发展报告（2016～2017）》组委会首次将秀山县"互联网 + 三农"模式列入全国农村电子商务发展十大模式之一。

1. 构建现代农业产业体系

（1）做优五大特色产业。力争到 2020 年中草药基地面积达 40 万亩、生态茶园面积达 20 万亩、油茶基地达 20 万亩、水果基地达 18 万亩，年出栏土鸡 1000 万只以上、牛 5 万头以上、山羊 12 万只以上。

（2）积极培育三大新型业态，积极发展现代中药和特色农产品加工业。按照农特产品电商化和电商农产品基地化的思路，农村电子商务带动农业发展，积极发展休闲农业和乡村旅游业。培育一批特色鲜明、主题突出的旅游风情小镇和美丽村寨，加快农业园区建设。

（3）全面夯实三大基础产业。稳定粮食播种面积 85 万亩、产量 30 万吨以上。

2. 打造绿色生态环保的农业生产体系

（1）推进农业标准化和品牌化。围绕特色品种，建立一批产品生产、加工、包装、储运、流通地方标准。大力实施品牌兴农战略、打造秀山毛尖等区域公共品牌，加大边城故事、武陵遗风，秀山金银花、秀山土鸡等公共品牌的宣传、推广和培育力度，提升品牌公信力。

（2）全面提升农产品质量安全水平。深入开展农业投入品的专享整治活动，加强农产品质量安全追溯体系。

（3）深入推进农业清洁生产，积极推行有机肥试点建设，在农业发展中推广使用有机肥，降低化肥的使用率，大力发展高效生态循环农业，实现农业清洁生产的目标。加大农业面源污染防治力度，开展农业可持续发展试验示范和农业废弃物资源化利用试点。

（4）不断提升农业机械化水平。大力推广适宜丘陵山区发展的农机新机具新技术，提高农机科教水平和耕、种、收作业水平。

3. 培育充满活力的农业经营体系

（1）积极培育五类新型农业经营主体。围绕五大特色产业、培育专业大户、家庭农场、农民合作社、农业龙头企业、农村经纪人等农业新型经营主体。重点培育一批市场适应能力和产业带动能力强、与农户利益联系紧密的农民合作社、农业龙头企业,从事农产品的收购、初加工、销售。

(2)积极发展适度规模经营。按照小单元、大基地,多业主、集群化的发展思路,推动农业适度规模经营。

(3)加强构建农产品市场建设和营销体系,为县级鲜活农产品批发市场的形成与发展提供源源不断的驱动力,乡镇农产品集贸市场建设和改造,完善县城、中心集镇、边贸集镇三级农产品市场体系。加快物流园区农产品冷链物流批发市场建设,鼓励发展鲜活农产品配送业务。大力开展农超、农校、农社对接,促进农产品市场健康发展。

4. 深入推进农村综合改革

深入推进农村综合改革,把推进农村"三变"改革作为推进农村改革的总抓手,按照《秀山县开展农村三变改革试点促进农民增收农业增效生态增值的实施方案》,全县选择 27 个脱贫攻攻坚重点村作为乡镇试点。通过试点,组建农村集体经济组织,使农村集体所有的经营性资产和经营性资源 100% 量化为农民持有的股金,在试点的基础上总结完善合股联合机制和利益分配机制,提炼有推广价值、示范效应的操作模式,全县所有村再推广经营。

5. 强化"互联网 + 农业"电商服务质量

(1)优化网络经营主体资质管理。为采用"互联网 + 三农"模式开展经营的电商经营者开辟绿色通道,设置专人实行一条龙服务,缩短办理时间,减少填报错误。

(2)培养电子商务监管专业人才队伍。高效监管电子商务,需要执法人员熟悉电子商务应用模式和网络市场营销模式,掌握计算机应用基础知识和电子数据应用知识,还需要执法人员对辖区农产品及手工艺品的生产基地、收购中心、加工销售等情况足够熟悉。培养一批既懂网络技术又熟悉工商业务、熟悉农产品的专业人才队伍，迫在眉睫。

（3）提升电子商务监管技术水平。深化应用全国网络交易平台监管服务系统及重庆市工商局电子商务监管服务网，以更具科技含量的监管方式，科学、精准监管农村电子商务。

（4）完善电子商务法律体系。结合电子商务发展实际，在已有法律法规的基础上进一步加大执行力度，制定更具可操作性的执法规范、平台管理规范，提高监管的法制化程度，以行业自律为抓手，强化第三方交易平台责任。要求第三方交易平台完善农村电商经营者进入和退出平台机制，制定经营工作规范，完善对农产品、手工艺品质量评价标准，明确消费者权益保护各方权利、义务和责任，指导第三方交易平台优化网页制作，督促其在交易平台醒目位置设置工商登记信息电子链接和消费维权标志，告诫其严格管控违法违规经营行为。以法律宣传为契机，增强农村电商经营者的法律意识。

第8章 贫困地区农业产业化扶贫的模式与机制

8.1 贫困地区农业产业扶贫的实现模式

不同的自然资源禀赋和经济基础决定了各地农业发展和产业扶贫的道路各有迥异。发展的具体形式虽然不同，但其背后隐含的内涵、特征和规律却是可以总结且能够为同类地区所借鉴的。通过对各地农业产业扶贫实践的概括，总结出了合作社领办型、创业平台助推型、美丽乡村引领型、龙头企业带动型、乡贤返乡兴业型、多产融合发展型等六种典型的农业产业扶贫实现模式。贫困地区不同的农业产业发展模式的动力来源、功能导向都存在一定的差异，发展的道路没有一成不变、放之四海而皆准的模式，在选择具体的发展模式时，应结合当地实际情况和产业性质来决定采用其中某一种或某几种。

8.1.1 农民专业合作社领办型

农民专业合作的产生和发展，是农民适应商品经济、市场经济的产物，中华人民共和国成立之初我国就非常重视农民专业合作的建设、发展。经过文献的梳理我们把农民专业合作社的发展划分为三个阶段：第一阶段：1978～1993年，其间实行家庭联产承包责任制，合作经济组织的发育还处于萌芽阶段。到1984年中央"一号文件"提出了发展合作经济组织问题，文件中的"地区性合作经济组织"发展成为农村社区股份合作社，"专业合作经济组织"后来发展成为农民专业合作社。第二阶段：1994～2006年，"农民专业合作社"名称在这一阶段开始出现，浙江等发达地区是最先开始推动合作社的发展地区，部分组织在民政部门、工商部门进行登记注册。第三阶段：2007年至今。《农民专业合作社法》在2007年开始实施意味着农民专业合作社有了合法的身份，正式进入市场和其他主体开展交易活动。

农民专业合作社在发展过程中得到国家重点扶持，回顾改革开放40年来的历程，农民专业合作社已经成为社会主义市场经济体制中连接农民和政府之间的一座重要的桥梁。农民专业合作社是以农村家庭承包经营为基础，通过提供农产品的销售、加工、运输、贮藏以及与农业生产经营有关的技术、信息等服务来实现成员互助目的的组织，在农业经济发展的过程中起到了很强的经济互动性。贫困地区通过建立形式多样的各种合作社，借助这一平台连接分散经营的小农户，对接政府和市场，有助于提升原本弱小的农户，使其在交易和谈判具备更显著的话语权和定价权。

合作社领办这种模式遵循以政府为主导，特色产业为依托，农民专业合作社为载体，农户为主体的原则，依托当地强势产业为导入突破口，大力扶持专业合作社的发展，由合作社整合当地资源，来带动农户，并统一包揽从生产到销售的各个环节，同时注重其他产业的开发与拓展，最终形成在合作社领办下的农户参与利益分配、产业多元化发展的农业产业扶贫体系。此类模式成功的关键在于，当地已经成立了若干管理有效、运行良好、机制完备的农民专业合作社，同时具备良好的特色产业发展基础。合作社既培育形成了优势产业链条，又在政府的大力支持下有效地改善了当地农业发展的基础设施和软硬件条件，真正做到了产业兴旺、农民富裕，同时由于合作社的统筹引领作用，其所带动的产业发展也具有系统性和规划性，因此能较好地处理个体生产经营中持续发展与生态保护无法统筹协调的矛盾。

谷粒瓜瓜烟叶专业合作社位于湘西州永顺县松柏镇的兴棚村，该村面积16平方公里，平均海拔990米，全村共辖7个村民小组11个自然寨、342户1075人。由于兴棚村海拔较高，其气候较松柏镇其他地方偏寒，加之地理位置偏远，过去，该村交通闭塞，生产能力和条件落后，生产力发展水平较低，成为当地出名的"界巴佬"和"光棍村"，属国家级贫困村。谷粒瓜瓜烟叶专业合作社成立于2013年3月21日，注册资本134.80万元，是湖南省烟草专卖局2013~2014年驻村扶贫重点援建专业合作社。该合作社以烟叶专业化生产服务为经营核心，深度开发利用本地资源禀赋，发挥自身优势，整合政、人、财、物资源来拓展产业范围，其经营领域涉及高山无公害蔬菜生产、猕猴桃种苗培育、特色山珍开发和村镇生产型和民生型小型工程施工。以谷粒瓜瓜合作社为经营管理主导核心，在兴棚村基本形成以"烟叶产业为主，蔬菜种植、猕猴桃种苗培育、山羊养殖为辅，山珍开发并重"的立体循环农业产业聚合体系，推进了农业优势产业"规模化、机械化、信息化、品牌化"发展，是社区综合性农民合作社带动产业扶贫模式的有益探索。政府扶贫的一个重要手段就是通过结合扶贫地的资源禀赋有针对性地开展以产业扶贫为核心的全方面经济社会提升方案，有效地提升扶贫地经济发展的质量和动力，摒弃单纯地给钱给物式的"输血式"扶贫，而是建立起前期产业扶助、后期自力更生开拓创新式的"造血式"扶贫。谷粒瓜瓜烟叶专业合作社是政府产业扶贫典型实例，政府产业政策的支持给合作社和当地的发展注入了强心剂。

谷粒瓜瓜烟叶专业合作社是湖南省烟草专卖局2013~2014年驻村扶贫重点援建专业合作社。湖南省烟草专卖局着眼长远，立足本地烟草种植的优势，实现松柏片区烟叶初级加工的规模效益，建立一个以烟叶种植与初加工的烟叶产业龙头为主导，其他产业为辅的产业扶贫助富模式，扶贫济困，实现当地居民的持续性脱贫致富，力争早日实现小康。为了使扶贫工作顺利有序开展，省烟草局专门成立省局驻永顺兴棚村建设扶贫工作组（以下简称工作组）这一机构组织，工作组在对兴棚村及周边详细调研的基础上，收集、参考、征求各方意见制定《2013~2014 年省局驻兴棚村建设扶贫工作规划》，该规划以"一年打基础，两年谋发展"为工作思路，通过"扶基础、扶产业、扶素质"三大抓手，从而实现全村基础设施先进、产业基本成型、村民收入显著增加，经济和民生互促式发展。省烟草局在扶贫工作中投入资金近 2000 万元，着重从三个方面优化了当地扶贫产业发展环境。一是强化基础设施建设极大地改善了居民的生产和生活水平，为扶贫产业的后续发展提供动力。以前，兴棚村基础设施建设非常薄弱，交通不便、生活不便、生产操作方式落后，经济发展水平低，使其成为远近闻名的"光棍村"，在省烟草专卖局的大力扶助下，兴棚村旧貌换新颜，村容村貌、民生民业发生了巨大的变化。通过"两场"设施建设引领全村发展，在兴棚村规划建设了"两场"，村东是村部综合楼及村民活动广场，村西是谷粒瓜瓜烟叶专业合作社办公楼及烟叶烘烤工场，将生产、生活功能分区，两组建筑设施利于产业发展、政务办公、娱乐健身、公益教育和生活购物，它们是兴棚村经济社会发展标志和核心。通过"五通"设施建设活络全村发展，在兴棚村先后规划建设了入户硬化路、自来水管道、电网、农田机耕道、硬化排灌水渠等"五通"项目，活络了兴棚村的社会经济发展。入户硬化路按照宽度 2.5 米或 1.8 米高标准建设，现已建成入寨硬化道路 9 条共计 6.62 千米、户间道 191 条共计 7.82 千米，整修入村危险路段两处，建成贯通公路 1 条 1.92 千米；自来水铺设主干管道 15.15 千米，建成蓄水池 11 个，可蓄水 250 余立方米，在停水期间可供村民生活使用 10.5 天；建成农田、烟田机耕道 23.40 千米、建设硬化排灌水渠 32.70 千米，生产的主要基础设施建设为机械农业、规模农业、现代农业、高效农业奠定基础。通过农田水利设施建设夯实发展命脉，省烟草专卖局加大对当地农田水利基础设施建设的投入力度，土地整理项目和水利建设项目取得了一定的成效。开展基本农田、烟田土地整理720余块，共计1300余亩，建设了山塘1座、拦水坝3座，有效提高了土地耕作质量。水利建设方面，整修泄洪坑、山塘，为解农田排水不畅问题，清淤100多立方米、开凿隧道10多米、浇筑混凝土90多立方米；建设了山塘、拦水坝、过山涧虹吸管等项目，有效地调节水资源在地域和季节上分布的矛盾，从而实现"旱涝保收"；建设了近百亩喷灌设施，对烟叶、蔬菜、苗木等种植起到了省水、保土、保肥、省劳力的作用，增加了农业生产的效益。二是推动建设"一社四点"，增强扶贫产业发展的活力。要增强农业产业发展的活力，需要针对本地的资源禀赋发展适宜的产业，确保村民的长富久富。农村合作社是植根农村、服务农村、聚集产品、连接市场的产业衔接器，引导和推动农村合作社的建立，对提升农业产业化的质量和效率有重要作用。省烟草专卖局积极引导和推动农村合作社的建设，兴棚村以农村合作社建设为平台和核心，建立烟叶精益化生产示范点、夏季绿叶蔬菜开发示范点、千亩山竹开发示范点和果树苗木培育及新品种引种试点等"一社四点"项目。"一社四点"的建立，充分地开发和利用该村的优势资源，使得产业有依托，产业有活力，产业有潜力。三是强化专业技能培训，为产业发展培育优质人力。通过定期或不定期开展对村民的种养专业技能培训，农机操作、维修技能培训，根据需要对参加正规工程机械操作学习的人员给予一定学费补贴；设立"创业基金"，加强对村民的技能培训，选派了2名青年到长沙学习挖掘机操作技术，学成归来后已成为合作社挖掘机操作的主力；邀请技术人员进村开展农机培训7次，参训人员180人次；邀请县农机局进村培训并办理农机操作驾驶证，使12位村民获取了相关证照。组织29名党员干部、潜力青年和致富带头人到先进地区参观考察，参观新农村建设，增长见识、拓宽视野、转变观念、明确方向，达到提高村民文化素质，增强致富本领，培养农村致富带头人，增加创业动力和创业意愿，增加创业成功率的目的。谷粒瓜瓜合作社创立之后，兴棚村村民的生活和工作发生了巨大的变化，村民的收入大幅度提高，至 2015 年 11 月，谷粒瓜瓜合作社带动社员创业的收入达 320 万元，盈利 225 万元；合作社成立之前，2012 年村民的人均收入水平为 2200 元；合作社成立后，2014 年则达到 8500 元，增加了将近 4 倍，全村经济社会发展水平呈现出新的气象。

8.1.2 创业平台助推型

党的十八大以来，我国政府高度重视创新创业工作，先后出台了《国务院办公厅关于发展众创空间推进大众创新创业的指导意见》《国务院关于大力推进大众创业万众创新若干政策措施的意见》等一系列扶持创新创业的政策，试图通过深入推进大众创业、万众创新为我国经济发展注入新的动能。创业不仅能解决创业者本身的就业问题，还可以帮助解决部分剩余人口的就业问题。贫困地区大多位于偏远地区，人口较少、劳动力素质普遍比较低，虽然拥有丰富的资源，但很多地区并没有把这些有用的资源优势有效转化为明显的经济优势。科技发展和消费观念的进步推动了互联网技术快速发展，产生了如阿里巴巴、京东商城、亚马逊等越来越多的电子商务平台，而技术的不断完善使得在线网络支付、通信系统、物流系统逐渐成为助推偏远地区产业发展的重要手段。

创业平台助推型创业模式是以创业孵化园、电商园等平台为载体，通过"市场引领、政府搭台、企业唱戏"的方式，不断优化创新创业的体制机制、改进政府管理服务水平、完善基础条件和设施，引导、培育、壮大农村创业企业，进而形成覆盖面广、带动力强、综合效益明显的产业集群。这些平台是现代生产经营要素的集合体，新的组织创新、新的模式探索、新的业态呈现、新的资本整合在平台中不断涌现，从根本上改变了人们对于传统生产经营活动的认识，更带动了贫困地区农村产业发展的转型升级。

重庆市秀山土家族苗族自治县地处渝、鄂、湘、黔四省市结合区，位居武陵山区腹地。全县 65 万人口，农业人口占 65%，另外 70% 的农村青壮年外出务工，是典型的农业大县和劳动力输出县。在过去，交通闭塞成为当地经济发展最大的障碍，但近年来，在"互联网＋"农业创业模式的影响下，该县农村电商发展呈现如火如荼之势。尤其是在农村电商平台"武陵生活馆"与阿里巴巴"农村淘宝"项目的双轮驱动下，农村电商为秀山县区域经济和农村发展带来了深刻变革，一大批优秀的农村创业企业成长起来。短短几年里，已成功孵化、培育了 160 余家电商个体，60 余家传统生产型企业"触电"经营，300 余家经营商户已把电商作为最有效的商贸批发工具，371 位"淘宝客"活跃于"武陵山网商联盟"。此外，"武陵物流云"网络批发交易系统全面投入使用，"武陵生活馆"O2O 农村电子商务体验店连锁工程全面展开，实体店达 191 家，6600 名电商"村长"的培训计划也全面实施。截至 2015 年 8 月，秀山开展电子商务营运的企业及个体达 240 家，建设"武陵生活馆"实体店 102 家；2015 年 1～8 月全县电商交易额突破 28.9 亿元，同比增长 34.7%，其中网络零售实现 6.3 亿元，同比增长 43.8%。秀山已成为全国农业农村信息化示范基地，上榜"中国最具投资潜力中小城市百强县市"，获誉"中国最具区域带动力中小城市百强县市"，该县形成独具特色的农村创业创新模式，已成为重庆乃至全国农村创业创新优秀"范本"。

8.1.3 美丽乡村引领型

美丽乡村引领型发展模式主要通过制订科学可行的产业和生态规划，做好顶层设计，既要护好"青山绿水"，又要做大"金山银山"，选准市场前景较好的生态产业，在经济发展与生态保护之间构建良好的互动机制。该模式需要大力强化农村基础设施建设，以优越的生态环境为基础，以美丽乡村建设为抓手，通过规划引导、政府扶持、多产业融合等方式大力营造"让村民望得见山、看得见水、记得住乡愁"的美好人居环境，同时积极培育各类创业主体，引导其进入生态绿色产业，在发展乡村特色产业的同时实现了人与自然的和谐共处，推动了城乡统筹发展、产业融合发展、经济生态协调发展。

实践中，由于各地自然禀赋和经济基础各不相同，美丽乡村引领型又不断发展出了多种形式，比较常见的有如下六种模式：（1）特色产业发展模式，以产业为重点建设目标，注重特色产业的发展，以农业产业发展为基准，初步建成"一村一品""一乡一业"，形成规模化、集群化生产，发展壮大农业，慢慢延伸产业化链条，融合第一、第二、第三产业的发展。（2）生态保护型模式，这种模式在生态环境良好、自然条件优越、人为因素对大自然干扰少。这些地方通常拥有丰富的植被资源、水资源、依靠当地的自然地理条件打造具备诗情画意的山水田园风情乡村，并注重结合乡村旅游的发展，有意识地建立民宿旅游、生态旅游、写生旅游等形式。（3）城郊集约型模式，顾名思义城郊集约型模式主要是对于在城镇周边的乡村，该地区交通较为便利、基础设施建设完善、村民素质相对较高，可以依靠于城镇的需求对口发展，耕地可以种植蔬菜、水果、花卉、苗木等具备较高经济价值的农作物，对这些产业进行科学合理的规划，提高生产效率，进行集约化、标准化、规模化生产。政府应该支持土地流转的政策，为这种模式提供一个更好的发展环境，这种模式可以定位为城市的后花园，城市重要的补给站。（4）文旅融合模式，依靠当地特色的资源，包括古村落、古建筑、少数民族传统的文化。如安徽皖南的徽派建筑、古村落，云南的少数民族聚集地，凤凰、丽江的历史文化古城，其中还包括当地的一些特色文化歌唱、舞蹈、民族特色表演等。该模式乡村文化资源丰富，具备优秀的民俗文化或者具有非物质文化遗产，这种模式的开发建设一定要保护好当地的特色文化、特色景观，烙上文化、文旅的"美丽乡村"标签。（5）休闲旅游模式，这种模式着重发展适合于乡村旅行的地区，该地区通常旅游资源丰富，或是靠近城镇等具备一定休闲旅游市场的地方，城镇周边"美丽乡村"的建设发展周末游、短途游是具备地理位置优势。另外一些靠近大旅游景点的特色乡村同样具备美丽乡村的发展条件，这些区域建好住宿、农家乐、休闲垂钓等一系列配套娱乐设施将为乡村休闲游提供充分的发展条件，充分挖掘乡村旅游的潜力。

（6）高效农业模式，农业发展是乡村实现经济腾飞的持续动力，"美丽乡村"建设做好农业产业规划不仅能带来产品上的直接受益，另外推出农业产业观光、农业科普、体验式农耕等一系列相关产业，高效农业模式有助于农业产业综合布局，并结合乡村旅游的主线为美丽乡村建设提供更多的参考。

石门县秀坪园艺场地处湖南省常德市石门县南部，距县城 30 公里，省道 S241 线纵贯南北。全场现辖 5 个行政村，现有人口 5200 人，1535户，51 个村民小组，行政区划面积约 11 平方公里。园艺场主导产业为柑橘，现有柑橘种植面积近万亩，号称全国最大早熟蜜橘生产与出口基地，每年柑橘产量 2.5 吨，鲜果产值约 3500 万元，每年直接或间接加工出口柑橘 0.8 万吨。2014 年初，被正式定为全国 1100 个 "美丽乡村" 创建单位，常德市委 "美丽乡村" 建设标准示范单位。全年累计能接待游客 1万多人次，创收 200 万元，村级集体经济收入保证在 4 万元以上，贫困户人均收入达国家贫困县标准之上，稳定实现 "两不愁、三保障" 的目标，2016 年脱贫达 42 户共计 127 人。秀坪区位优势明显，产业特色突出，柑橘文化底蕴深厚，生态环境优越，在本着产业提升、设施完善、生态保护、文化传承的规划理念，按照 "中国柑橘技术研发、推广应用及现代化生产示范区，中国美丽乡村建设与管理模式创新示范区，中国最具吸引力的周末休闲度假乡村旅游目的地之一" 的发展定位，当地大力发展柑橘文化建设和延伸产业，依托柑橘种植这一主导产业，当地一些农民纷纷自主创业，以 "柑橘" 为主题形成了农业观光、餐饮、娱乐、休闲等较为完整的产业链。借助发展 "欢乐橘园" 和 "甜蜜产业"，秀坪已经顺利实现了产业兴旺、生态宜居和生活富裕的目标。与此同时，当地还十分重视推进基层社会治理和乡风文明建设，率先成立了社区董事会、理事会等，通过引入市场机制进行公司化运作，通过产业发展的配套资金完善了医疗、卫生、文教等公共服务体系和水、电、路等基础设施建设；在积极推进村风文明建设和生态环境治理的过程中，打造了别具一格的秀坪"橘"文化，建成了柑橘文化展览室，每个农家小院外都悬挂了书写着与柑橘有关的对联、牌匾，开展了具有秀坪特色的"穿衣戴帽"工程；除此之外，当地还结合土地流转、林权确认等农村基本经营体制改革，有效地将农户纳入到产业链条，使其共享乡村振兴的成果。

8.1.4　龙头企业带动型

所谓龙头企业带动型创业模式，是指在一定规模的龙头企业带动下，通过"公司＋创业主体"的方式将农户、合作社等创业主体纳入到产业链条中来，一方面通过原材料购买、生产经营环节或服务外包、生产要素租赁等方式让农村各类创业主体直接参与产业化经营过程中的利益分配；另一方面通过产业发展壮大，引导贫困地区农业发展围绕龙头企业向产业链上、下游领域延伸，实现产业的一体化发展。龙头企业在该行业中有很深远的影响，企业的规模、营业收入在行业中都非常靠前，在行业的发展中起到指导、引领、带头的作用。

位于湖南省花垣县的湖南德农牧业科技有限公司成立于 2011 年，是以湘西黄牛保种选育、繁殖、清真加工、出口贸易等业务为主的省级农业产业化龙头企业，是国家级中国湘西黄牛养殖示范基地、原种场、资源场。公司现有 10 多家子公司、30 多个合作社，投入资金 4 亿多元，从周边农村流转土地 31175 亩，改良天然草场 37 万亩，建立家庭牧场 652 个，配送能繁母牛 19560 头，整合种养殖散户 5022 户，存栏母牛 39530 头，建成了 6 个定点回购站，年选购优质湘西黄牛 75000 头。公司建有天然牧场基地、繁育中心、智能化工厂与深加工中心、冷链物流中心、青饲料与有机肥加工厂、交易中心、生态旅游休闲中心等，形成了完善的产业链条，且已建成电子商务平台进行产品线上销售，销售范围辐射至北京、上海、山东、中国香港等地区，甚至还远销俄罗斯、中东、东南亚等海外市场。德农牧业结合当地实际，采用家庭农场委托养殖、村级合作社入股发展种养殖产业和培训就业三种模式进行创业扶持，此种模式已帮助当地大多数贫困农户脱贫致富。有能力的农户可办理家庭农场委托养殖，如：每个家庭农场可以领养 30 头母牛，公司每年支付 4000 元/头的费用，签订协议，再以 2000 元/头价格回购出生 8 个月后的新生牛，农户可以得到每年 12 万~16 万元的收益。针对贫困村，还支持建立养牛合作社，农户可以荒山草坡、土地流转等入股方式参与，农户、村集体和公司各占比 7∶1∶2。德农牧业作为武陵山片区的农业龙头企业，坚持采用"以大带小、以强带弱、以富扶贫"的形式，依托湘西黄牛"养—销—加—闲—扶"完整的价值链条，实现龙头企业、家庭农场、基地、农户等众多创业主体的利益分享，带领群众致富奔小康，极大地推动了当地畜牧业、肉食加工业和休闲娱乐业的深度融合，有力助推了贫困地区农村精准脱贫的进程。

8.1.5　乡贤返乡兴业型

此处所指的乡贤不仅包括外出求学、从政、经商而情系乡土的外出精英，也包括留守乡土、德才俱佳的本土精英，这些乡村精英在外学习、生活、工作的经历开阔了自身的视野，积累了丰富的社会资本，并具备了一定经济基础。贤者返乡首先带来了先进的发展观念，能够从理念上引领村民的发展。党的十八大以来，我国全面深化改革的红利不断释放，对"农业是有奔头的产业、农村是有魅力的家园、农民是有前途的职业"的认识已经被人们所认可。一些在外卓有成就的新乡贤怀着浓浓的乡土深情返乡创业，积极地投入到当地农村经济、社会、文化发展的全面建设中来，通过产业富村、观念强村、道德育村、项目扶村、文化治村，使当地农村农业发生显著的变化，这不仅促进了当地农村经济的快速发展，也有效地推动了乡风文明和乡村治理。

湖北恩施土家族苗族自治州来凤县后坝村距县城仅 25 公里，全村面积 4.9 平方公里，人均耕地面积不足 1 亩，全村贫困人口 141 户，贫困率为 25.9%。在传统的生产经营方式下，勤耕苦做并未让当地村民过上衣食无忧的好日子。2012 年，该村在外经商务工十余年的邓国海返回村里，准备凭借多年积累的经商经验和经济基础带领村民在农村的广阔天地里大施拳脚。为了激发大家发展产业的积极性，邓国海率先在村里投资创办了土鸡养殖场，同时建起了 100 多亩的有机蔬菜种植大棚，并从山东高薪聘请技术人员专职负责蔬菜管培，后又成立了国海农业有限公司，大力发展藤茶产业。在邓国海的带领下，该村产业发展来势较好，目前已经建成连片的藤茶种植基地，近 2000 亩，小龙虾养殖基地 1 个，成立了 3 个专业合作社，已建成接待宾馆 1 栋，生态农家乐 5 家，农业观光产业也正蓄势待发。此外，全村环境治理和美化亮化工程基本完成，由农业部专家编制的农业农村发展规划正有序实施，现该村已经形成了"一业兴百业旺，一人富全村强"的大好局面。2016 年全村产业收入 1400 余万元，解决了当地 800 余人的常年就业问题，村民人均收入 1.2 万元，全村的基础条件、公共服务、文教娱乐设施得到了显著改观。村民通过"前院开店、后院养鸡、果蔬销售、基地务工"等方式增收致富，坚定了其共奔小康的信心。该村已由过去的产业落后村成为了该县产业发展示范村、扶贫工作先进村、美丽田园新农村和远近闻名的富裕村。邓国海本人也先后获得了县市劳动模范、优秀共产党员等各级各类荣誉称号。

8.1.6　多产融合发展型

多产融合，即通常所指的第一、第二、第三产业融合。日本的今村奈良从一般的产业经济学角度，提出了"六次产业"概念，即农业生产向第二、第三产业不断延伸，实现三产有机融合，从而构建生产、加工制作、销售和服务整体化一的价值产业链，但在经济新常态下，农村三次产业融合则更多强调农业经营主体充分运用土地、水源等各类资源，在农业生产的基础上，扩展农业多功能发展，综合创新农产品的精深加工、营销、休闲娱乐和乡村旅游等新业态、新产业，大力分享农业产业价值链的过程。农村三次产业融合发展是把第二、第三产业引入农村经济发展中，充分发挥农村现有特色资源和闲置资源的作用，推动第一、第二、第三产业有机融合发展。

农村第一、第二、第三次产业融合的顺利实现在于其背后蕴含着一套高效的运行机制，它主要由宏观、中观和微观三个层面的一系列机制构成。在宏观层面主要形成了政府扶持机制和市场主导机制，中观层面主要是产业利益共享机制，微观层面主要形成了动力机制，这种微观层面的动力机制其实质就是新型农业经营主体的作用机制。十八大以来，随着我国精准扶贫、精准脱贫战略的深入推进实施，贫困地区新型经营主体的成长环境已经比较健全，农业生产现代化、农业服务社会化、农业经营管理信息化浪潮的快速发展，使得贫困地区已经形成了一批以市场化为导向、以专业化规模化为基础、以专业化为特征的新型农业经营主体集群。它们充分发挥技术、资金、管理、人才、信息等方面的优势，高效配置各类生产要素，在产前、产中和产后等各个环节均发挥着重要的作用，通过多种方式推动着农村第一、第二、第三产业的融合发展，进而带动了贫困地区经济发展和脱贫致富。

湘西州古丈县毛坪村位于古丈县城南、默戎镇北，距古丈县城 12 公里，省道 S229 线和枝柳铁路穿寨而过，是"老、少、边、穷"的纯苗族聚居村，全村 1306 人，313 户，8 个村民小组，辖上毛坪（戎吾苗寨）、下毛坪（夯吾苗寨）、小毛坪、排口、岩寨等 5 个自然寨，毛坪村自然环境优美，山美水也美，人们的生活更美，毛坪村凭借本地资源大力发展集体经济，目前村里发展茶叶、旅游、生态养殖、农家休闲娱乐餐饮等产业，村民的收入大幅度提升，毛坪村经济社会发展迅速，被誉为"毛坪速度"和"毛坪效率",被授予"古丈旅游第一村""湘西自治州文明村""湖南省级文明村""湖南省社会主义新农村先进示范村""全国一村一品示范村镇"。中共中央原政治局常委、全国政协主席贾庆林、中共中央原政治局常委、国务院总理温家宝先后到毛坪村调研视察,对该村产业扶贫成效给予了高度肯定。

毛坪村处于大山之中,四周群山环绕,森林郁葱繁茂,不具备种植水稻、玉米等粮食作物的条件,交通不便,信息闭塞,也不具备发展工业的基础,但是这里却有一流的生态环境,土壤中硒磷等微量元素及有机质含量十分丰富、立体气候明显,雨水充沛非常适合茶叶生长。经过多方调研,该村新一届村委班子决定利用毛坪村自然资源禀赋,大力发展茶产业。2008 年 11 月,毛坪村村办企业——湘西自治州牛角山生态农业科技开发有限公司挂牌成立,随着茶产业的不断扩大,毛坪村专门成立了村办企业古丈县牛角山茶叶专业合作社、牛角山茶厂。目前,毛坪村共开发茶叶 10800 亩,年产 1000 吨茶、7 家形象店,绿、红、黑 3 大系列茶 108 个单品畅销全国。拥有一条年产 100 吨茶叶生产线,实现茶叶产值上千万元。2010 年 7 月,夯吾苗寨旅游公司正式注册成立。2010 年 8 月 5 日,夯吾苗寨正式开寨迎客,建成 200 平方米停车场、100 平方米公厕、70 米文化墙、200 平方米迎宾鼓场、200 平方米苗族展示厅、1 座索桥、1200平方米防洪堤、2 道滚水坝、6 个苗家茶室、1 个 300 平方米的苗族风情表演场。2010 年 9 月 16 日,夯吾苗寨旅游区内建成了"牛角山村"苗家特色的农家乐,农家餐饮主要提供湘西的黑跑猪肉、湘西的芭茅鸡、湘西的土山羊肉等多种特色口味的菜品,这些都深受游客们的欢迎,游客还可以边用餐边欣赏苗家山寨的敬酒歌。该农家乐自开业来,旺季每天要接待1000 多旅客用餐、日收入达几万元,仅"牛角山村"这家农家乐就解决了村里 50 多人就业。毛坪村人都收获到旅游带来的实惠,大家只要把房屋"出租"给公司,自己在寨上"打工",每户每年收入可达 2 万元左右,村里的劳动力不够用,吸引了大批外出打工村民加入旅游产业开发。

迄今，夯吾苗寨旅游公司平均月收入可达 60 万元，年接待游客达到 40 多万人次。"一头活，头头活"，茶产业和旅游产业的良好发展势头，"产业兴村、旅游富民、文化活村、经济强村"发展战略的实施，让该村看到了更为广大的市场，毛坪村的资源可以进一步深挖。2011 年底，公司争取了国家的惠农项目资金，在牛角山上开发了千亩有机茶基地，而后又在牛角山建设了三大特色生态养殖基地：湘西黑猪养殖基地、湘西芭茅鸡养殖基地、湘西土山羊养殖基地，2012 年，三种特色养殖业实现收入 560 万元，牛角山四大种养基地的落成，让毛坪村成为周边村镇种植和养殖业的技术培训中心、学习知识的园地。为鼓励、扶持、带动周边村镇的群众依靠种养走上富裕路，公司为农民提供种苗，提供技术服务，提供防治药物，并以高出市场行情的价格回收农户的产品。以"基地示范培训，统一管理、分散放养、防范风险"的长远发展思路推动毛坪村"牛角山"生态经济的健康发展，努力将"牛角山"建设成具有万亩有机茶基地、万头黑跑猪、万只土山羊、十万只芭茅鸡的生态农业科技园，增强毛坪村的产业辐射能力和经济带动能力。村民以土地、房屋、劳动力、资金等形式入股村办企业，通过土地租金、务工工资、订单农业、盈余分配、二次返利、公司分红、旅游服务提供等方式获取收益。2016 年以来，该村发展惠及周边多个村寨的 2000 多户农户，其中建档立卡贫困户 241 户 917 人，实现农户土地流转租金户均年收入 3000 元。吸纳固定就业村民 480 人，人均年工资 3 万元，零工 292 人，年均工资收入 2 万元以上，订单茶叶收入户均收入达 36000 元。分红收入全村 313 户户均增收 9000 多元，2017 年牛角山村人均收入达到 13618 元，贫困发生率从 10.1% 降至 0.7%。牛角山村先后被评为"省级文明村""湖南省社会主义新农村建设先进示范村""湖南省扶贫攻坚示范村"。

上述六种典型的农业产业扶贫模式各有优劣，其发展主体、功能导向和驱动要素各不相同，但无论哪种模式，均能体现出产业在扶贫中的主导作用（见表 8-1）。通过培育特色突出、优势明显、链条完整、市场对路的农业产业，并以此来带动农村其他方面的持续健康发展，最终实现乡村振兴，这已被诸多实践证明是一条有效的路径。这种类似于"金字塔底层创业"的方式最能有效激活乡村产业要素，引领和改变传统的产业发展观念，切实优化农村产业发展的软硬件，从根本上解决贫困问题。

表 8 - 1　　　　　　　　农业产业扶贫典型模式及其特征

典型模式	发展主体	功能导向	驱动要素
合作社领办型	合作社	聚合乡村生产要素、发展产业、增收致富、提升农户市场竞争力	政策红利、良好的自治基础、较强的合作意识
创业平台助推型	政府搭建的产业平台	激活要素市场、优化农村创业外部环境、增收致富	政府支持、基础设施完备、良好的创业环境和意识
美丽乡村引领型	政府支持的新型经营主体	农村发展、农业兴旺、农民富裕、城乡融合	政府支持、基础设施完备、良好的产业基础
龙头企业带动型	龙头企业	激活农村要素市场、引领要素回流农村、利益共享、发展共赢	政策红利、巨大农村市场、低廉原料来源、稳定的产业基地
乡贤返乡兴业型	乡村精英	发展产业、增收致富、观念引领	政策红利、市场需求、强村富民情怀
多产融合发展型	政府支持的多种主体	一业引领、多业融合、资源共享、集成发展	政策红利、市场需求、良好的产业基础

8.2　贫困地区农业产业扶贫的运行机制

贫困问题一直是困扰世界发展的难题。我国是世界上人口最多的国家，同时也是农业人口最多的国家；我国是农业大国，但不是农业强国，我国农业的现代化水平、机械化水平、标准化水平发展还比较低。改革开放以来我国经济高速发展，人们收入大幅度提高，贫困人口大幅度减少，这方面的成就使得中国在世界减贫历史留下了浓墨重彩的一笔，其中一条重要的成功经验，就在于我们始终没有放弃对农业发展的重视和扶持。我国扶贫开发诸多实践表明，产业发展尤其是农业产业的持续、稳定发展，始终在贫困地区经济发展和脱贫攻坚历程中起着至关重要的作用，相对于第二、第三产业的发展，在贫困地区发展农业，其受益覆盖的广度、深度都更为明显。就理论层面而言，产业扶贫研究先后经历了从关注扶贫主体、产业扶贫过程、产业与扶贫的互动机制、扶贫产业成长、产业扶贫影响因素到某个环节或某个领域的问题，逐渐转变为探索产业扶贫活动的一般性规律。随着研究的深入，逐渐形成了一些有关农业产业扶贫研究的经典模型和理论框架，这些经典的理论模型表明，不同的产业类型和内外部环境因素，所导致的扶贫产业形成过程和产业扶贫绩效肯定有差异。相较于一般的产业发展，农业扶贫产业表现为更明显的利益共享性、收益外溢性等特征，那么农业产业扶贫的影响要素有哪些？这些要素是如何相互作用，从而推动农业产业扶贫顺利实现的呢？本书通过对合作社领办型、创业平台助推型、美丽乡村引领型、龙头企业带动型、乡贤返乡兴业型、多产融合带动型等六种典型模式的分析，阐明了农业产业扶贫的内涵、实质和过程，表明了其扶贫成效是受多种要素及其相互作用影响的结果。针对贫困地区劳动力素质偏低、农业生产效率低、资金短缺等不利现实，本书认为，影响农业产业扶贫及其成效的重要因素主要有政策要素、平台要素、产业培育要素、资金要素和人才要素，因此，将从上述几个方面分析上述要素在贫困地区农业产业扶贫中发挥着何种作用，这些要素在产业扶贫中又是如何起作用的，其运行的规律和趋势是怎样的。

8.2.1　政策要素

产业的发展离不开政策的支持，而农业发展十分依赖于政策的支持，政策导向对一个地区产业发展的孵化、产业发展的支持、产业发展的进步具有非常重要的意义。政策导向机制的形成需要当地政府主导推进，通过大力培养具有竞争力的龙头企业、组织吸引乡贤返乡发展、完善农民合作社的建设、引领"美丽乡村"的建设、对创业平台孵化的支持。在政策大环境下，对农业产业发展适时提高税收的补贴，完善基础设施的建设，引进专业技术人才、扩充企业的融资渠道等优惠政策和政府行为。《中共中央国务院关于打赢脱贫攻坚战的决定》中指出，要加强贫困地区农民合作社和龙头企业的培育，做好对贫困人口的组织和带动作用。对于贫困地区扶持壮大农业龙头企业是对贫困地区经济发展的活力，对资源、要素的整合，促进农民脱贫增收的重要途径。2016 年 9 月出台的《农业部关于加大贫困地区项目资金倾斜支持力度促进特色产业精准扶贫的意见》明确指出，要在农业生产基地设施、农业科技推广服务、现代化农业产业体系、新型经营主体发展、防止农业风险等项目资金安排上加大对贫困地区倾斜的力度。据统计，2016 年，农业部同有关部门累计安排 14 个区各类农业资金约 270 亿元，主要用于种子工程、畜禽水产良种工程、标准化养殖场建设、基层农技推广体系、退牧还草、农村沼气、农产品质量安全检验检测体系等农业基本建设项目，以及农业支持保护补贴、粮棉油高产创建补助、草原生态保护补助奖励、新型职业农民培育等财政专项，有力促进了贫困地区农业综合生产能力的提升和农民收入的增加。2016 年农业部在深入调研的基础上，总结了河北省"合作社 + 基地 + 农户"的模式，形成了《发展特色优势产业带动精准脱贫的范例》的报告，在全国进行宣传，并把这种模式作为扶贫范例。在 2016 年 12 月开始，为了达到深度扶贫的目标，农业部同国务院扶贫办举办系列扶贫现场观摩活动，对全国贫困县党政负责同志开展培训，对产业扶贫的典型案例进行学习，把好的案例放在一起进行经验交流、宣传、起到引路的作用。农业部还联合国家发展改革委印发了《关于引导农业领域政府和社会资本合作的指导意见》，对发展的重点领域与路径进行了部署，鼓励积极运用 PPP 模式引导社会资本投入贫困地区，对有特点、有发展、有潜力的企业要进行重点的扶持。农业部联合国务院扶贫办等多个相关部门共同印发的《关于促进电商精准扶贫的指导意见》，建立健全扶持农业电子商务发展的政策框架体系，注重带动贫困地区发展农业电商脱贫。2016 年农业部同发改委等 8 部门共同印发了《"互联网＋"现代农业三年行动实施方案》和《"十三五"全国农业农村信息化发展规划》，提出了支持农业电子商务发展的具体政策建议。2016 年农业部与阿里巴巴、京东、苏宁等大型的电商企业签署了合作协议，让农产品与电商进行全方位的合作，如开展苹果销售月行动，与京东进行对接，谋划开设现代农业示范区专门栏目，组织"中国农垦旗舰店"在苏宁、天猫等大型电商平台上线。组织大型电商平台以及线下经销商赶赴贵州、云南等偏远贫困地区进行对接，及时解决当地特色农产品滞销难卖的问题，同时帮助当地政府建立特色产业扶贫机制。国家还进一步加大了对农村电商的扶持力度，一批相配套物流体系应运而生，逐步探索建立起县、乡、村三级物流节点，完善了物流运送的网络、基础道路和公共仓储配送体系的建设，对资源进行了整合，推动第三方物流平台的发展，千方百计打通农村电子商务"最后一公里"。回顾我国多年以来的减贫历程，无论是从初期依靠外力推动"输血式"扶贫阶段，还是发展到一定程度的"造血式"扶贫阶段，毫无疑问政策在减贫的历程中发挥的作用是显而易见的。实践表明，政府主导与贫困户主体作用结合、普惠性政策和特惠性政策并举、内生发展与外在保障配套的中国特色扶贫开发道路上，政府扶持不仅是输送减贫外在动力的"发动机"，也是保障内在减贫机制正常运行的"润滑油"，它在减贫的不同时期、不同阶段以不同的方式发挥着作用。近年来，随着中国减贫事业的不断深入，政策直接通过外力驱动的减贫方式开始逐渐退出历史舞台，而通过扶持地方产业发展，进而由产业的发展带动贫困减缓的间接减贫方式则扮演着越来越重要的角色，其中尤以农业产业最盛。相关研究显示，农业的减贫效应要远远高于第二、三产业，现今中国的贫困人口基本都集中在农村，农业作为贫困农村的支柱型产业，其发展对于农村贫困的减缓至关重要，与此同时，农业又是一个政策依赖性很强的产业，其发展离不开政策的扶持，所以其实政策扶持、农业发展与减贫之间存在着紧密的逻辑关系。因此，在一定程度上可以认为，有利于农业发展的政策基本是都是有助于减贫发展的政策，要想形成内生性、持续性的脱贫机制就必须培育持续有效的农业发展机制。

8.2.2　资金要素

贫困地区农业产业的发展离不开资金的支持，贫困地区是资金最匮乏的地区，资金短缺、融资困难、资金利用效率低等一系列问题严重制约了贫困地区农业产业的发展。建立有效的资金扶持机制，为扶贫产业发展解决后顾之忧，具有重要现实意义。资金扶持机制的培育可以从以下几个方面着手：第一，一方面加大对扶贫产业的财政支持力度，通过出台税收优惠、科技创新项目补贴、设备采购补贴等政策减轻资金压力，积极引导、鼓励社会资金参与到产业中来，在确保产业安全的同时，有序、有度、稳妥地引进国际资本进入部分农业产业发展领域和环节，同时积极开展国际合作，努力寻求亚投行、亚行和世界银行等机构的资金支持；另一方面，鼓励金融机构积极利用互联网技术，为扶贫产业提供支付结算和保险等金融服务。第二，拓宽融资渠道，通过建立专门的评审机制，对符合要求的企业或项目适当地放低贷款条件，降低产业门槛，同时鼓励无抵押贷款、小额贷款等贷款形式，增加企业贷款渠道，推进信用企业建设，开展龙头企业专项贷款渠道。第三，积极培育金融中介组织，进一步减少审批环节，大力提升注册登记便利化水平，为金融中介等各类市场主体发展营造良好的环境，形成信用担保制度，解决因为缺少抵押物品而得不到贷款的现实问题，积极引导金融中介主体不断提高诚信意识和经营管理水平。第四，进一步强化产业扶贫资金的管理。首先，明确资金扶持对象与使用范围，坚持以经济效益为中心，以市场为导向，严格执行扶持项目审批制度和支持标准，既要防止"漏评少补"，也要杜绝"提标扩围"。其次，规范资金使用流程，从资金的下达、保管，到资金的拨付、做账都要严格按照规定执行，做到票据规范、账目正规、手续齐全。再次，强化监督制约，保证专款专用，严格执行公开公示制度，确保每一笔资金公开透明，做到资金到项目、管理到项目、核算到项目。严肃追责问责，实行资金专户管理、专人负责、封闭运行，出现违规操作，及时查处。最后，建立项目绩效考核制度，完善绩效评价指标体系，持续跟踪资金项目的实施与效益发挥，强化项目考核反馈和第三方评估，避免出现"半拉子"工程。

8.2.3 人才要素

贫困地区发展产业扶贫，关键在党，重点在人。人才是推动经济社会发展的第一资源，是农村贫困人口实现稳定脱贫的引领力量，在打赢脱贫攻坚战中具有重要地位。实施贫困地区产业扶贫，是贫困人口借以发展自身并获得劳动收入的重要途径，但一些地方政府，在发展扶贫产业项目时，重投资、轻运营，重资金、轻人才，从而造成一些产业项目仅仅维持了较短的时间就搁浅，未能维持长期稳定发挥效益。因此，在产业扶贫过程中，应该要考虑人才的重要性，把产业人才有针对性地投入到相关产业项目当中，通过产业人才与贫困人口的有机结合共同运营产业项目，使产业项目落地以后产生竞争力，孕育生命力，才可能让产业不断成长。然而，由于城乡一体发展进程不断加速，农村劳动力大量流入城市，农村人才流失日益加重，在资源条件与发展空间更为落后的贫困地区则更是如此。于是，如何从政策导向、体制机制等方面进行引导和倾斜，吸引和留住人才，让农民成为有吸引力的职业，让农业成为有发展前景的产业，则成为决定贫困地区产业扶贫成败的关键。贫困地区产业发展应重点针对三类人才的培养与引进：一是政府行政人才，如果产业发展是一辆列车，政府就是带领产业发展的"车头"，政府干部则是掌控"车头"的司机，政府干部的素质才能决定了地方产业发展的方向与高度。二是村内生产大户与返乡能人。这些人始终处于产业发展的最前线，是产业发展的实施主体，列车运行的动力来源。三是专业技术人才和高素质经管应用型人才。一方面农业生产离不开技术支持，成熟的技术体系能够节约农业生产的成本，提高生产效率。另一方面产业生产组织也需要高素质人才去运营和管理，让生产组织健康稳定地运转。

党的干部是党和国家事业的中坚力量，是贫困地区人民群众脱贫致富的引路人和主心骨。关于扶贫干部的培养可以从三个方面着手：一是自上往下，充实一线干部队伍。村级行政机构是脱贫攻坚和产业开发的第一线，各级党委政府可以出台相应政策，鼓励有能力的优秀党员干部下到基层工作，也可以根据实际情况统筹安排具备相应能力的人才下到村中任职或挂职，充实贫困地区村级行政机构的领导干部队伍。同时积极做好大学生村官的选拔和培养，丰富基层干部队伍结构，引导和鼓励优秀大学生村官带头发展产业，领办扶贫创新创业项目，在提高村级政府工作人员的整体素质的同时，也为村集体带来专业的知识和活力。二是完善扶贫干部激励机制，锻造过硬的扶贫干部队伍。一方面建立健全扶贫干部的激励机制，对工作出色、表现优异的基层干部按规定予以重用和提拔，激发基层干部的工作热情，充分发挥干部人才的潜力。另一方面改善基层干部的工作条件，营造良好的工作环境。全面落实基层干部的津、补贴和住房交通等政策，为扶贫干部提供生活保障，免去干部的后顾之忧，使其能够全身心地投入到工作当中。三是加强教育培训，提升领导队伍扶贫开发的能力。各级政府应积极采取集中轮训、专题教育、实地考察、现场观摩等多种形式对各级政府干部进行针对性的能力培训，加强干部自身的业务能力水平。

发展贫困地区特色产业离不开"能人"的带动，这里的"能人"既包括本村的生产大户，也包括从外地归来的返乡创业人员。生产大户不仅有着较大的经营规模，同时还具备丰富的生产经验和先进的生产技术，能够很好地团结农户共同发展。而返乡创业人才，由于丰富外出务工经验，不仅积累了一定的资金，同时还学习了发达地区先进的经营管理理念，能够为贫困地区的产业发展注入活力。积极培养和壮大这类人才队伍，将为贫困地区产业发展带来源源不断的生机。首先，通过政策的引导和倾斜，对一定规模以上的生产大户，按规模划分补贴等级，进行重点扶持，为生产大户创造一个良好的成长环境。同时积极推动生产大户与其他农户间的沟通交流，分享生产经验与技术，培育潜在的生产大户，壮大队伍。其次，加强对返乡创业人员的吸引与接纳。针对此类人群，着力搭建创新创业平台。通过贷款优惠政策、农村用地优惠政策、农村用电优惠政策以及相关补贴政策等吸引外出务工人员回乡创业。同时建立创业风险防范机制，鼓励开发相关保险产品，将返乡创业人才纳入到就业援助、社会保险和救助体系，强化对返乡创业人才的社会服务。

贫困地区发展产业扶贫，还需加强对专业技术人才和高素质经管类应用型人才的引进。积极对接地方高校与科研机构，根据当地产业特性与资源禀赋，有针对性地为当地培养和输送实用性人才。高校一直是人才的重要培育基地，在人才素质和技术方面具备很大的优势，地方政府可以通过与农民专业合作社进行合作对接高校资源，高校的科研人才可以通过在农民专业合作社实习的方式进行初步接触了解。合作社能为高校人员提供社会实践平台实现知识与社会实践相对接，让所学的知识在现实生活中实现应用，另一方面高校的人员也能更加了解我们国家基层的发展情况，知道国家在哪些方面真正地需要人才，为职业生涯的发展确定更加清晰的方向。在高校本身建设过程中，要注重对学生的培养，积极推进教育改革工程。首先明晰关于农业大专院校的办学定位，可以面向农村地区和农业产业发展为职业技术教育体系建设，实现创新教育与专业教育的有机融合，着重培养"懂农业、爱农村、爱农民"的有为基层服务的人才。其次，积极创新人才培养机制和教育教学模式，构建有效的产教融合机制，通过订单培养、专题培训、继续教育等方式，创建"农场主＋学生""管理＋技术""课堂＋田间教学"等模式来培养高素质为农村能做出贡献的应用型人才，为农村培养急需的管理、技术人员。最后，积极完善专业人才的社会保障体系，防止高素质人才的外流。一是要提高此类人才的工作待遇，从收入上缩小与城市工作岗位的差距。二是改善农村工作和生活环境，加强农村"水、电、路、气、房、网"等基础设施建设，搞好农村垃圾、污水处理，提高农村生活质量。三是加强对此类人才的感情交流和人文关怀，培养本土情结。让进到农村工作的人才找到归属感和认同感，从心底里接受并愿意为农村的发展贡献自己的力量。

8.2.4　环境要素

在上文对贫困地区产业发展典型模式的分析中，不同地区根据自身实际情况，采取不同的产业发展模式来助推脱贫攻坚事业，均取得了不俗的成绩。然而也不难发现，任何模式想要成功，都离不开各种要素之间的相互配合，共同为产业的发展营造一个良好的内外部环境。产业发展的内部环境主要体现在产业经营主体的基础实力、发展意识以及主体间的协调机制上。而基础设施、政策制度、社会环境等则共同构成了产业成长的外部环境。

打造贫困地区产业发展良好的外部环境，可以从基础设施、政策制度以及社会环境等方面着手。基础设施方面，由于贫困地区的水、电、网络、道路等基础建设的落后，以及教育培训、医疗卫生等公共服务保障的缺乏，都会阻碍贫困地区的发展。如对农村道路的修建可以大幅度改善交通条件，无论是人员要素的流动还是商品要素的流动都会得到很大的改善，人员流通能给贫困地区带去更多的发展活力，交通条件的进步还能带动外来人口进村，发展民宿、农家乐、写生基地、健身步道等旅游产业。在互联网时代，网络通信的建设不仅能够拓宽农产品的销售渠道，还能及时掌握市场信息，随时根据市场的变化调整经营策略；政策制度方面，产业的成长与壮大既需要政策的支持，也需要制度的规范。一方面，不论是基础设施的完善、创业平台的搭建还是产业发展所需的资金、人才的投入，都需要政府发挥其中的主导作用。另一方面，政府需要制定相应的规章制度，规范产业经营主体的行为，防止经营主体的不规范生产、主体间恶意竞争等情况的出现，以维护行业的健康稳定；社会环境方面，贫困地区产业的发展与社会环境之间存在紧密的交互关系，例如，当地经济发展水平、区域文化、社会化服务水平等因素都是影响产业发展的重要因素。独特的地域、民族文化本应成为培养地区特色产业的沃土，但多年形成的消极守旧的观念阻碍了贫困地区经济的发展。因此，贫困地区发展产业应考虑到当地文化特性，既要充分发挥当地特有的地域文化优势，也要剔除愚昧、保守的传统思想，取之精华、去之糟粕。而充实的农业管理服务机构，健全的公益性农业服务体系，是节约农业生产成本，增强农业竞争力，促进传统农业向现代农业转型的重要力量。贫困地区发展产业，应注重社会化服务体系的建设，拓展服务组织数量，多元化服务主体，创新服务模式，提升贫困地区产业发展的速度和抗风险能力。

贫困地区产业发展内部环境的优化，应重点关注产业经营主体自身实力的提升、观念的转变以及主体间的有效协调与沟通。首先，由于贫困地区发展的先天劣势，民众的脱贫意识、产业发展意识、思维方式等都与发达地区有很大的差距，这种长期以来形成的意识形态都是阻碍贫困地区脱贫的重要原因。因而，贫困地区经营主体观念的转变是提升贫困地整体脱贫能力的重要环节，通过政策宣讲、正面引导、强化农村基础教育、宣传介绍贫困地区脱贫典型与经验、发展农村产业、强化市场和法制观念等方式，切实采取措施，有效引导思想观念循序渐进的转变。其次，贫困地区产业发展涉及包括政府、企业、合作社、农户等在内的多方主体，主体间一旦出现矛盾与冲突，若不能及时协调解决，将严重制约整体产业的发展。因此，贫困地区应在各个主体间建立和完善组织协调机制，形成良性的竞合关系，围绕各个主体的共同利益和整体目标，营造一个沟通协作的团队氛围。

图8-1描述的是农业产业扶贫过程中各影响因素及其相互作用的逻

辑关系。在 2020 年我国实现全面脱贫的大背景下，政府通过政策引导、环境优化、资金扶持和人才输送等方式不断强化农村地区农业产业发展的要素，推动贫困地区农村经济基础发展、政策制定和选择不断优化合理、农业产业发展逐步建立、农户的整体素质不断提高使得贫困地区能有更多的发展机会和更加精确的产业发展指导，形成强有力的外力拉动机制。此外，随着产业发展的不断深入，资本、人才引入机制不断完善，对农户素质的培养不断提高，如在文化传统观念上逐渐破除了传统的小农经济的生产思维，商品意识、市场意识和科学生产方式以及创新创业方式显著增强。这些因素都有形或无形地影响着农村脱贫问题。在外在动力和内在诱

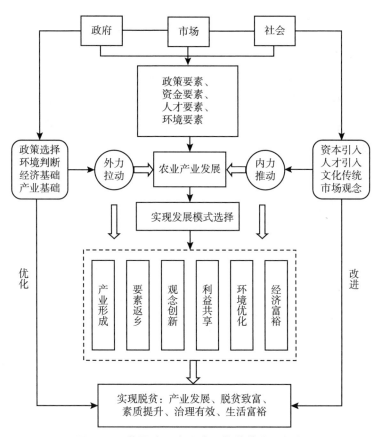

图 8-1　贫困地区农业产业扶贫的实现机制

因的综合作用下，贫困地区通过农业产业发展的脱贫模式呈现出多元化、规模化的趋势，农业龙头企业、农民合作社、创业平台、乡贤、外来精英人才等各种模式出于经济动机和社会动机，根据典型模式的不断引进、消化、吸收再创新，探索以贫困地区农业产业发展为主线的方式，不断整合、优化资源的配置，以顺利实现贫困地区实现脱贫的目标。在以贫困地区脱贫为目标实施农业产业化的进程中，对农村地区经济、社会的发展直接或间接地起到了很大推动作用，在实现脱贫的过程中，基础设施的建设、乡村文明的进步、乡村产业的兴旺、生态环境的治理、村民素质的提升、生活的不断富裕在乡村发展过程中起到了良性循环的作用。反过来会抑制贫困的增长，使乡村越来越富裕。

贫困地区的发展一直是我国重点关注的问题，如今中国已经在反贫困问题上已经取得了巨大的成就，为了完成更高的目标，我国在 2020 年提出全面脱贫的目标。在这关键时刻对实现脱贫的模式进行借鉴、思考和创新，对贫困地区农业产业扶贫的机制有更深刻的理解，为 2020 年实现脱贫将起到一定的参考作用。

第9章 农业发展与减贫政策评价及优化

　　将政府扶持地区特色农业产业的发展作为贫困地区减贫的有力手段，依靠农业产业的繁荣兴旺，催生贫困人民脱贫致富的内生动力，形成持续、高效的内在减贫机制，其合理性与有效性，已然从前文中得到了理论与实际的双重验证。但由于当前我国农业，尤其是贫困地区的农业产业基础相对薄弱，现代化水平不高，生产效率低下，导致其在市场经济体制下一直处于弱势地位，因而始终离不开国家政策的大力扶持。事实上，国家对于农业的扶持一直不遗余力，不管是扶持的力度还是广度都要远高于其他产业，在政策的制定上更是涉及农业发展的各个方面。面对如此巨大的政策支持力度，如何有效政策调节惠农政策结构，合理配置政策资源，充分发挥政策支农的最大效益，则显得尤为重要。因此，本章将重点围绕政策支农减贫的效果评价，先是利用政策工具分析的相关理论与方法，从宏观层面分析农业政策工具的优化与选择，进而从微观农户感知的视角，对当前政策通过扶持农业的发展以助推地区减贫的成效进行客观评价，并找出相应的优化路径，从而有针对性地提出政策优化建议，以最大限度发挥政策在这一过程中的作用。

9.1 农业政策工具的文本分析与改进

　　农业是国家的根本产业，但同时又是弱质性非常明显的产业，因此，各国都对农业发展给予了高度重视，无论发达国家还是发展中国家均出台了相应的支持政策。作为世界上最大的农业生产国，我国尤其重视农业的全面可持续发展，因此，连续多年的中央一号文件均将主题聚焦在三农方面，有关农村土地制度改革、农业经营体系创新、农村产权制度改革、粮食生产、农田水利设施建设、特色农业、农产品深加工等一系列扶持政策纷纷出台。在这些已经颁行实施的农业政策法规中，最能全面体现我国政府支持农业发展施政理念的是 2013 年 1 月 1 日最新修订施行的《中华人民共和国农业法》（以下简称《农业法》）。作为我国农业根本大法，《农业法》为农业生产经营体制、农产品加工、流通、农业科技发展、农民权益保护、农业执法监督等方面提供了重要的制度保障，是最具权威性、系统性和持续性的法律框架，它在促进农业和农村经济的持续性、稳定性、健康性发展方面也发挥了显著作用。但必须要正视的是，目前我国农业仍为弱质产业，农业基础依旧薄弱、农民群体依然弱势，农产品价格低位徘徊、农业比较效益低下、农地流转不规范、农业现代化进程缓慢、农业生产要素缺失、农业生产成本上涨等问题依然比较突出。因此，我国农业绿色健康发展不仅亟须加大政策支持的力度，而且还应根据农业发展的新形势、新要求和新动态进行相应地优化调整，特别是通过政策工具的有效组合及匹配来实现政策扶持的多样性和实效性，以此才能真正形成与供给侧结构性改革形势相适应的农业政策体系。本书拟运用西方公共管理界流行的政策工具分析相关理论和方法，以《农业法》为样本，并通过编码归类、维度解构和文本分析等方式深入探讨我国现行农业扶持政策的工具匹配程度和结构平衡程度，以期为我国农业体制机制创新和相关政策优化变革提供一些有益借鉴。

9.1.1　农业政策工具分析的维度划分与理论架构

政策工具分析因具有强大解释力和现实操作性得到理论和实践界广泛认可，其于 20 世纪 50 年代中期由达林和林德布洛姆应用到公共管理领域后至 90 年代得到迅速发展，且一度被中国学者列为中国公共管理理论研究的四大重点领域之一。政策工具研究核心是通过政策内容的分类、结构的梳理和特征的概括，对政策工具的匹配性、平衡性和绩效进行全面评价，基于此提出相应的规范理论体系，最终推动政策意图转变为具体的管理行为和政策实践。其中最重要的一个环节是确定政策工具分类的维度标准，对此，学者们有不同的见解，一些学者从政府干涉强度及引导方式、强制性程度、政策主体等不同角度进行了划分；而依据政策工具要达成的目标，麦克唐奈（McDonell）和施耐德（Schneider）分别将其分为命令型、劝导型、能力建设型、制度变迁型四类工具和激励、提高能力、象征和劝告、学习四类；也有一些学者是从政策工具作用的领域范围进行划分，如陈振明将其划为市场化工具、工商管理技术和社会化手段，贾秀飞、叶鸿蔚从注重经济激励型、创新命令及控制型和引入环境自愿型层面提出农业环境治污政策工具；而罗思韦尔（Rothwell）和泽赫费尔德（Zegveld）则将政策工具分为供给类政策工具、环境类政策工具和需求类政策工具，目前这一划分标准已经得到学界比较普遍的认可。本书拟借鉴罗思韦尔和泽赫费尔德的研究，构建一个由 X 维度和 Y 维度组成的二维政策工具分析框架，其中 X 维度为政策工具维度，主要有供应型、环境型和需求型三种类型的政策工具，Y 维度则为农业价值维度，主要根据农业的主要功能将其划分为社会价值、经济价值和环境价值三类。

X 维度即政策工具维度，根据罗思韦尔和泽赫费尔德的政策工具思想，将农业政策分为供给型、环境型和需求型 3 个方面，即：供给型政策工具是指政府通过对人才、信息、技术、资金等要素的支持，直接扩大和改善农业发展各要素的供给，从而推动农业的持续、快速发展；环境型政策工具则是政府采用金融、税收、监督管制等政策为农业生产和经营活动提供有利的环境，优化相关条件，从而对农业发展产生间接的促进作用，它可采用目标规划、金融支持、税收优惠、法规管制、策略性措施等具体的政策手段；而需求型政策工具是指政府运用采购与贸易支持等措施减少市场的不确定性，积极开拓并稳定农业市场，从而推动农业健康、稳步发展，其主要采用政府采购、贸易支持等具体的政策手段。就其重要性而言，供给型政策工具更多地表现为政策对农业的推动力，环境型政策工具则主要表现出政策对农业产业的影响力，而需求型政策工具主要体现为一种拉动力。

Y维度为价值维度，农业作为基础产业，它不仅能够满足人们基本需求，而且覆盖社会、文化、生态环境等全方面，其多功能性符合国家"五位一体"发展导向。农业不仅具有食品安全保障功能，而更具有原料供给、就业增收、生态保护、观光休闲、文化传承等功能，一些研究同时也指出，多功能农业除了向人们提供优质特定产品以满足社会基本需求外，还具有重要的经济、环境、生态等社会功能。而根据联合国粮食和农业组织（FAO）的界定，农业价值链是指一种基本的农产品由生产到最终消费的过程，即企业、政府、协会组织、农户、消费者等涉农利益主体参与农业研发、生产、农产品加工、流通及消费等价值链条，共同创造经济、环境和社会的综合价值的过程。综合上述研究，我们将经济价值、社会价值和环境价值作为分析农业政策的Y维度。从内涵区分角度看，经济价值主要指能提供农业产品和工业原料、非农业产品市场、增收和劳动力等，社会价值是指提供就业、社会稳定、食品安全等，而环境价值侧重于农村景观、水土保持、空气净化及气候调节等方面。

根据X维度和Y维度的分析，我们构建了农业政策分析框架，如图9-1所示。

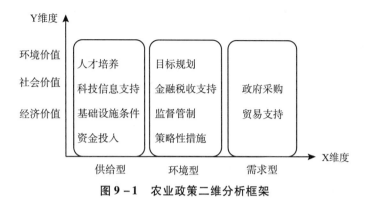

图 9 - 1　农业政策二维分析框架

9.1.2　农业政策工具的内容编码与文本分析

1. 文本内容的编码

样本分析单元是内容分析中最重要的元素，可以是独立的字、词、句、段等。在本书中将《农业法》文本内容的条、款、项作为分析单元，主要根据法条在法律文本中的条目排序进行一级编码，若有多个款或项的再在一级编码后根据其在款或项中的排序进行相应二级编码，如第一条是关于立法目的的，其只有一款，根据上述原则编为 1 - 1，第二条因为由两款构成，所以相应的法条编码为 2 - 1 和 2 - 2，以此类推将《农业法》的条款项内容进行编码形成编码表（见表 9 - 1）。

表 9 - 1　　　　　　　　农业政策文本内容分析单元编码表

政策条目	农业政策内容分析单元	编码
第一条	为了巩固和加强农业在国民经济中的基础地位，深化农村改革，发展农业生产力，推进农业现代化，维护农民和农业生产经营组织的合法权益，增加农民收入，提高农民科学文化素质，促进农业和农村经济的持续、稳定、健康发展，实现全面建设小康社会的目标，制定本法	1 - 1
第二条	本法所称农业，是指种植业、林业、畜牧业和渔业等产业，包括与其直接相关的产前、产中、产后服务	2 - 1

政策条目	农业政策内容分析单元	编码
	本法所称农业生产经营组织，是指农村集体经济组织、农民专业合作经济组织、农业企业和其他从事农业生产经营的组织	2－2
第三条	国家把农业放在发展国民经济的首位	3－1
……	……	……
第九十七条	县级以上人民政府农业行政主管部门的工作人员违反本法规定参与和从事农业生产经营活动的，依法给予行政处分；构成犯罪的，依法追究刑事责任	97－1
第九十八条	本法有关农民的规定，适用于国有农场、牧场、林场、渔场等企业事业单位实行承包经营的职工	98－1
第九十九条	本法自 2003 年 3 月 1 日起施行	99－1

2. 《农业法》的 X 维度分析

根据 X 维度的划分标准，分析的一级类目为政策工具类型，主要包括：供给型、环境型和需求型，二级类目为工具名称，主要包括人才培养、农业科技信息支持、基础设施与条件、财政资金投入、目标规划、金融支持、税收优惠、监督管制、策略性措施、政府采购、贸易保护。《农业法》文本内容中体现的基本政策工具分布如表 9－2 所示。

表 9－2　　　　　　　　　　基本政策工具分配表

工具类型	工具名称	条文编号	小计（条）	百分比（％）
供给型	人才培养	48－1，48－3，53－1，53－2，55－1	5	15.32
	农业科技信息支持	21－1，28－3，42－1，42－3，49－1，49－2，49－3，51－1，51－3，52－1，52－2，52－4，56－1	13	
	基础设施条件	17－1，32－1，40－1，81－1，81－2	5	
	财政资金投入	18－2，19－2，20－2，27－2，33－4，38－2，38－4，48－2，51－2，62－4，86－1	11	

续表

工具类型	工具名称	条文编号	小计（条）	百分比（%）
环境型	目标规划	1-1，3-1，3-2，4-1，6-1，6-2，7-1，7-2，10-3，16-1，23-1，27-1，29-1，34-1，38-1，59-1，59-3，80-1，83-1，84-1，87-1	21	82.88
	金融税收支持	35-1，45-1，45-2，45-3，45-6，46-1，46-2，46-3，43-2，52-3	10	
	监督管制	10-2，11-2，11-3，11-4，15-1，15-2，16-6，19-1，22-1，23-3，23-4，23-5，24-1，25-1，25-2，25-3，27-3，29-3，31-2，33-2，33-3，34-2，34-3，34-4，38-3，39-1，39-2，39-3，46-5，54-1，54-2，55-2，58-1，58-2，59-2，60-1，60-3，62-1，62-3，63-1，64-1，64-2，64-3，65-1，65-2，65-3，66-1，66-2，67-1，67-4，67-6，68-1，68-2，69-1，69-2，70-1，70-2，71-1，72-1，73-1，73-2，73-4，74-1，75-2，76-1，78-2，82-2，86-3，88-4，88-5，89-1，90-1，90-2，91-1，92-1，93-1，94-1，95-1，96-1，97-1	80	
	策略性措施	5-1，5-2，5-3，8-1，8-2，9-1，9-2，9-3，9-4，10-1，11-1，12-1，13-1，13-2，14-1，16-2，16-3，16-4，16-5，18-1，20-1，23-2，26-1，28-1，28-2，28-4，29-2，30-1，31-1，32-2，36-1，37-1，38-5，39-4，40-2，41-1，41-2，43-1，43-3，44-1，44-2，44-3，46-4，47-1，50-1，57-1，57-2，59-4，60-2，61-1，63-2，67-2，67-3，67-5，67-7，67-8，75-1，75-3，77-1，78-1，79-1，80-2，82-1，85-1，85-2，85-3，85-4，86-2，87-2，87-3，88-2，88-3，98-1	73	
需求型	政府采购	33-1	1	1.8
	贸易支持	30-2，30-3，37-2	3	
合计	—	—	222	100

根据表9-2，《农业法》中兼顾政策工具的供给型、需求型和环境型三个方面，总计222条条款。其中，供给型政策条款最多，为184条，占82.88%；供给型政策共34条次之，占15.32%；而最少的是需求型政策条款，仅4条，占1.8%。在所有工具中监督管制、策略性措施和目标规

划性政策最多，分别占总条款数的 36.04%、32.88%、9.46%，其他条款均在 6% 以下。

3.《农业法》的 Y 维度分析

在 X 维度基础上引入 Y 维度，得到各条款的价值统计分布表（见表9－3）。由于有些条款涉及两个或三个农业价值，所以表9－3中统计出248 个条款，超过《农业法》文本内容中实际的 222 个条款。从表9－3可见，农业政策中能实现经济价值的政策条款最多，为 126 条，其次是体现社会价值的条款 89 条，而环境价值方面的相关条款仅 33 条。其中，监督管制政策在价值分布中以社会价值分布居多，占整个监督管制政策的55%。监督管制对于促进社会的稳定和发展起到很大作用，有利于发挥农业的社会价值，但对经济价值和环境价值方面的条款较少，对于保护环境和促进经济发展的力度相对较弱。

表 9 － 3　　　　　　　　政策工具价值统计分布表

价值	工具类型									
	人才培养	科技信息支持	基础设施条件	资金投入	目标规划	金融税收支持	监督管制	策略性措施	政府采购	贸易支持
环境	0	1	1	1	4	0	17	9	0	0
经济	3	13	3	9	16	8	20	50	1	3
社会	3	3	2	2	8	3	45	23	0	0

9.1.3 《农业法》政策工具的现实匹配性分析

作为公共政策领域一个重要的研究范畴，既有农业政策研究视角多是单一维度的，要么停留在政策文本层面的描述和建构，要么停留在实践层面的绩效评估和规范重构。这种研究范式只能让研究过于关注政策的表象层面或政策工具的可选性上，很难触及制度内核，也难以在研究中将政策优化和农业发展形势的变化之间建立良好的互动联系，从而导致研究所提出的相关建议缺乏系统性和实效性。在《农业法》文本内容分析基础上，就农业政策工具与农业发展实际进行匹配性分析，继而为农业政策的优化调整提供充分依据。

1. 环境型政策工具丰富，但内部结构需进一步优化

在政策工具中，环境型政策占整个政策条款的比重较大，其中法规管制政策最多，策略性措施位于第二，目标规划比例次之，而金融和税收工具用得较少。众所周知，农业是弱质产业，受自然灾害和市场变动的影响很大。目前，我国农业仍以传统农业为主，正处在向现代农业转变初期，经过多年建设，农业基础虽有很大改观，但距离现代农业所要求的基础依然薄弱，与国外发达国家相差较远。现代农业的经营虽然强调适度规模化发展，但家庭承包为主的基本经营制度仍然发挥着显著的作用，此类农业形态的主要生产方式依然以农民为生产主体。环境型工具主要是优化改善农业发展的政策环境，在以农民为主要农业生产主体下，仅依靠农民自身能力来发展现代农业存在很大难度，因此《农业法》中有关环境型政策工具可供选择的空间相对宽松。法规管制政策对农业起到了重要的保护作用，为农业发展提供了一个良好的外部环境，而策略性措施则是从不同层面和角度对我国农业发展提供各种有针对性的扶持，由于农业生产经营涉及的范围广、环节多、矛盾和问题复杂，因此法规管制和策略性措施所占比重相对较多是比较吻合我国农业发展实际的。而《农业法》在金融支持方面主要包括了信贷和保险的七条内容，运用的政策工具少，且只是作了一些目标规划和规定，尚未从策略、方法上进行明确界定。金融支持只明确从商业和政策两个角度给予农村金融支持。第四十六条"国家逐步建立和完善政策性农业保险制度"，相关内容均是原则性和指导性的，对于农业保险的标准、保险形式、保险对象、相关保险补贴等重要内容并未涉及，具有较大随意性。而另一方面，商业保险的产品单一，且成本较高，这些因素叠加在一起使得我国农业保险体系并未系统形成。在税收方面，仅有第三十三条"国家采取税收、信贷等手段鼓励和扶持农业生产资料的生产和贸易,为农业生产稳定增长提供物质保障"和第五十二条"对农业科研单位、有关学校、农业技术推广机构举办的为农业服务的企业,国家在税收、信贷等方面给予优惠"。从第五十二条条款可看出,税收优惠业务范围仅限于为农业服务,而且对举办单位的身份性质又做了进一步限制,这不利于吸引各种生产要素流向农业。目前,农产品滞销和农业附加值低两大难点严重制约着农民增收和农业发展,而第三十三条也仅从提供生产资料角度进行税收优惠,而没有从农业产品初深加工、流通贸易等农业生产经营其他环节制定税收优惠政策工具,因而使得相关政策措施的灵活性、实效性、多样性大受影响。

2. 需求型政策偏少且多为原则性条款,操作性和灵活性相对欠缺

需求型政策共 4 条,其中政府采购 1 条,贸易支持为 3 条。《农业法》第三十三条规定"在粮食的市场价格过低时,国务院可以决定对部分粮食品种实行保护价制度。"这种类似于政府采购的保护价制度有利于种粮积极性的稳定,对保证粮食安全起到了基础性保障作用。但由于内容过少,有些重要的相关界定未形成政策条款,如没有"目标价格"的确定原则,只能参照其他政策给予补充,往往每年根据粮食市场行情公布粮食收购价格,虽然能有效冲抵当年的市场风险,但也有可能扩大了中间商利用农民信息不对称赚取差价的空间,同时也缺乏规范系统的粮食等级评定政策工具和相应的操作规程。另外,3 条与贸易支持有关的条款均属于原则性的内容,还需进一步的操作细则。

3. 供给型政策相对较弱,缺乏与农业结构性调整相应的新政策

《农业法》中有关农业基础设施建设的条款 2 条,农业技术人才培养的条款 3 条,相对其他条款而言,它们政策工具运用少,存在明显弱势。从第四十条规定"国家运用税收、价格、信贷等手段,鼓励和引导农民和农业生产经营组织增加农业生产经营性投入和小型农田水利等基本建设投入"来看,农业基础设施政策工具少,其筹资主体、建设方式和筹资渠道等方面的政策工具无具体的体现。第三十条规定主要针对主产粮食区："国家在政策、资金、技术等方面对粮食主产区给予重点扶持，建设稳定的商品粮生产基地，改善粮食收贮及加工设施，提高粮食主产区的粮食生产、加工水平和经济效益"，其有利于保证国家粮食安全，但基础设施建设方面的工具较少，且很多方面缺乏明确性，如负责主体、资金安排等具体问题有待进一步完善落实。此外，现在一些旧水利设施缺乏及时的修缮和维护，呈现荒废和毁坏状态，这不仅与使用频率不高有关，也与相关政策工具缺失存在较大关联。科技是第一生产力，发展农业以科学技术为依托，不仅有利于提高农产品品质和农业投入产出效率，也能增强农业综合竞争力。而农业科技创新和推广实施依赖于大量的农业科技人员、科学家等专业人才。但在政策工具中，关于技术人才培养的条款较少，虽明确要对基层技术人员和农民进行培训，却对培训主体、培训经费、相关资质认定等没有做出相关规定。

4. 农业功能认识较片面，环境价值类政策工具相对缺失

从农业价值角度看，实现环境价值方面的政策工具较少，而经济价值、社会价值方面的政策工具较多。这与我们对农业功能的片面认识有很大关联。在传统的以农耕为主的社会，农业生产是一种最为重要的经济活动，因此作为世界重要的农业大国我们对农业的经济价值自然关注较多。农业的社会价值主要体现在教育、卫生、劳动力的提供、粮食安全和农村人口就业等，农村容纳了我国众多农民，解决了基层农民的多种需求，要提高农民生活质量，建设美丽乡村，发挥农业社会价值，运用许多政策工具作用于社会价值上，促进农村社会发展，因此此类政策工具也较多。作为农业现代化进程相对滞后的我国农业而言，对于农业的环境价值长期以来重视不够，只是在农业发展同生态环境产生重大摩擦与冲突时，才会关注环境的重要性。随着现代农业的进一步推进，人们逐渐认识到在农业生产经营中必须同时兼顾到环境问题，但目前我国农业政策体系中有关生态环境方面的政策法规非常欠缺，还远远无法提供足够的政策工具以有效解决现实中出现的诸多问题。

9.1.4 农业政策工具的优化与选择

在经济新常态下，农业是我国基础产业，作为精准扶贫和三次产业融合发展的聚焦点，其新业态和新功能不断涌现，极大地带动了我国经济绿色健康发展，但同时也产生了新问题。因此，农业政策的侧重点理应紧跟现代农业发展动态及国内外宏观环境的变幻进行及时调整，并从多维度适时调整新政策，以便充分发挥农业政策工具的适用性与灵活性。对《农业法》文本的分析表明，我国农业政策工具存在与农业发展现状匹配度低、政策内容结构失衡且部分缺少可操作性等问题，亟须进一步完善优化。

1. 加强优化环境型政策结构，全方位拓宽支农范围

合理布局环境性政策工具结构对促进现代化农业绿色可持续发展具有重要作用，尤其是在当前新形势下，更应注重农业金融和税收工具的精准定位和全面优化。因此，在农业金融工具方面，要突出商业性保险和政策性保险的双重协调性。首先，要启动省县乡三级政策性涉农保险，制定详细的农业保险文件，其应包含农业保险的具体对象、范围、标准及补贴。可以实行地区差异保险政策，对主产区主粮和贫困地区特色经济作物采用收益保障补贴，实行以政策财政支持为主的市、县、投保人多级保费支付形式，加大风险保障水平，并以大型会议、条幅、入户走访等多种形式加大基层农保宣传，使新型农业经营主体能够深入了解并逐步增强保险意识。其次，商业保险公司应积极争取政府部门的农业政策性保险项目，并与公益性支农基金和行业协会合作，为投保人寻求保费资金支持，以此提高自身认可度。同时，要增加农业保险责任分类和保险种类，适度放宽投保金额，给予投保者一定的选择权限和空间，极大地调动农业新型经营主体投保积极性。最后，在农业产品的加工和流通方面，要适度采用税收优惠工具，规范农业运输工具，构建联手联运机制，鼓励创建助农物流企

业，对符合规模的工具和企业实行税收优惠，并降低涉农企业优惠门槛，鼓励民间资本及社会力量向其流动，提高农业附加值低，打破农业产品流通瓶颈，使农业后期环节流畅高效，完成"惊险的跳跃"，顺利实现价值。

2. 增加需求型政策工具制定，注重政策灵活可实施性

为了更好地提高种粮大户的积极性、保障国家粮食安全，政府应依据当年农业生产资料投入成本、市场物价及消费水平、城乡收入差距等多种因素，确定合理的粮食目标价格，必须从根本上保障农户的利益，减少中介恶意赚取差价的机会；在增强我国粮食国际竞争力及食品安全方面，需由省市级以上质检机构从粮食的水分、色泽、硬度指数、营养成分等方面进行等级评定。目前，伴随市场需求观念、农业种植布局的变化和科技水平的提高，不仅要指引以粮食种植为主向粮经饲多维需求转化，还应重视耐旱、高品质、高营养的杂粮作物和特色经济作物的种植推广，可采用政策倾向及优惠补贴等方式鼓励小米重归主粮行列，并推动不同地区果树、茶、蔬菜、青饲料等特色经济作物规模化、集约化发展，以满足不同产业价值链条与市场消费需求。此外，就农业贸易而言，针对我国农业资源禀赋的优劣差异，在对主粮、特色经济作物比较取舍基础上，适度开放优势农产品的价格保护，采取不同程度的进出口贸易保护政策；还可由农业价值链精深加工、挖掘新功能、跨境企业及国家合作等方式，减少严厉的贸易壁垒并给予降低关税、最惠待遇等政策，减缓国内部分农产品滞销或供远大于求的困境。

3. 加大供给型政策使用导向，统筹农业发展资源要素

增强农业基础设施是推进现代化农业发展的基本环节。一方面，农业基础设施建设应坚持政府为主，企业、协会组织等社会资本为辅的筹资方式，鼓励经济发达和水、土地等自然资源严重匮乏地区采用物联网技术，发展节约化、智能化、集约化的现代农业，政府应对新型农机企业进行研发项目支持、支农补贴和税收优惠，大力支持节水节能农机的投入使用，并且采用雷达全程监控；还要对已有水渠等相关基础设施定期进行修缮及改造升级。另外，应适度放宽粮食存储主体范围，除粮食局外，种植大户、合作社等也可具备储粮资格，但其储存场地设施、环境、资金状况及信用度需经过有关部门的有效审核。另一方面，在农业人才培养方面，应由农业专家、技术培训机构、返乡农业大学生、资深农业大户等主体以现场讲解、网络在线直播、培训移动端的方式对基层技术人员及农户进行定期培训，并以理论和实践的双重考核形式为参训人员颁发"优秀、良好、合格"三级技术资格证书，其中培训经费由政府出资90%，其余部分由参训人员自付，以便达到更好的培训效果。此外，还应运用人才培训奖励工具，将其基层支农扶贫服务纳入业绩考核，鼓励农业科研院所高层次人才致力于基层人才技术培训，来激励优秀人才服务三农的热情，完善农业资源合理有效配置。

4. 注重农业环境价值，增强政策工具实用性

要纠正农业功能片面化的认识，农业不仅具有增收、稳定社会的作用，也涉及维持乡村景观、生态环境保护、生物多样性及休闲观光等方面的环境价值。一方面，为了降低资源承载压力、减少人与自然的冲突，应把握"互联网＋农业"深度融合的契机，坚持以科学种田、智能化管理理念，在农作物品种种植结构、阶段性病虫灾害、耕地土壤质量、农产品标准等方面采用互联网技术进行时空跟踪监测；同时，也应严格把控农业生产、制造加工、营销等价值链中废物量的产出比例，并依据不同农作物类别的内在需求，规定合理的农药、化肥和微量元素等使用标准，避免因用量过多而导致土壤板结和农产品残留超标，以保障农产品绿色安全。另一方面，因农业环境损失存在一定的潜伏和分散性，应加大制定环境价值的目标规划和法制管制工具。首先，应要求农业环境监测部门在生产、加工、营销等环节制定农业环境价值目标水平测度体系，及时掌握农业环境发展水平，以保障目标规划实施的高效性；并且从维护物种多样性和农业生态平衡角度，对基因育种类别及用途作出详细说明。其次，在法制管理

方面，应扩宽农业环境法的管理范围，从生产和使用源头出发，既要勒令农业企业遵守农药毒性和化肥的氯化钾、有机质、含氮量、有效磷及总养分达标要求，也应对使用违禁高毒致癌农药和违规乱占农地者一律实行高额处罚，并对情节严重者进行刑事追责。此外，对新兴创新企业、农业特色乡镇及淘宝村要以金融支持、税收优惠补贴等方式调动其环保意识及责任，积极引导资金向环境治理流动；在挖掘和开发农村市场的同时，也要兼顾农村生态文明建设，倡导发展创意型、科教型生态农业及农村康养旅游等新业态。

9.2 扶贫政策成效评价与优化路径

众多理论和实践均表明，扶贫政策的深度、力度和广度对于贫困减缓的程度和速度起到了至关重要的作用，对于尚未系统形成内生减贫能力的发展中国家和地区而言，依靠特色农业产业的发展来带动地区减贫，始终是贫困地区提高自身发展能力实现自主脱贫的最好选择，但由于农业的弱质性，使得农业的发展乃至整体的减贫事业在很大程度上依然需要外力尤其是政策的大力扶持。自党的十八大以来，党中央将扶贫开发提升到治国理政的政治高度进行系统部署，在精准扶贫和强调自我发展能力的全新扶贫理念指导下，我国减贫事业取得了令世人瞩目的骄人成绩，截至 2015 年，我国现行标准下农村贫困人口已经减少 1 亿多人，贫困发生率降低了 11.5 个百分点，但也要清醒地认识到当前脱贫攻坚形势依然复杂严峻，我国仍然存在 5630 万建档立卡贫困人口，多数西部地区贫困发生率在 10% 以上，民族 8 省区贫困发生率达到 12.1%。我国脱贫攻坚工作已经进入"啃硬骨头"和"攻城拔寨"的冲刺阶段，面对 2020 年全面脱贫和全面建成小康社会的宏伟战略目标，面对贫困程度更深、减贫难度更大、致贫因素更复杂等诸多挑战，我们应该更系统、全面地分析当前扶贫形势和面临的困难，对现行的扶贫政策实施成效进行客观评价。通过扶贫政策成效的检验发现新问题、找到新突破、确立新抓手，进而以问题为导向，以贫困群体的减贫需求为基础，进一步优化和合理配置减贫政策资源，进一步明确扶贫政策充实、调整和完善的方向及力度，最终为夺取扶贫攻坚最终胜利奠定良好的政策基础。基于上述考虑，本书拟以湖北省来凤县旧司镇后坝村为个案，对该村贫困与扶贫发展的演变轨迹进行描绘，并通过问卷调查的方式，让农户针对其生计资本的改善、可行能力改善、经济脆弱性改善、经济包容性改善、地理资本改善、社会排斥降低状况等方面，通过农户视角对正在实施的各项扶贫政策成效进行感知性评价，进而提出相应的政策优化建议，希望能为下一阶段扶贫政策的优化调整和扶贫攻坚战略目标的顺利实现提供一些可资借鉴的启示。

9.2.1 后坝村基本概况及减贫历程

恩施土家族苗族自治州来凤县旧司镇后坝村位于旧司集镇旁，距来凤县城25公里，省道讨橙线跨境而过，交通便利，地理环境优越。气候温和湿润，土地肥沃，水资源丰富，极有利于发展农业生产。粮食作物以水稻、玉米、马铃薯为主，经济作物有藤茶、生姜、蓖麻、特色蔬菜等，养殖业以养猪、养鸡为主。全村总面积约10728.5亩，其中农用地6111亩，建设用地496.2亩，未利用地4121.3亩。耕地面积1700余亩，土地流转1500余亩，人均耕地面积0.82亩。截至2015年，全村共689户1868人，分12个村民小组，基本为土家族，村里常住人口1300余人，大多为老人、妇女、幼童以及病残人士。2015年村民年人均收入8000余元，收入来源以外出务工、个体经营、种养为主。全村现有贫困户21户，30余人，其中大多为病残群众。

长期以来，由于缺乏特色产业支撑，后坝村村级集体经济收入基本空白，农民收入水平较低，2010年后坝村人均收入2200元，贫困户190

户，贫困率高达为 28%。多年来，在后坝村实施的扶贫政策主要以农村危房改造补贴、最低生活保障金、社会福利金等资金到户的方式体现。当地百姓虽然能通过外出务工以及农产品自产自销的方式增加收入，但由于没有产业支撑，贫困人口无法有效嵌入到产业发展链条中，因此收入水平增长缓慢。到 2013 年，全村年人均收入提高至 4600 元，贫困户虽然有所减少，但大面积贫困问题依然存在，仍有 141 户，462 人。2014 年新上任的村两委领导班子意识到，纯粹依靠政府资金扶持来脱贫的方式显然难以持续，必须走产业扶贫的道路，使本村拥有自身的"造血"功能，才能从根本上解决村民的贫困问题。为此，后坝村将扶贫工作重点放在了发展当地特色产业上，通过配育特色产业、鼓励经济能人领办合作社、就地吸纳本村剩余劳动力、大力完善基础设施和配套条件等方式带领全村步入快速发展的轨道。2014 年，后坝村成立了藤茶种植合作社，并通过招商引资引进一家藤茶销售公司，开启了"公司 + 基地 + 合作社 + 农户"的藤茶产业经营模式，自此开始从政府帮扶走向了自主产业脱贫的路子。2016 年以来，后坝村藤茶产业进一步扩大，建成三家合作社，先后流转土地 1500 余亩，发展藤茶产业 1700 亩，其中藤茶大苗基地 1000 亩，育苗基地 700 亩，同时还发展特色养殖、特色种植和水产养殖，建设土鸡养殖孵化基地 1 个，养殖土鸡 1.5 万余（只）羽，建成 150 亩蔬果大棚，其中 50 亩绿色蔬菜，100 亩特色水果，建成小龙虾养殖基地 1 个。2016 年，后坝村藤茶产业发展势头良好，已经建成了本村的藤茶加工厂和藤茶销售公司，实现了藤茶产业种加销一体化。与此同时，又大力发展了生态旅游、农家乐等第三产业，充分利用当地自然资源禀赋和良好的生态环境优势，试图通过"藤茶加工 + 有机蔬菜种植 + 观光旅游"的模式走第一、第二、第三产业有机融合发展的路子。目前，后坝村正按照规划的"花海浴场、山谷水村"美好蓝图，致力于打造生态旅游项目，已建成接待宾馆 1 幢、在建 5 家生态农家乐，正在建设白玉石路、桃花林、跑马场、露天浴池等一系列观光景点。经过多年的产业发展积累，后坝村已经形成一业兴、百业旺的良性循环发展局面，2016 年全村产业收入 1400 余万元，村民在本村各产业务工工资就达 400 多万元，解决了全村 800 人常年就业，人均收入超过 1.2 万元，全村贫困户仅 8 户，共 10 人，这些贫困户均为丧失劳动能力由国家兜底保障的病残人士。

9.2.2　农户对扶贫政策成效感知性评价

政策评估兴起于西方国家的"新公共管理运动"之下的绩效评估浪潮，作为一项有效的政府管理工具，面向"3E"（经济、效率、效果）目标的政策评估已经成为提升政府政策绩效和公共服务水平的一种有效手段，为各国理论界和政府所认同。有关政策评估的方法、技术和工具各不相同，评价的价值导向和标准也各有迥异，但人们对于评价对象选择的不同所导致的结果差异性基本取得了共识，即认为评价主体构成因素的不同，可能会对政策成效评价及其结果产生重大影响。一般而言，政策评估主体主要有政策制定者、执行者、政策作用对象和第三方，既有研究表明，在一些操作性较强的政策评价中，第三方和政策作用对象才是最佳的评价主体。

在本书中，我们选择了从政策作用对象即农户的视角出发，作为扶贫政策的直接感知者，他们的评价是最客观、全面和深刻的，基于此提出的政策优化建议才会更精准、有效。为更客观、全面地了解扶贫政策对于农户生产生活情况改善的效果，主要从三个维度进行评价，分别是量增加、质提升和满意度，量增加是指随着扶贫政策实施农户感知到的相关福利、水平、能力、机会等在规模、数量、程度、广度上的增加，质提升是指农户感知到的情况改变的优劣程度，满意度是指农户感知的状况改变效果（或结果）与期望值相比较后形成的主观感受。通过农户对自身生产生活各方面变化状态的感知性评价来间接反映相关扶贫政策在相应领域所起到的作用及其效果大小。纵观国内外相关研究，无论是森（Sen）提出的多维发展理论，还是阿尔凯尔和福斯特（Alkire and Foster）的多维贫困识别方法，可以发现，对于扶贫政策成效评价指标体系的设计和选择，实际上是建立在对贫困内涵、分类、诱因深入理解的基础上。参考联合国人类发展指数（HDI）、经合组织绿色增长测度指标以及牛津大学贫困与人类发展研究中心提出的多维贫困指数等成果的内涵及设计理念，结合国内张琦、毛婧瑶等人的研究，我们设计了生计资本、可行能力、经济脆弱性、经济包容性、社会排斥程度、地理资本等六大一级指标，下设 35 个二级指标，在设计的问卷中对应的即是 35 个详细问项，据此全面地了解 2012 ~ 2016 年来扶贫政策的实施给农户生产生活带来的影响。本书主要通过对农户访谈和发放问卷调查的方法进行扶贫政策成效的评估，共发出农户调研问卷 40 份，回收有效问卷 37 份。参与调研的 37 位农户中，男女比例约 1∶1，年龄在 35 ~ 60 岁之间的占 46%，60 岁以上的占 46%；贫困户约占 54%，绝大部分被调查者的受教育程度为初中及以下。农户结合家庭和村域的实际情况对每项指标进行评估打分，按照扶贫政策成效显著程度从低到高，分别赋予的分值由 1 分到 5 分递增，满分为 5 分，最后通过计算各项评分的平均值对现行的扶贫政策成效进行综合评估。图 9 - 2、图 9 - 3、图 9 - 4 为数据整理结果。

图 9 - 2、图 9 - 3 的 X 轴列举了问卷的问题，从量增加、质提高、满意度三方面进行考量；主 Y 轴为平均得分，次 Y 轴为农户认为 2012 ~ 2016 年各项指标得到改善的人数占比。图 9 - 4 的 X 轴略有不同，每个问题包含了两个方面（分别用 a 和 b 表示）的改善情况，也进行评分考量。通过农户的感知性评价，结合相关座谈访问，可以得出如下一些结论：

1. 农户感知视角下的扶贫政策成效总体比较显著

调查结果显示，农户对 2012 ~ 2016 年各项扶贫政策的实施成效评价较高，各项满意度评分都达到了 3.5 分以上。其中面向经济脆弱性的减贫成效最为显著，认为有变化占比 ≥80% 且改善程度评分 ≥3.5 分，村域经济的竞争力、活力和多样性均得到了很大幅度提升。此外，家庭收入、

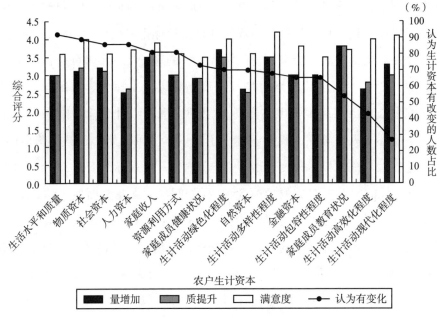

图 9-2　生计资本的改善状况

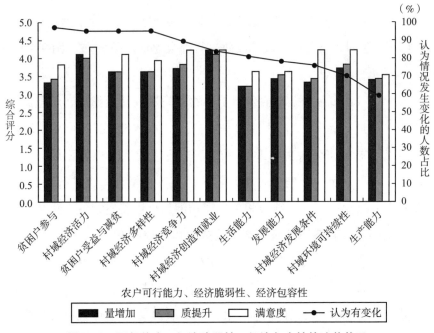

图 9-3　可行能力、经济脆弱性、经济包容性的改善状况

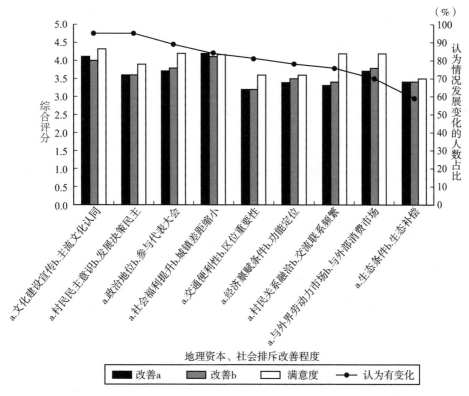

图 9-4　地理资本改善、社会排斥降低状况

贫困户受益程度、村域经济创造和就业、政治地位和参与代表大会人次、文化建设宣传与主流文化认同、村民民主意识和发展决策民主、社会福利提升和城镇差距缩小等方面的政策成效也都比较显著。座谈中发现，农户对于当地经济发展和收入水平提升比较满意，他们均表示与几年前相比，本村的经济状况确实发生了巨大变化，很多外出务工的年轻人也开始逐渐返乡创业或在当地就业，经济发展收益最大的要数那些留守在家的妇女，她们通过在本村企业务工可以在照顾好家庭的同时显著增加收入。

2. 扶贫政策在改善村域发展能力和机会方面发挥了积极作用

结果表明，扶贫政策极大提升了村级经济发展能力和机会，使得该村由原来的贫困村变成了众业兴旺的富裕村。农户评价中满意度评分最高的两项分别是与村域经济发展和文化建设有关的，均达到了4.3分。其一是村域经济活力的改善，主要体现为村级企业的迅速发展。调查发现，该村通过本村企业销售藤茶和大棚蔬菜等农业产业的发展，显著推动了当地经济发展，带动村民特别是贫困户就业增收，从而实现了贫困发生率的显著降低。其二是村域文化建设及与主流文化认同方面的改善，该村筹集资金修建了村级文化广场、安装了LED大屏幕、成功举办了村级春节联欢晚会，增强了村民对主流文化的了解，使村民之间的关系也更加融洽。与此相对的是，扶贫政策在提升个体的发展能力和机会方面所表现出的成效相对低一些，仅表现为生计活动多样性程度一项得到了明显提升。

3. 扶贫政策在提升农户个体发展和改变地理资本方面效果还不明显

平均满意度低于3.5分的项目主要表现在可行能力（即生活能力、发展能力和生产能力）、生计资本（生计活动包容性程度和家庭成员健康状况）和地理资本（地理区位条件和交通便利性、生态条件和功能定位、经济禀赋条件和功能定位）等三方面。面向生计资本的减贫成效大多数为缓慢改善或无明显改善（认为有变化占比＜80%且改善程度评分≤3.5分），其中表现最滞后的是生计活动的现代化和高效化提升，只有少部分农户认为有变化，并且变化形式较为单一，如拓展的产业大多为生态旅游，高效化程度变化仅表现为分工合作程度的简单细化等。调查发现，虽然近年来后坝村一直在努力改善当地的区位劣势状况，积极争取资金修建了连接乡镇的水泥硬化道路和环村公路、疏浚了河道并建设了沿河风光带，虽然距离乡镇不远，但由于地处山区，改善基础设施和交通条件的成本要远高于其他地方，因此硬件环境改善相对缓慢。对于贫困地区而言，可行能力和生计资本对于自然资源禀赋具有高度依赖性，要破除上述障碍还需进一步做好系统规划并持续加大投入。

表9－4   农户视角下减贫政策成效评价结果

项目	成效评价			
	明显改善：覆盖率高（认为有变化占比≥80%）且变化大（改善程度评分＞3.5分）	个别改善：覆盖率一般（认为有变化占比＜80%）但变化大（改善程度评分＞3.5分）	缓慢改善：覆盖率高（认为有变化占比≥80%）但变化一般（改善程度评分≤3.5分）	无明显改善：覆盖率一般（认为有变化占比＜80%）且变化一般（改善程度评分≤3.5分）
生计资本改善状况	家庭收入	生计活动绿色化程度、生计活动多样性程度、家庭成员教育状况	生活水平和质量、物质资本、社会资本、人力资本、资源利用方式	家庭成员健康状况、自然资本、金融资本、生计活动包容性程度、生计活动高效化程度、生计活动现代化程度
可行能力改善状况	—	—	生活能力	发展能力、生产能力
经济脆弱性改善状况	村域经济竞争力、村域经济活力、村域经济多样性	村域环境可持续性	—	—
经济包容性改善状况	贫困户受益与减贫、村域经济创造和就业	—	贫困户参与村域经济状况	—
地理资本改善状况	政治地位和参与代表大会人次	—	交通便利性和区位重要性	经济禀赋条件和功能定位、生态条件和生态补偿
社会排斥降低状况	文化建设宣传与主流文化认同、村民民主意识和发展决策民主、社会福利提升和城镇差距缩小	与外界劳动力市场联系和与外部消费市场联系紧密	—	村民关系融洽和交流联系频繁

9.2.3　贫困地区扶贫政策优化的路径

政策评估有助于决策制定者更好的判断某项公共政策的价值，从而决定公共政策延续、革新还是终结，对于政策执行者而言，政策评估对于政策过程各阶段的考察分析有助于发现问题和总结经验，为今后的决策执行奠定更好的基础。简而言之，政策评估的终极目的就是在于以评估结果为导向来优化和改进政策。作为典型的贫困地区，后坝村扶贫政策实施和脱贫历程在一定程度上反映了类似地区发展的普遍情况，以湖北省来凤县后坝村为个案，通过农户感知视角，对近年来贫困地区实施的扶贫政策成效进行了客观地评估，系统总结了扶贫实践中的有益经验，但同时也发现了一些亟待改进优化的方面。

1. 进一步强化旨在培育贫困地区内生发展能力的政策导向

贫困问题是发展过程中出现的问题，因此应该通过发展解决。贫困地区精准扶贫、精准脱贫离不开自身"造血"功能，形成持续的内生发展能力可以有效防止贫困发生的路径依赖和外力撤出后的重新返贫。必须想尽办法充分调动贫困地区的积极性，通过政策引导扶持形成有机的内生发展机制。一是大力培育特色优势产业。结合贫困地区资源禀赋状况、人力资源状况以及市场需求变化趋势选择合适的产业大力发展，积极延伸产业链条，使贫困户深度嵌入到产业链的各个环节，形成资金跟着项目走、项目跟着产业走、产业带着农户走的良性机制。二是大力培育新型农业经营主体，增强经济发展活力。对于贫困地区而言，经营大户、农民专业合作社和农业产业化龙头企业所起的作用比较明显，但现实中由于贫困地区农业发展规模和水平相对较低，上述经营主体在影响力和辐射面方面都远不及东部发达地区，因此若将其与东部地区放在同一起跑线竞争是不符合实际的。政府应对贫困地区上述新型经营主体从金融信贷、用地指标、土地流转、税收优惠、技术培训、农技推广等方面予以政策倾斜。三是进一步转变公共服务职能。各级政府要进一步理顺公共服务的职能定位，通过"放管服"为贫困地区发展搭平台、筑渠道、建机制，引导贫困地区转变观念，帮助贫困户适应市场、运用市场，政府应积极做好那些市场和个体不愿做或做不来的事情。

2. 进一步健全有关贫困个体生计资本方面的政策体系

后坝村的案例表明，现有扶贫政策对于区域发展尤其是区域经济活力方面的促进作用比较明显，但对贫困户个体发展机会、能力和资本等方面的改善相对不足。贫困家庭和个体所拥有的能力、物质资源、社会网络以及个人行动等生计资本的质与量在很大程度上决定了贫困缓解的程度和进程，一些研究认为，脆弱、单一的生计资本无助于消除贫困目标。对于贫困地区，人力、金融和社会等方面的生计资本相对缺乏，进而影响到了贫困家庭和农户的发展能力和机会，如果不通过强有力的外在政策干预甚至会使一些贫困因素通过代际传递到下一代。第一要进一步完善农村社会保障体系，当前首要的是深化农村养老保险制度和新型合作医疗制度，在应保尽保、保障的深度广度、报销比例和便捷性方面继续加大创新的力度。第二要深入推进文教、医疗卫生体制改革，加大对农村教育和公共卫生领域的投入力度，强化公共服务的均等化发展，改善农村医疗卫生基础条件，对于贫困地区农村教育扶持不仅仅停留在义务教育层面，还可尝试拓展到高中阶段和高等教育阶段，可以探索十二年制义务教育的试点，待条件成熟后再予推广。第三，加快突破金融资本方面的障碍。首先，要努力争取各级政府部门的政策倾斜和资金的支持，并且还要合理地筹划资金使用方向，选择最佳投资方案。其次，进一步优化贫困地区的三农领域的筹融资渠道，积极探索"政策性保险为主、商业保险为辅、政府引导、社会支持、农户参与"的多元农业保险体系和新型农业经营主体所有的房屋、林地、农作物、家畜等所有权、承包权、经营权和收益权作为抵押的农业贷款机制。

3. 继续加大对贫困地区基础设施和配套条件建设的支持力度

贫困地区基础设施和条件建设相对滞后，生态环境比较脆弱，这是制约脱贫致富的重要因素，更是贫困地区经济社会发展短板中的短板。应该在"创新、协调、绿色、开放、共享"五大发展理念的指引下，围绕强基础、增后劲、添收益、保生态、促民生的目标大幅度增加投入，积极完善和改进贫困地区基础设施和配套条件建设。一是大力推进重大农田水利工程建设，切实保障贫困地区重要农产品综合生产能力。按照规划一批、建设一批、见效一批的思路，分优先序有针对性地逐步夯实区域自我发展能力的基础。二是积极推进贫困地区农村第一、第二、第三产业融合发展，探索产业扶贫与其他形式扶贫相结合的立体扶贫模式。打造一批产业链条完整、市场前景好、带动能力强、辐射面广、业态模式新的农村产业扶贫项目，加大农村产业融合发展专项资金对贫困地区的支持，大力扶持贫困地区特色产业，着力打造标准化、专业化、规模化的农业产业基地，积极探索"三品一标"的发展路子，推行市场主体、政府引导、企业带动、贫困户参与、合作社联动、金融扶持的良性机制，提高建档立卡贫困户参与产业利益分配的有效性和紧密性。

4. 进一步优化地理资本降低社会排斥程度

切实改善贫困地区民生条件，共享改革发展的红利。综合推进贫困地区新型城镇化、美丽乡村建设和精准脱贫等战略部署，重点从农村道路交通、饮水安全、危旧房改造、基本医疗保障、基础教育、生态环境保护、农村人畜安全饮水等发展有需要、群众有呼声的领域加大政策支持力度，推进基本公共服务的均等化。进一步缩小贫困地区与东部地区在地理资本和社会资本方面的差距，真正提升贫困地区农村居民生活质量和幸福指数。出台管用、实效的政策，进一步优化改善贫困地区交通区位的现状，提升贫困地区交通的可达性、便利性和畅通性。切实改善人居条件，建设和谐、人文、生态、绿色的生活环境，让贫困地区居民不仅可以"望得见山、看得见水、记得住乡愁"，也能真正享受到发展所带来的各项成果，让贫困地区农业成为有甜头的产业，让农民成为有奔头的职业，让农村成为有想头的美丽家园。

5. 强化体制机制创新力度进一步激发制度优势

充分尊重贫困地区群众的创造精神，鼓励变革、容忍试错，在扶贫政策方面允许采取一些差异性、特殊性、临时性的制度安排，对于一些效果显著的模式和机制及时总结提炼并加以推广。一是要结合贫困地区的实际，积极运用全面深化改革的各项成果，重点围绕贫困地区土地流转与确权、农村集体产权制度创新、生态环境建设、新型农业经营主体和经营体系培育、农村金融和农业保险体系完善、农村基层党组织建设和社会治理等六大领域面临的突出问题和现实障碍，按照全面深化改革的方向、原则进一步明确思路，出台切实可行的措施，同时按照上述六大领域分类型、分地区选择部分条件成熟、成效显著的贫困地区进行试点改革，充分放权、先行先试。二是在坚持现有扶贫政策框架下进一步创新市场机制、参与机制、整合机制和合作机制。我国 30 年扶贫取得的显著成效表明，政府和市场在扶贫过程中所起的作用各不相同，两者不可或缺，要形成长效的内生能力需要充分发挥市场在资源配置中的决定性作用，引导贫困地区重视市场经济规律，按照市场要求进行生产经营，增强效率意识、质量意识和品牌意识。满足贫困户的多元化需求是精准脱贫的必然要求，应积极引入贫困户参与扶贫过程的理念，提升贫困户在扶贫项目选择、扶贫对象确认、扶贫绩效评估、扶贫政策实施等各个环节的参与程度，畅通贫困户利益表达通道，保障贫困户的参与权、知情权、监督权和决策权，如此才能有效提升扶贫成效。扶贫是一项复杂、系统的工程，需要整合资源、集中优势、重点突破，要改变以往扶贫资金和项目"多、散、杂"的局面，允许贫困地区县乡级地方政策整合涉农资金和扶贫资金，集中力量按照扶贫发展的优先序分步实施、有序推进；继续坚持"先富带动后富，最后实现共同致富"的战略在精准扶贫工作中的适用性，积极探索贫困治理的各种自组织形态，创新贫困农户之间的互助合作机制，充分发挥农民专业合作社等合作组织在自我减贫中的重要作用。

　　贫困是一种多元诱因导致的系统性弊病，只有找到贫困发生的根源才能对症施策，而对扶贫政策成效进行评估的过程实际上也是寻找贫困诱因的过程，扶贫政策成效评估是精准扶贫、精准脱贫过程中最为基础的环节。传统的基于收入水平计算脱贫率的评价标准更多地将关注点聚焦于贫困对象当下贫困状况的减缓，其对于长效脱贫的体现则比较有限。根据贫困对象发展所需的能力、机会从农户视角进行的多维度评价更能有效、全面地发现下一阶段扶贫政策的主要着力方向，在此基础上进行的扶贫政策优化才能真正有助于精准扶贫、精准脱贫目标的顺利实现。

第 10 章　研究结论与政策建议

10.1　研究结论

10.1.1　复合减贫系统基本呈现高度协调发展态势

通过计算贵州、云南、四川三省"政府扶持—农业发展—减贫效应"复合减贫系统的耦合度，发现三省近 10 年来的耦合度都处于成熟时期，且都达到了 0.9 以上。这表明政府扶持、农业发展与减贫三个子系统间相互影响、相互作用的程度已经非常高。而协调度的计算结果则进一步表明，三省各自的复合减贫系统的协调度逐年上升，并基本在 2014 年左右达到高度协调状态，说明政府扶持、农业发展与减贫三者之间通过彼此间相互作用，逐步走向协调发展，最终形成一个有机的、整体的复合减贫系统，减贫效应正逐步趋于稳定提升，减贫系统的作用得以显现。贫困地区内生减贫系统开始形成并逐渐发挥作用，预示着我国多年来致力于构建的贫困地区内生发展雏形已经稳步形成。

10.1.2 复合减贫系统协调发展存在时空差异

虽然三省的复合减贫系统协调度在 2014 年都达到了 0.8 以上，属于高度协调的范畴，但每个省协调度的变化演进规律并不完全一致，且其逐步趋向高度协调的时间点也各不相同，说明贫困地区复合减贫系统的形成存在一定的时序和区域差异。首先表现在各省协调度从失调到协调的过程并不完全一致。从时间来看，三省协调度每年都较上年有着不同程度的涨（跌）幅，不过整体均保持上升趋势，虽然最终都实现了高度协调，但三省从失调到协调的时间却各不相同，其中贵州省最快，在 2006 年达到基本协调，云南与四川则在 2007 年达到基本协调。而达到中度协调的过程中则正好相反，云南省与四川省只用了一年的时间便从基本协调发展为中度协调，在 2008 年就达到了中度协调，协调度分别为 0.5150 和 0.5196，而贵州省则用了三年的时间才从基本协调发展到中度协调，从 2006 年的0.4053 到 2009 年的 0.5585。其次表现在各省协调度协调度增长速率各不相同，虽然三省当中最先达到基本协调的是贵州省（2006 年），但却是三省当中协调度增长最为缓慢的省份，从 2005 年的 0.3780 增长到 2016 年的 0.9744，增长幅度为 157.78%。反倒是到 2007 年才达到基本协调的云南省增长速度最快，从 2005 年的 0.3365 上升到 2016 年的 0.9970，涨幅达到了 196.29%。

10.1.3 复合系统耦合程度由政府扶持水平决定

对比分析后可以发现，政府扶持在"政府扶持—农业发展—减贫效应"复合减贫系统中起到了主要的驱动作用，其发展水平的高低决定了减贫系统的耦合协调度大小，政府扶持发展水平越高则减贫系统的耦合协调度越大，反之则越小。数据表明，2005 年贵州省协调度在三省中处于最低水平，但却是三省中增长最快的省份，也是最先达到基本协调以及中度协调的省份，与此相应的是，贵州省复合系统综合发展水平变化趋势也是呈现与之相吻合的变化规律，其余两省也表现出同样规律，由于前文已经分析得出了政府扶持是决定复合系统综合发展水平的关键因素，所以，政府扶持在一定程度上决定了减贫系统的协调发展水平。同时，还可发现另一显著的特征，即农业发展的综合水平曲线基本与减贫系统的耦合协调度曲线保持一致，曲线斜率大致相等，这两条曲线的呈现出同增同减、同涨同落的变化趋势，在某种程度上可将农业发展水平视为减贫系统耦合协调度变化轨迹的表征性指标。

10.1.4　"输血式"减贫效应正在减退，"造血式"减贫效应逐渐增强

实证结果显示，政府扶持对减贫的直接效应（sv_1）逐年降低，而通过农业发展减贫的间接效应（sv_2）则日益增强，预示着贫困户脱贫的途径正在发生交替式转变。贫困户脱贫的途径有两种，一是通过政府财政支出的转移性支付来维持基本生计，二是通过发掘和开发内部资源，提高自身发展能力，依靠自身劳动创造财富。前者对应的是政府"输血式"的救济式扶贫，后者对应的是"造血式"的开发式扶贫。"输血式"扶贫在短期内能大范围快速减少贫困人口数量，但需要政府大量且持续的资金投入，且无法从根本上解决贫困户的贫困问题。贫困的实质是"机会与能力的贫困"，要长期地从根本上解决贫困问题，则需要给贫困户们创造一个良好的发展环境，通过改善地方基础设施建设、促进地方产业发展、提高农民文化素质和生计能力，使其从根源上脱离贫困。我国扶贫事业经过不断发展，大大加强了开发式扶贫力度，大力发展地方产业特别是农业的发展，逐渐形成了旨在推动贫困户自主脱贫的内生性发展模式。这样一来，国家"输血式"扶贫政策对于减贫的直接效应自然逐渐下降，而通过产

业（农业）发展带动贫困脱贫的"造血式"减贫效应则势必日益增强。

10.1.5 政府扶持对农业发展与减贫的促进作用呈边际递减态势

通过30年的不断奋斗，中国扶贫在取得了显著成效的同时依然存在不少问题，比如贫困人口依然具有较大脆弱性，很容易受到外部冲击导致返贫现象的出现，以及经济增长的益贫性不足以形成贫困人口收入持续性增长机制等等。随着扶贫事业的不断深入，扶贫对象日益精确，扶贫进程中紧接着面临的都是一些需要攻坚克难的"硬骨头"，下一阶段贫困减缓的难度将与日俱增。从 sv_2 2011 年后的走势判断，传统"输血式"的减贫路径已然发挥最大效用，传统的政府扶持减贫路径对于上述"硬骨头"所产生的减贫效果势必呈递减态势。在此背景之下，依靠传统的政策支持手段将很难保持减贫和经济发展的持续高效，过去所强调的外源拉动机制与内源发展机制相结合的扶贫长效机制将面临瓶颈。多年的扶贫基础性工作取得的显著成效表明，我国整体上已经基本形成了较为成熟的内生性减贫系统，当前我国扶贫工作的着力点不是再聚焦于如何通过外力扶持和政策投入来完善上述减贫系统，而应千方百计地通过深化改革和创新驱动来推动这一内生减贫系统有效的运转和更为积极地发挥作用。这就要求我们进一步转换思维，对传统的减贫政策重心实行转向，应从过去的注重交通、水电、医疗、教育、卫生等基础设施建设、公共服务系统以及产业发展平台建设转向注重政策实施效率和公共服务质量及水平的提升上来，从而为已经形成的内生减贫机制的高效运转涂上一层"润滑油"。

10.1.6 农业减贫的中介效应呈倒"U"型发展特征

中介效应是间接效应的一种，但间接效应不一定都表现为中介效应。

上文运用温忠麟综合中介效益检验方法验证了农业发展在政策减贫过程中存在显著的中介效应，同时通过对其历年占比的计算，得到其中介效应占比走势图。可以看到，农业发展对于减贫的中介效应整体呈倒"U"型发展趋势。具体表现为 2005～2010 年，农业发展的中介效益占比逐年递增，而到了扶贫攻坚决战阶段（2011～2015 年）则开始呈下降趋势。进入 21世纪以来，"治标不治本"的救济式扶贫不再适应这一阶段的扶贫要求。于是，扶贫工作开始转型，以村为单位的综合开发式扶贫全面实施，积极推进产业扶贫，通过全面取消农业税（2003）、社会主义新农村建设（2006）、农村免费义务教育（2007）等手段营造一个良好的农村产业特别是农业发展环境，同时对农民建房、土地整改、土地流转、基础设施配套和农业产业化经营等农村发展项目进行统一谋划和推进，目的就是为了提高贫困户在扶贫过程中的参与能力和自身发展能力。可以看出，这一阶段农业在扶贫过程发挥着越来越大的作用，其减贫的中介效应占比自然逐年递增。到了扶贫攻坚决战阶段后，扶贫事业再次面临新形势，扶贫方式更加多样，除产业扶贫外，易地扶贫搬迁、整村推进、以工代赈等其他的专项扶贫模式也在发挥着积极的作用，同时，行业扶贫、社会扶贫等一系列扶贫方式也逐渐显现成效，这一时期农业只是减贫方式的一种，其中介效应占比自然会开始下降。

10.1.7　内在减贫机制的有效运行有赖于各种要素间的相互协调

由政府推动农业的发展，进而通过农业的发展带动地区减贫的贫困地区内在减贫机制已然初步形成并发挥着重要作用。各个地区也形成了各自独特的农业产业发展模式，有合作社领办型、创业平台助推型、美丽乡村引领型、龙头企业带动型、乡贤返乡兴业型以及多产融合发展型等等，这些模式的成功很好地催生以及稳固了贫困的内在减贫机制，为贫困地区实现自主、稳定、持续的脱贫攻坚打下了坚实的基础。而不管采取何种产业发展模式，要使内在减贫机制有效运行，还有赖于政策、资金、人才等要素的相互配合，共同为产业的发展营造良好的内外部环境。首先，龙头企业、合作社、生产大户、返乡创业人员等农业经营主体的培育以及美丽乡村的建设、创业平台的构建等都需要政府的引导推进；其次，当各类平台构建完成，产业发展落实到具体项目时，只有注入足够的资金，才能让项目得以真正实施；最后，人才也是贫困地区发展产业必不可少的要素之一。不论是政府政策的落实还是企业的生产经营都需要专业人才，为产业的发展带来活力。只有将这些要素很好地整合统一，才能为贫困地区的农业产业提供良好的成长环境，真正形成依靠自身能力提升实现脱贫致富的内在减贫机制。

10.1.8　支农政策结构还需进一步优化

通过对《农业法》政策工具的现实匹配性分析，可以看出，当前我国支农政策结构尚不完全合理，还有进一步优化的空间。首先体现在环境型政策工具使用上，还缺乏金融与税收工具。环境型政策工具的使用是为了让我国农业发展有一个良好的政策环境。当前我国对环境型政策工具的使用，主要集中在法规管制类政策以及策略性措施和目标规划类政策上，但金融与税收工具使用偏少，且对于金融工具的使用多为目标的制定与相关的规划，尚未具体到措施、策略层面。而对税收工具的使用则太过单一，缺乏灵活性和多样性。其次，供需型政策工具使用偏少。需求型政策工具仅四条，其中三条贸易支持政策，只涉及原则性条款，并未具体到操作细则，而另一条政府采购政策，则内容过少，一些重要的相关界定并未形成政策条款。而供给型政策工具也仅五条，其中两条关于农业基础设施建设，另外三条关于农业技术人才培养，相对其他条款，整体使用数量过少，存在明显弱势；支农政策结构不合理的另一个体现在于对农业价值功能的认识仅限于其经济价值和社会价值，鲜有关注农业的环境价值。农业的绿色化发展，对地区生态环境有很好的保护作用，但农业的过度开发同样会造成环境污染，破坏地区生态多样性。而当前我国的农业政策体系中，长期忽略了对农业环境功能的关注，极其缺乏关于生态环境方面的农业政策法规。

10.1.9　减贫政策在提升个人能力和改变地理资本等方面效果还不明显

通过从农户感知的视角对农业减贫政策的效果分析，可以认为，当前我国农业政策的减贫成效总体上是显著的，尤其是面向经济脆弱性的减贫政策效果最为明显，主要表现在村域竞争力、活力与经济多样性均得到了很大的提升，在村域环境可持续性上也有一定提升。同时，当前的减贫政策体系，在提升地区发展能力与机会、推动当地经济发展与农民增收等方面也有显著成效。但是对于提升农户个人发展能力以及地理资本改善等方面效果并不理想。具体表现在农户自身发展能力、生存能力、家庭成员健康状况、自然资本、金融资本、生计活动高效化、现代化等方面并无明显改善。在地理资本改善方面，由于先天条件的恶劣，交通硬件环境的改善相当缓慢，而区位经济禀赋和功能定位以及生态条件和生态补偿等方面则无明显改善。

10.2　政　策　建　议

本书主要考察了云南、贵州、四川三省的农业在政策减贫过程中发挥的作用，通过耦合协调度的测算以及中介效应的研究，可以判定，所考察的三省已然形成了一个由公共政策为主导，以农业发展为中介桥梁的内生减贫机制。同时，从各地区实际农业减贫的实践与探索中，也已表明这种内在减贫机制不仅逐步成熟，且发挥着重大作用取得了显著的减贫成效。可值得一提的是，虽然农业减贫模式逐步成熟且取得显著成效，但公共政策对农业发展与减贫的促进作用开始显现出递减态势。表明，在减贫事业发展的新时期，随着减贫难度的日益加大，以公共政策为主导，农业发展为中介的减贫机制也应该寻求突破，实现更进一步的优化与完善。因此，本书认为，今后减贫事业的发展，在坚持以政府为主导，以产业发展为载体助推贫困减缓的同时，还应积极推进政策重心转移，转变农业减贫的着力重点，让贫困地区的这种内在减贫机制，在减贫事业发展的新时期也依然能够发挥其重要作用。

10.2.1 加强政府扶持力度，促生内在减贫机制

从上文中对复合减贫系统的耦合度和协调发展程度的分析，已知减贫系统的耦合度以及耦合协调度大小取决于政府扶持的力度，即政府的扶持在复合减贫系统中发挥了至关重要的作用，是推动农业发展、贫困减缓，促进三者协调发展的决定因素。因此，贫困地区要形成此种内在减贫机制，应着重加强政府的扶持力度，具体可以从资金支持、基础设施建设以及社会福利保障三个方面进行：在资金支持上，要加强公共财政支出，特别是关于农林水事务的财政支出，加大第一产业固定资产投资和农村固定资产投资，保证农村在经济发展过程中不会受到资金短缺的制约；在基础设施建设方面，政府应强化对贫困地区基础教育、道路交通修缮、农田水利设施建设、网络通信建设等方面的政策支持力度，为贫困地区的发展提供一个良好的基础设施环境；在社会福利保障方面，应着重从农村最低生活保障、农村养老服务、自然灾害救济、农村医疗保障、危房改造等方面入手，提高农村居民的社会福利水平，为贫困居民谋求自身发展的同时免除后顾之忧。通过上述方式加强政府的扶持力度，着重培育贫困地区和贫

困户的内生发展能力，促进贫困地区内在减贫机制的生成，确保贫困户在政策的引导和保障下，能够通过自身发展能力的提高，在脱贫致富的过程中占据主动地位。

10.2.2 大力发展农业产业，完善扶贫产业链条

通过对农业发展在政府扶持与减贫之间的中介效应检验，认为农业发展在减贫系统中存在显著的中介效应，表明政府在改善贫困地区贫困状况的过程中，有很大部分是通过农业发展来实现的。农业发展作为贫困地区内在减贫机制的重要组成部分，承担着沟通政府扶持与贫困减缓之间桥梁的角色，因此，要完善地区内在减贫机制，应大力扶持农业尤其是特色农业的发展，强化农业在内生减贫系统中的重要作用。在政策实施中应高度重视农业在减贫中的中介作用，大力发展贫困地区农业，尤其是具有一定品牌效应和规模效应的特色农业，通过机制体制创新实现"农业 + 扶贫"的有效融合。积极扶持新型农业经营主体，通过培育辐射力显著的大户、农业产业化龙头企业、农民专业合作社等主体，尽可能将贫困户吸纳到农业产业链条中来，允许贫困户凭借资金、劳动、土地、资产等要素参与农业发展，通过分红、务工收入、土地租金等方式真正共享农业产业发展收益。深入推进农业领域全面深化改革，注重在土地流转、工商资本进入、农业保险、农业社会化服务、新型农业经营主体培育等领域的体制机制创新。分区域、分产业、分阶段制定差异化的农业支持政策，进一步加大政府转移支付力度，重点培育农业产业化扶贫项目，促进覆盖面大、带动力强、链条完善的特色农业产业化、规模化发展。按照"一村一品，一乡一业"的产业发展模式，着力优化产业布局，重点培育特色产业集群，着力打造具有区域特色和持续竞争力的农业产业链。

10.2.3 整合多元政策资源，培育产业扶贫新模式

党的十八大以来，农业农村经济已经进入了前所未有的高质高速发展时代，农业发展新模式、新业态纷纷涌现，在极大拓展了传统农业发展空间的同时也为创新农业产业扶贫新模式、新途径提供了良好契机。一方面，要结合当前乡村振兴战略的全面推进，对新时期扶贫政策深入推进与乡村振兴战略的全面实施结合起来，找到契合点，形成合力，从顶层设计角度将"产业兴旺、生态宜居、乡风文明、治理有效和生活富裕"作为扶贫政策优化完善的参考原则，将两项重要战略的政策优势、资源优势、项目优势和资金优势进行整合集成。另一方面，要深入推进各类产业、业态、模式有机融合，既要注重传统农业的基础性，又要引导培育一些新的元素进行产业扶贫创新。从产业扶贫模式角度，可以积极探索乡村旅游扶贫、农村电商扶贫、农业观光扶贫、特色农产品加工扶贫等多种扶贫模式；从技术手段角度，可以进一步探索互联网、物联网、云技术、大数据等新技术在产业扶贫中的运用；从产业形式角度，可以积极开拓个性化定制、订单农业、会展农业、俱乐部制、众筹、共享等较新的产业形态；从产业载体角度，可以积极打造各类扶贫产业园、创业创新孵化园、"田园综合体"等产业集成平台，充分发挥农业的多功能性，找到农业发展与减贫之间更完美的契合点。

10.2.4 调整农业政策结构，完善支农政策体系

当前我国的政策环境显然对农业的发展表现出了足够的重视，相关农业扶持政策的颁布与实施极大促进了贫困地区农业产业的发展，也随即产生了很好的减贫效果。但通过对当前农业减贫政策工具的文本分析及其减贫成效分析，当前支农政策结构尚不完全合理，总体政策体系还有待进一

步完善。一是要加强对农业金融和税收工具的使用与优化，积极推进商业保险与政策性保险的合作互补，增加农业保险责任分类和保险种类，并制定详细的农业保险文件，全力提升农业生产者的投保意愿，并为其农业生产经营提供有力保障。同时，除了农业的生产环节，在农产品的加工与流通环节，也应适度采取优惠的税收工具，以提升农产品的精深加工程度，提高产品的附加值，打破农产品的流通瓶颈，使农业后期的流通环节更加高效顺畅。二是要细化供需型农业政策条目，增强政策的可行性与实用性。一方面在需求型政策工具上，针对政府购买政策，确定农产品目标价格，从根本上保障农户的利益。并对农产品的各类指标制定明确的等级评定标准，提升农产品质量，从而更好地对接市场需求。同时有导向性地制定农产品贸易保护政策，降低农产品出口壁垒，减缓农产品长期供大于求的现状；而在供给型政策工具上，首先要明确政府在农业基础设施建设的主导作用，并协调社会各界力量，推动农业基础设施的改造升级，发展节约化、智能化、集约化于一体的现代农业。而在农业专业性人才培养政策方面，要制定具体的培训方式，明确培训费用的出资对象和比例，还应制定相应的人才培训奖励机制，激励优秀人才的服务热情。三是加强对农业环境价值的认识，通过政策引导农业朝着绿色化、生态化发展。一方面制定涵盖生产、加工、流通等各个环节的农业环境价值目标水平测度体系，通过目标规划的制定引导农业生产者从事科学生产。另一方面加强法制管制工具的运用，拓宽农业环境法的管理范围，建立科学详尽的生产细则以及违规处罚制度，利用制度手段规范主体行为，保障农业产业与环境的和谐发展。

10.2.5　推进政策重心转移，转变农业减贫着力重点

从农业发展在政府扶持与减贫之间中间效应占比咋时序上的走势来看，政府通过扶持农业以带动贫困地区贫困减缓的效果呈现出倒"U"型

变化趋势，即先升后降的变化趋势，其原因如下：一方面，可以从相对的角度来解释，即随着中国减贫事业的不断发展创新，大量诸如旅游减贫、金融减贫等新型减贫方式的逐渐兴起，从而削弱了农业在整体减贫效应中的占比。另一方面，也不能排除农业减贫效应绝对的下降，此时，政府减贫政策的重心则应该开始积极调整，以适应减贫过程中所面临的新的问题。当前中国的减贫事业已经走到了最后攻坚决胜的阶段，而这一阶段中依旧存在的贫困地区和贫困家庭，往往是贫困程度最深，减贫难度最大的地区和个体。通过对公共政策对农业发展与减贫的总体效应分析，也能从侧面佐证这一点。研究发现，不管是公共政策对于农业发展的促进作用，还是政策对于减贫的体效应都开始慢慢展现出递减趋势，表明减贫难度日益加大，而当前的减贫模式对与减贫的效力已然日渐力微。因此，对于这些贫困的"顽固地区"，减贫政策不能只是关注内生减贫机制的构建以及优化完善上，更应该重点关注在该内在减贫机制经历了不断优化与完善而趋于成熟之后，如何让该机制高效运行，以充分发挥其效力。首先，针对减贫事业发展的新时期新阶段，以及面临的新目标新要求，政府应该明确今后的扶贫攻坚战略，制定实现全面脱贫的统一规划，为今后减贫事业的发展指导方向，新阶段扶贫攻坚战略应该瞄准全面脱贫和全面建设小康社会。"十三五"规划明确指出，要在 2020 年实现贫困地区全面脱贫，并确保所有贫困人口一同迈入全面小康社会。只有明确新阶段目标，找准扶贫政策着力点，才能为接下来的脱贫攻坚提供一盏指路明灯。其次，推进扶贫政策体系的转型升级和换挡转向，将减贫工作的着力点由注重减贫系统的运行体系的建立向推动减贫系统高效运行转变，从单一的基础条件建设、社会救济等方面向扶持地方性特色农业产业、构建特色产业集群、推动产业发展成果共享、完善扶贫政策的动态适应性、完善公共服务水平等方面转变。

纵观中国减贫的历史进程，从 1986 年到 2018 年的 30 多年间，中国扶贫攻坚事业一直在不断取得显著成绩的同时面临新的问题，由政府推动农业发展，进而由农业发展带动减贫的内生减贫系统必然将从初步形成走向成熟，扶贫攻坚也终将进入最后的决胜阶段。因此，在新的减贫阶段，如何明确扶贫攻坚战略目标，找准政策机制创新方向关系到我国同贫困斗争的最终成败。经过 30 年的不断探索与创新，在贫困地区内在减贫机制不断完善与成熟之后，下一阶段我们需要深入推进的工作将不能再过于强调对上述系统的完善弥补，而应通过构建有效的机制，如精准识别机制、贫困退出机制、考核评价机制、动态督导机制等来提升扶贫政策实施效果，通过显著提升公共服务的质量和水平来确保既有减贫系统有效运转，从而实现更为显著的减贫。

参 考 文 献

［1］ T. W. Schultz. Investing in Poor People：An Economist's View ［J］. American Economic Review，1965 (1/2).

［2］ Huang，Jikun and Scott Rozell. Technological Change：Rediscovery of the Engine of roductivity Growth in Chinaps Rural Economy ［J］. Journal of Development Economics，1996 (2).

［3］ Roy Rothwell，Walter Zegveld. Reindusdalization and technolog ［M］. Logman Group Limited，1985.

［4］ Ryan Sheely. Mobilization，Participatory Planning Institutions， and Elite Capture：Evidence from a Field Experiment in Rural Kenya ［J］. World Development，2015.

［5］ Sitakanta Panda. Political Connections and Elite Capture in a Poverty Alleviation Programme in India ［J］. The Journal of Development Studies，2015 (1).

［6］ Jean – Philippe Platteau，Vincent Somville，Zaki Wahhaj. Elite capture through information distortion：A theoretical essay ［J］. Journal of Development Economics，2014.

［7］ Lei Pan. Who is Vouching for the Input Voucher? Decentralized Targeting and Elite Capture in Tanzania ［J］. World Development，2012 (8).

［8］ Raghbendra Jha，Sambit Bhattacharyya，Raghav Gaiha，Shylashri Shankar. "Capture" of anti-poverty programs：An analysis of the National Rural

Employment Guarantee Program in India [J]. Journal of Asian Economics, 2009 (4).

[9] Emanuela Galasso, Martin Ravallion. Decentralized targeting of an antipoverty program [J]. Journal of Public Economics, 2004 (4).

[10] Jean - PhilippePlatteau. Monitoring Elite Capture in Community - Driven Development [J]. Development and Change, 2004 (2).

[11] 联合国社会发展研究院. 反对贫困与不平等——结构变迁、社会政策与政治 [J]. 清华大学学报 (哲学社会科学版), 2011 (4): 5 – 23.

[12] 王琦, 汤放华. 洞庭湖区生态—经济—社会系统耦合协调发展的时空分异 [J]. 经济地理, 2015 (12): 161 – 167.

[13] 杨敬宇, 聂华林. 西部区域特色农业现代化与农地制度变革 [J]. 贵州社会科学, 2010 (4): 80 – 85.

[14] 黄承伟等. 集中连片特殊困难地区 (武陵山区) 扶贫开发研究——基线调查报告 [R]. 2011.

[15] 国务院扶贫办. 中国扶贫开发年鉴 (2011) [M]. 北京: 中国财经出版社, 2011.

[16] [日] 速水佑茨朗, [美] 弗农·拉坦. 农业发展的国际分析 [M]. 北京: 中国社会科学出版社, 2000.

[17] 程厚思. 生存环境、技术进步与区域贫困 [J]. 中国农村观察, 1997 (4): 3 – 8.

[18] 世界银行, 2008 年世界发展报告: 以农业促发展 [M]. 北京: 清华大学出版社, 2008.

[19] 鲍曙光. 农村基本公共服务制度研究——基于减贫的视角 [D]. 北京: 财政部财科所博士学位论文, 2014.

[20] 冈纳·缪尔达尔. 世界贫困的挑战: 世界反贫困大纲 [M]. 北京: 首都经贸大学出版社, 1991.

[21] 张伟宾, 汪三贵. 扶贫政策、收入分配与中国农村减贫 [J].

农业经济问题, 2013 (2): 74 - 75.

[22] 李涛, 廖和平, 杨伟, 庄伟, 时仅. 重庆市"土地、人口、产业"城镇化质量的时空分异及耦合协调性 [J]. 经济地理, 2015 (5): 65 - 71.

[23] 周成, 冯学钢, 唐睿. 区域经济—生态环境—旅游产业耦合协调发展分析与预测——以长江经济带沿线各省市为例 [J]. 经济地理, 2016 (3): 186 - 193.

[24] 孔祥智, 何安华. 城乡统筹与农业增长方式转变: 2001～2010年的中国农业政策 [J]. 教学与研究, 2011 (2): 5 - 14.

[25] 陈振明, 薛澜. 中国公共管理理论研究的重点领域和主题 [J]. 中国社会科学, 2007 (3): 140 - 152.

[26] 黄红华. 政策工具理论的兴起及其在中国的发展 [J]. 社会科学, 2010 (4): 13 - 19.

[27] 贾秀飞, 叶鸿蔚. 秸秆焚烧污染治理的政策工具选择——基于公共政策学、经济学维度的分析 [J]. 干旱区资源与环境, 2016 (1): 36 - 41.

[28] 庄晋财, 王春燕. 复合系统视角的美丽乡村可持续发展研究——广西恭城瑶族自治县红岩村的案例 [J]. 农业经济问题, 2016 (6): 9 - 17, 110.

[29] 杜娟. 从农业价值链出发 农业企业责任路线图 [J]. WTO 经济导刊, 2012 (9): 20 - 28.

[30] 彭慧蓉, 钟涨宝. 基于政府与农民关系视野的农业补贴政策解析 [J]. 求实, 2011 (6): 92 - 96.

[31] 蒋辉, 张康洁. 粮食供给侧结构性改革的当前形势与政策选择 [J]. 农业经济问题, 2016 (10): 8 - 17.

[32] 蒋辉, 蒋和平. 集中连片特困地区推进特色农业规模经营的途径 [N]. 农民日报, 2013 年 7 月 21 日第 3 版.

[33] 凌莎. 农户规模经营意愿及其影响因素——基于全国 26 个省区

的抽样问卷调查的思考 [J]. 农村经济, 2014 (4): 96 - 100.

[34] 丁春福, 高传朋. 我国农村土地规模化经营刍议 [J]. 农业经济, 2014 (9): 84 - 85.

[35] 张宏永, 刘伟平. 烟农规模种植意愿及影响因素实证分析——以福建为例 [J]. 农业经济, 2011 (12): 40 - 42.

[36] 张忠明, 钱文荣. 不同兼业程度下的农户土地流转意愿研究——基于浙江的调查与实证 [J]. 农业经济问题, 2014 (3): 19 - 24 + 110.

[37] 王杜春, 赵丹丹. 黑龙江省发展家庭农场的农民意愿及其影响因素分析 [J]. 江苏农业科学, 2014 (10): 419 - 421.

[38] 李鑫. 浅析土地规模经营中农民专业合作社的作用 [J]. 当代经济, 2010 (21): 28 - 29.

[39] 刘洪彬等. 东北三省农村土地规模经营研究 [J]. 中国土地科学, 2014 (10): 12 - 19.

[40] 王思洋, 吕杰, 刘洪彬. 基于农民专业合作社视角的土地规模经营驱动因素分析——以东北三省典型区域为例 [J]. 农业经济, 2015 (6): 9 - 11.

[41] 张怀英, 蒋辉. 农业适度规模经营的政策保障体系研究 [J]. 甘肃社会科学, 2013 (5): 184 - 188.

[42] 汤建尧, 曾福生. 经营主体的农地适度规模经营绩效与启示——以湖南省为例 [J]. 经济地理, 2014 (5): 134 - 138.

[43] 吕晨光, 杨继瑞, 谢菁. 农业适度规模经营研究——以山西省为例 [J]. 统计与决策, 2013 (20): 135 - 138.

[44] 唐晓华, 姜博, 马胜利. 基于ISCNFI分析框架的我国区域产业融合发展研究 [J]. 商业研究, 2015 (5): 1 - 10.

[45] 赵华, 于静. 新常态下乡村旅游与文化创意产业融合发展研究 [J]. 经济问题, 2015 (4): 50 - 55.

[46] 翁钢民, 李凌雁. 中国旅游与文化产业融合发展的耦合协调度

及空间相关分析 [J]. 经济地理, 2016 (1): 178 - 185.

[47] 樊信友, 蒲勇健. 产业融合视角下的工业旅游发展研究 [J]. 商业研究, 2015 (3): 181 - 186.

[48] 陶长琪, 周璇. 产业融合下的产业结构优化升级效应分析——基于信息产业与制造业耦联的实证研究 [J]. 产业经济研究, 2015 (3): 21 - 31.

[49] 何建民. 我国旅游产业融合发展的形式、动因、路径、障碍及机制 [J]. 旅游学刊, 2011 (4): 8 - 9.

[50] 匡导球. 现代服务业的跨产业融合发展: 动因、模式与效应 [J]. 新视野, 2012 (3): 45 - 49.

[51] 刘名远, 李桢. 战略性新兴产业融合发展内在机理及战略路径 [J]. 经济与管理, 2013 (11): 88 - 93.

[52] 严伟. 演化经济学视角下的旅游产业融合机理研究 [J]. 社会科学家, 2014 (10): 96 - 101.

[53] 潘斌, 彭震伟. 产业融合视角下城市工业集聚区的空间转型机制——基于上海市的三个案例分析 [J]. 城市规划学刊, 2015 (2): 57 - 64.

[54] 张义博. 农业现代化视野的产业融合互动及其路径找寻 [J]. 改革, 2015 (2): 98 - 107.

[55] 张华. 产业融合: 制造业转型升级的重要途径 [J]. 求是, 2010 (15): 32 - 33.

[56] 汪芳, 潘毛毛. 产业融合、绩效提升与制造业成长——基于 1998 ~ 2011 年面板数据的实证 [J]. 科学学研究, 2015 (4): 530 - 538.

[57] 王翔, 肖挺. 产业融合视角下服务业企业商业模式创新绩效分析 [J]. 技术经济, 2015 (5): 48 - 56.

[58] 吴福象, 马健, 程志宏. 产业融合对产业结构升级的效应研究: 以上海市为例 [J]. 华东经济管理, 2009 (10): 1 - 5.

[59] 蔡艺, 张春霞. 基于产业融合视角的福建产业结构调整研究 [J].

福建论坛（人文社会科学版），2010（9）：129－132.

［60］李晓钟，杨丹．我国汽车产业与电子信息产业耦合发展研究［J］.软科学，2016（11）：19－23.

［61］黄新建，花晨，马晋文．江西产城融合发展测评与研究［J］.江西社会科学，2016（2）：61－67.

［62］张琰飞，朱海英．西南地区文化产业与旅游产业耦合协调度实证研究［J］.地域研究与开发，2013（2）：16－21.

［63］周蕾，段龙龙，王冲．农业与旅游产业融合发展的耦合机制［J］.农村经济，2016（10）：40－45.

［64］夏杰长，徐金海．中国旅游业与农业融合发展的实证研究［J］.经济与管理研究，2016（1）：77－83.

［65］何颖，齐亚伟，徐志琴．电子信息产业与交通运输业耦合发展的实证测度研究［J］.管理世界，2015（10）：182－183.

［66］张海鹏．第三产业发展评价体系的构建［J］.统计与决策，2015（5）：62－64.

［67］辛岭，蒋和平．我国农业现代化发展水平评价指标体系的构建和测算［J］.农业现代化研究，2010（6）：646－650.

［68］潘竟虎，胡艳兴，刘晓等．中国地级及以上城市"四化"协调发展效率的时空分异测度［J］.地理科学，2016（4）：512－520.

［69］唐根年，许紫岳，舒季君等．中国"四化同步区"圈层结构时空演化与聚集经济圈优序组织［J］.经济地理，2016（4）：6－14.

［70］黄京鸿，葛永军，刁承泰．中国各地区第三产业发展水平综合评价［J］.经济地理，2001（1）：43－46.

［71］李涛，廖和平，杨伟等．重庆市"土地、人口、产业"城镇化质量的时空分异及耦合协调性［J］.经济地理，2015（5）：65－71.

［72］廖重斌．环境与经济协调发展的定量评判及其分类体系——以珠江三角洲城市群为例［J］.热带地理，1999（2）：171－177.

［73］侯兵，周晓倩. 长三角地区文化产业与旅游产业融合态势测度与评价［J］. 经济地理，2015（11）：211-217.

［74］温涛，朱炯，王小华. 中国农贷的"精英俘获"机制：贫困县与非贫困县的分层比较［J］. 经济研究，2016（2）.

［75］许汉泽. 扶贫瞄准困境与乡村治理转型［J］. 农村经济，2015（9）：111-125.

［76］汪三贵，郭子豪. 论中国的精准扶贫［J］. 贵州社会科学，2015（5）：147-150.